NICHOLAS OF CUSA

ニコラウス・クザーヌス

渡邉守道

聖学院大学出版会

目次

凡例　4
序説　5
第一部　クザーヌスの生涯と思想　17
第一章　クザーヌスの生涯とその思想　18
クザーヌスの生涯／クザーヌスの思想／クザーヌス研究の資料
第二章　クザーヌスの思想　37
第一節　政治思想　37
はじめに／教皇権至上権説の発展／教皇権の衰退／公会議主義とクザーヌス
第二節　教皇権と公会議主義　50
一五世紀と公会議運動／教会の分裂／教会の統一と改革――コンスタンツ公会議／クザーヌスと公会議運動／公会議運動の意義
第三節　社会思想　63
序／生涯と業績／社会・政治についての著作／『普遍的和合について』の成立と構成／『普遍的和合について』における社会思想／『普遍的和合について』以後／結語

第三章　クザーヌス研究の軌跡　93
ドイツにおける研究状況／ヨーロッパ諸国における研究状況／アメリカにおけるクザーヌス研究／日本におけるクザーヌス研究／むすび

第二部　クザーヌスの教会改革　111

第一章　教会改革者としてのクザーヌス研究に関する諸問題　112
序／新しい研究成果について／ケルン大学時代のクザーヌス／クザーヌスの写本／クザーヌスの教会改革／結語

第二章　ニコラウス・クザーヌス著『全面的改革』について　132

第三章　ティロールの修道院改革と『神の視について』　155

第三部　クザーヌスの周辺　177

第一章　人文主義の影響とクザーヌス　178
――ハインブルクと比較して

第二章　混迷の一五世紀における法律家たち　201
――パノルミターヌス、ハインブルク、クザーヌス

序説・教会大分裂と公会議主義運動／一五世紀の三法律家／三法律家の経歴と活動に関する諸問題／結語

第三章　宗教改革直前のドイツ教会　232
――ニコラウス・クザーヌスとヴィルスナックの聖なる血の崇拝
緒言／クザーヌスの巡察旅行／ヴィルスナックの聖なる血の崇拝／クザーヌスとヴィルスナック巡礼／結び

結　語　クザーヌスと現代　249
クザーヌス評価の諸問題／クザーヌス・ルネサンスとハイデルベルク版『クザーヌス全集』／クザーヌス思想の現代的意義

ニコラウス・クザーヌス年譜　275
ニコラウス・クザーヌス一四五一―一四五二巡察旅行地図　280
あとがき　282
索引　(1)

凡例

一、クザーヌスの著作はその『全集』でハイデルベルク版といわれる *Nicolai de Cusa Opera omnia iussu et auctoritate Academiae Litterarum Heidelbergensis ad codicum fidem edita*（Leipzig und Hamburg: Felix Meiner, 1932—）によった。

一、全集の一部として出版されて来たクザーヌスの『説教』*Sermones*（Hamburg: Felix Meiner, 1970—）は全集の第一六、一七、一八、一九巻に包含されている。

一、また、全集から独立しているがその関連において出版されている『クザーヌス関係記録文書集成』*Acta Cusana: Quellen zur Lebensgeschichte des Nikolaus von Kues*, hrsg., von Erich Meuthen und Hermann Hallauer（Hamburg: Felix Meiner, 1976–）も使用された。

一、ドイツ・クザーヌス協会 Cusanus-Gesellschaft の機関誌は『クザーヌス協会の報告と研究論文集』*Mitteilungen und Forschungsbeiträge der Cusanus-Gesellschaft*〔略して MFCG〕(Mainz und Trier, 1961–）で一九九九年現在二五巻に達している。

一、アメリカ・クザーヌス学会 American Cusanus Society の機関誌としては『アメリカ・クザーヌス学会ニュースレター』*American Cusanus Society Newsletter*（Oct., 1983–）が年二回出版されて来て、最近号は第一六巻第二号(December 1999）である。

一、日本クザーヌス学会は『日本クザーヌス学会会報』を一九八三年から出版し、最近号は第三一巻（一九九八年）である。また、その『クザーヌス研究』第一号（一九九一年）につづき、第二号（一九九二年）と第三号（一九九五年）も出版されている。

序説

現存のクザーヌス生家

序説

二〇世紀もその終末に近づき、ニコラウス・クザーヌス（一四〇一―一四六四）の生誕六〇〇年にあたる二〇〇一年を迎えるのも、もうすぐのことである。一五世紀の生んだ最も独創的思想家と広く見なされてきたクザーヌスを、この際、あらためて評価するのも、極めて有意義で適切なことと言われよう。その目的のために、本書がすこしでも貢献することができれば、著者のもっとも幸いとするところである。

本書は、著者が過去三〇余年にわたって日本語で発表してきたクザーヌスに関する諸論文などから選抜しそれに修正・加筆したものと、その上著者が英語で出版したクザーヌスについての三論文に基づいて書かれた論文と、更に、本書のために新たに著述した序説と結語から成り立っている。編集にあたって、本文と脚注にある重複をさけるように努力したが、本書の構成の性質上、完全にそれを除去することはできなかったし、また望ましくもなかったことについて、読者のご諒解をいただきたい。序説においては、本書の構成を簡潔にのべるだけでなく、クザーヌス研究に関して、過去、現在に指摘されてきた問題、また将来に予想される思想的・史料的難点を指摘する計画である。また、結語においては、現代になって、クザーヌス研究がどのような理由から進展したかを検討したのち、現代世界のかかえた思想的、政治的、宗教的な諸問題に関して、クザーヌスの生涯と思想がどのような意義をもち、また現代の問題の理解と解決にどのような指標を与えるかについて考慮したい。

第一部にとり扱う「クザーヌスの生涯とその思想」のうち、前者については、本書のみならず、国内外で出版された研究書を繙くならば、わりに容易に必要な事実を把握することができる。(1) ただここで指摘しなければならないことは、E・モイテンとH・ハラウァーの二人によって編集されつつある *Acta Cusana*（『クザーヌス関係記録文書集成』）である。一九七六年にはじまったこの企画は、クザーヌスについて言及したあらゆる資料を集大成するという野心的なもので、既に第一巻第一部と第二部が一九七六年と一九八三年にそれぞれ出版され、一、六八九に及ぶ資料を包含する第三部も、一九九六年末に出版された。*Acta Cusana* は全三巻にわたり、クザーヌスの全生涯をとり扱う予定であるが、そのクザーヌス研究に与える影響のいかに甚大であるかは疑う余地がない。(2)

第二の「クザーヌスの思想」、特に哲学思想については、本書では深くたちいっていない。一般に、哲学者としてのクザーヌスが広く論じられてきたが、政治・法律思想史の研究を主要目標としてきた著者は、クザーヌスを哲学者として理解・評価するよりは、むしろ、政治思想家、教会法学者、教会改革者として理解していこうとする意図と態度をクザーヌス研究当初からとってきたことは否定できない。あるいみでは、哲学的研究偏重に対する抵抗というか、クザーヌスの思想の多面性を強調し、より真実に近いクザーヌスの全体像をえがき出したいという欲求にかられてきた、ということができるであろう。

いずれにせよ、クザーヌスの哲学思想の理解と研究に主眼をおく読者には、英語・ドイツ語・フランス語・イタリア語で最近出版された多数の研究著作とか、その面においても高い標準に達している邦文の著作や翻訳を参照していただくことをおねがいしたい。(3) 例えば、日本クザーヌス学会の最初の出版物として一九八六年に出た『クザーヌス研究序説』には我が国のすぐれたクザーヌス研究者による哲学思想の分析・評論が発表されている。(4) 同書にある「クザーヌス研究案内」及び「クザーヌス研究文献目録」は今日ではすこし追加を要するとはいえ、クザーヌス哲学研究のために有用である。クザーヌス研究の邦語単行本は意外に少数であるけれど、そのうちでも特に、薗田坦著『〈無限〉の思惟——ニコラウス・クザーヌス研究』（一九八二年）は、クザーヌスの初期の思想に重点がおかれているとはいうものの、注目すべき著作といえる。(5)

クザーヌスの哲学的著作の邦訳としては、岩崎允胤・大出哲訳『知ある無知』（一九六六年）のほか、大出哲・坂本堯訳『隠れたる神』（一九七二年）、大出哲・八巻和彦訳『可能現実存在』（一九八七年）、松山康國・塩路憲一訳『非他なるもの』（一九九二年）、大出哲・高岡尚訳『光の父の贈りもの』（一九九三年）が主なものであるが、『知ある無知』の新訳が、山田桂三訳『学識ある無知』（一九九四年）として平凡社ライブラリーに加えられた。その他、「中世思想原典集成十七」として出版された『中世末期の神秘思想』（一九九二年）に、「創造についての対話」「知恵に関する無学者の対話」「信仰の平和」「テオリアの最高段階について」といった主にクザーヌスの末期の哲学書の翻訳が収められている。以上の翻訳はそれらにともなう解説と共に、クザーヌス哲学思想の理解に大きな助けとなることは明らかである。

最近のクザーヌスの哲学思想の研究、特に神概念の解明にあたって、初期の思想だけでなく後期の思想研究にも力を注ぐようになり、その結果、彼の思想の発展が注目されるようになった。彼の初期の思想は、彼が一四四〇年に著した『知ある無知について』に主張したところの「無限なものの有限なものに対する比は存在しない」とか、「対立物の一致」（coincidentia oppositorum）といった偽ディオニュシウス・アレオパギテスの「否定の神学」の影響を強くうけた立場であった。それが、一四五三年に著した書『神の視について』においては、「対立物の一致」を「楽園の城壁」と名づけ、その背後に神が住み給うという立場に発展し、更に、一四六四年、彼の最後の年にかかれた『観想の頂点について』において、神を表す表現として『非他なるもの』（一四六二）のような消極的概念を脱却し、

「可能自体」(posse ipsum) という積極的概念に達したことを注意すべきである。[6] クザーヌス自身の『観想の頂点について』における記録によれば、一四六四年の復活節の黙想でこの概念に到達した時は喜びにみちあふれたとのことである。[7] あたかもプラトンの著作『国家』に出てくる「洞窟の比喩」の中の人間が、暗い洞窟の中から坂道や壁をこえて上昇し、光の輝く外に出たように、クザーヌスは死のわずか四ヶ月前にこの発見をして、喜びを禁じえなかったのであろう。

以上のようなクザーヌス思想の「発展的」理解のほかに、最近のクザーヌス思想の研究においては、昔から注意されてきた偽ディオニュシウス・アレオパギテスやマイスター・エックハルトとクザーヌスの関係のほかに、ライムンドゥス・ルルス(約一二三五―約一三一五)、ハイメリクス・デ・カムポ(一三九五―一四六〇)やスコトゥス・エリウゲナ(約八一〇―約八七七)などの影響にも関心がむけられて来ていることを忘れてはならない。[8] 本書において哲学思想に重点がおかれていないので、クザーヌスの思想についての最近の研究とその動向について以上にいささか詳細に記したが、更に第一部第三章では、クザーヌスの各国における研究状況をとりあげた。

第二部の「クザーヌスの教会改革」についての問題点はどこにあるであろうか。宗教改革前のドイツ教会についてだけでなく、その当時の教会全体にわたって改革が緊急問題であるとクザーヌスは確信していた。それは、彼がバーゼル公会議に『普遍的和合について』を提出し、公会議首位説を主張していた時代にも、一四三七年に公会議派を去って教皇派に移り、そのご教皇エウゲニウス四世およびニコラウス五世のために活動し、枢機卿、またブリクセンの司教に叙せられた後にも一貫して遂行しようとした理念であった。[9]

広い意味での政治思想家としての彼は、『普遍的和合について』で強調した「同意」の理論のために、旧来の研究では、とかく現代的、強いて言えば「民主的」思想家とみなされた。しかし、最近の研究は、クザーヌスの同意的思考様式が、中世以来踏襲されて来た階層秩序的権威主義思惟と共存し、もくしは緊張関係にあったことを強調するようになった。その点からみれば、公会議派から教皇派への転向も、全く説明のできない「裏切り」ではなく、同様の行動をとった多くの上級聖職者の立場と同じように、理解できるものとされるのである。[10]

保守派であろうと急激派であろうと、クザーヌスが共に協力して遂行しようとした教会改革が、なぜ挫折することが多かったかということは、また別問題である。教会法学者としての彼が、厳粛主義者《リゴリスト》であったのか、余りに煩雑な細事にこだわりすぎたのか、改革に対する根本的態度が、前進的であるより過去復興的であったためか、議論の分れるところである。[11] ヤスパースなどは、罪の意識もなく、改心の経験もなかったクザーヌスが改革をやりとげることなど全く不可能なことときめつけている。[12]

最後の第三部においては、「クザーヌスの周辺」という題の下に、クザーヌスと人文主義、法律学、宗教改革との関係を取りあげている。クザーヌスがパドヴァ大学在学の一四一七年から一四二三年の間に、教会法を勉強したのみならず、当時、イタリアに勃興していた人文主義の影響を受け、イタリア人文主義者にも彼の名はかなり知られていたと指摘されて来た。[13] P・O・クリステラー、E・ガリンその他の学者の研究の結果、人文主義の本質と性格も非常に明白になって来た。たしかに、クザーヌスは写本収集、古典文学の研究など人文主義学者と興味を分かつことはあったけれども、その根本的関心事はより宗教的、中世的思考の維持・保存にあったといえるであろう。[14] それにしても、現在、大英博物館所蔵のクザーヌス写本に多数の古典文学の著作が含まれていることは注目すべきである。[15]

近代国家の建設期の初期であった一五世紀に、多数の法律家がいろいろな分野で、法律顧問、官房長などとして活躍したことは多くの研究によって立証されている。[16] そのような「登龍門」に入るため、多数のドイツ青年がイタリアやフランスの法律学校に入学したが、クザーヌスもその一人であった。一四二三年に教会法令博士号を得た彼が、すぐれた法学者になったことは、一四二八年と一四三五年の二度にわたってルーヴァン大学が彼を教会法の教授として招聘したことからも知られる。けれども、彼が再度招待を辞退したことは、「無学者」(素人)の知恵を尊重し、「学問的知識」を重要視しなかったこともあろうが、彼の関心が法律学から神学、哲学に転移しつつあったことを示している。[17]

そのようなクザーヌスが、一四五一年から一四五二年にかけてニコラウス五世によって教皇派遣特使としてドイツ及び低地地方の各地に派遣され、一五一七年にはじまった宗教改革のわずか六〇年前のドイツ教会の実状をつぶさに視察することができた。彼の改革は教会・修道院の機構内での改革であって、カトリック教会からの分離にいたったマルティン・ルターの宗教改革運動とは質的にも違ったものであると言わざるをえない。[18]

以下に叙述される第一部から第三部を講読するにあたって、読者が上述の諸点に留意されることを望みたい。長年に亘ってクザーヌス思想研究の最も重要な著書と見なされ、その解釈も大体安定したと考慮されていた『知ある無知について』に関してでさえ、最近発見された写本研究の結果、新たな問題が投げかけられている。[19] クザーヌス研究の将来も種々の変化と発展が予想されると言えよう。

注

(1) この目的のためには、E・モイテン『ニコラウス・クザーヌス、一四〇一—一四六四——その生涯の素描——』(酒井修訳、法律文化社、一九七三年)が日本語では一番便利であろう。これは、一九六四年に出版された著書の第一版の邦訳であるが、そのご同書は版を重ね、最新版である第七版は一九九二年に出版された。

（2） *Acta Cusana. Quellen zur Lebensgeschichte des Nikolaus von Kues.* Bd. I, Lieferung 1: 1401-17. Mai 1437, hrsg. Erich Meuthen（Hamburg, 1976）; Bd. I, Lieferung 2: 17. Mai 1437-31. Dezember 1450, hrsg. E. Meuthen（1983）; Bd. I, Lieferung 3: 3. Januar 1451-März 1452, hrsg. E. Meuthen & Hermann Hallauer（1997）. なお、これについては E. Meuthen, "Die 'Acta Cusana': Gegenstand, Gestaltung und Ertrag einer Edition," *Sitzungsberichte der Heidelberger Akademie der Wissenschaften, Philosophisch-historische Klasse,* Jhrg. 1994, Bericht 5（Heidelberg, 1994）を参照。

（3） 外国語で第二次大戦後に出版されたクザーヌス文献表としては、*Mitteilungen und Forschungsbeiträge der Cusanus-Gesellschaft*（以下 MFCG と省略）, 1（1961）, 95-126; 2（1963）, 223-237; 6（1967）, 178-202; 10（1973）, 207-234; 15（1982）, 121-147 がある。英語でのクザーヌス文献表としては、Thomas M. Izbicki, "Nicholas of Cusa: The Literature in English through 1988" in: *Nicholas of Cusa in Search of God and Wisdom,* ed. Gerald Christianson & Thomas M. Izbicki（Leiden, 1991）, pp. 259-281; Thomas M. Izbicki, "Nicholas of Cusa: The Literature in English, 1989 to 1994" in: *Nicholas of Cusa on Christ and the Church,* ed. G. Christianson & T.M. Izbicki（Leiden, 1996）, pp. 341-353 が便利。

（4） 日本クザーヌス学会編『クザーヌス研究序説』国文社、一九八六年。

（5） 薗田坦『〈無限〉の思惟――ニコラウス・クザーヌス研究――』創文社、一九八七年。同年に出版されたものとして、坂本堯『宇宙精神の先駆・クザーヌス』春秋社、一九八七年がある。また『クザーヌス研究』第一号（一九九一）、第二号（一九九三）、第三号（一九九五）に発表された論文も参照さるべきである。

（6） このクザーヌスの思想の発展を簡潔に取扱ったものとして F. E. Cranz, "The Late Works of Nicholas of Cusa" in: *Nicholas of Cusa in Search of God and Wisdom,* pp. 141-160 がある。

（7） ニコラウス・クザーヌス「テオリアの最高段階について」佐藤直子訳『中世末期の神秘思想』（中世思想原典集成）、

平凡社、一九九二年、六四八頁。クザーヌス自身が述べている――「真理は明白になればなるほどよりやさしくなります。かつての私は、暗闇においてのほうが真理は優って発見されると思っておりましたが」（佐藤訳六五一頁）。

（8）数多い研究のうちから、最近のものだけをとれば、ルルスについてはWalter A. Euler, *Unitas et Pax. Religionsvergleich bei Raimundus Lullus und Nikolaus von Kues* (Würzburg, 1990). ハイメリクスについては（Morimichi Watanabe), "Heymericus de Campo (1395-1460)," *American Cusanus Society Newsletter*, XIII, 1 (July 1996), 5-8を、更にエリウゲナについてはWerner Beierwaltes, "Eriugena und Cusanus" in: *Eriugena Redivivus. Zur Wirkungsgeschichte seines Denkens im Mittelalter und im Übergang zur Neuzeit*, hrsg. W. Beierwaltes (Heidelberg, 1987), S. 311-344 [English tr.: "Cusanus and Eriugena," *Dionysius*, XIII (December, 1989), 115-152] を見よ。

（9）クザーヌスの改革観に関しては、渡邉守道「教会改革者としてのクザーヌス研究に関する諸問題」『クザーヌス研究』、第一号、一九九一年、三二―五〇頁（本書、一一二頁以下）、八巻和彦「ニコラウス・クザーヌスと『近代』」『クザーヌス研究』、第三号、一九九五年、九九―一〇一頁、Morimichi Watanabe & Thomas M. Izbicki, "Nicholas of Cusa, *A General Reform of the Church*" in: *Nicholas of Cusa on Christ and the Church*, pp. 175-202.

（10）この点については、Paul E. Sigmund, *Nicholas of Cusa and Medieval Political Thought* (Cambridge, Mass., 1963), pp. 304-312; Morimichi Watanabe, *The Political Ideas of Nicholas of Cusa with Special Reference to His De concordantia catholica* (Geneva, 1963), pp. 187-191; Claudia Lücking-Michel, *Konkordanz und Konsens. Zur Gesellschaftstheorie in der Schrift 'De concordantia catholica' des Nicolaus von Cues* (Würzburg, 1994), pp. 204-218を見よ。

（11）渡邉守道「教会改革者としてのクザーヌス研究に関する諸問題」四〇頁（本書、一一二頁以下）、八巻和彦「ニコラウス・クザーヌスと『近代』」九九―一〇七頁。

（12）Karl Jaspers, *Nikolaus Cusanus* (München, 1964), S. 204; Karl Jaspers, *Anselm and Nicholas of Cusa*, ed. Hannah

Arendt; tr. Ralph Manheim (New York, 1974), p. 148.

(13) 渡邉守道「クザーヌス、ローマ法、人文主義」『クザーヌス研究序説』二九二—二九六頁（本書、一七八頁以下）。渡邉守道「教会改革者としてのクザーヌス研究に関する諸問題」三六—三八頁（本書、一一二頁以下）。

(14) 渡邉守道「クザーヌス、ローマ法、人文主義」三〇〇—三〇一頁（本書、一七八頁以下）。

(15) 大英博物館ハーレイ・コレクション中のクザーヌス写本の記述、報告については、MFCG 3 (1983), 16-100; 101-108; MFCG 5 (1965), 137-161; MFCG 7 (1969), 146-157; MFCG 8 (1970), 199-226; 227-237; MFCG 10 (1973), 58-103; MFCG 12 (1977), 15-71; MFCG 15 (1982), 43-56; MFCG 17 (1986), 21-56 と、渡邉守道「クザーヌス、ローマ法、人文主義」三〇六頁注二九、渡邉守道「教会改革者としてのクザーヌス研究に関する諸問題」三六—三七頁（本書一一二頁以下）、四六頁注三三（本書、一二八頁）を参照。

(16) これについては、Lauro Martines, *Lawyers and Statecraft in Renaissance Florence* (Princeton, 1968); *Die Rolle der Juristen bei der Entstehung des modernen Staates,* hrsg. Roman Schnur (Berlin, 1986) や、渡邉守道「クザーヌス、ローマ法、人文主義」二八九—二九六頁（本書、一七八頁以下）を見よ。

(17) 渡邉守道「クザーヌス、ローマ法、人文主義」三〇〇頁（本書、一七八頁以下）、渡邉守道「教会改革者としてのクザーヌス研究に関する諸問題」三五頁（本書、一一二頁以下）。

(18) これについては、Erich Meuthen, "Nikolaus von Kues und die deutsche Kirche am Vorabend der Reformation," MFCG 21 (1994), 39-77 と、渡邉守道「宗教改革直前のドイツ教会——ニコラウス・クザーヌスとヴィルスナックの聖なる血の崇拝——」「論集・キリスト教と諸学」、第一一号、一九九六年、一〇—一八頁（本書、二三二頁以下）を参照。

(19) J.F.H. Hoenen, "›Ista prius inaudita‹. Eine neuentdeckte Vorlage der Docta ignorantia und ihre Bedeutung für die frühe Philosophie cles Nikolaus von Kues," *Medioevo*, XXI (1995), 375-476. これについては、Klaus Kremer,

"Eine anonyme Quelle für das 》Kernstück der Docta Ignorantia《 des Nikolaus von Kues," MFCG, 24 (1998), 233-237; Wilhelm Dupré, "Einige Bemerkungen zu M. Hoenen's Aufsatz 》Ista prius inaudita〈 ... 《," MFCG, 24, 238-242 を参照。

シギスムント大公（伯）妃，スコットランド王女エリノア

第一部
クザーヌスの生涯と思想

弁護士としてのクザーヌス

第一章　ニコラウス・クザーヌスの生涯とその思想

今から五〇〇年以上前に死去したNicolaus Cusanus（一四〇一―一四六四）についての関心が最近とみに昂まっている。一九六四年には、欧州二ヵ所で五〇〇年を記念する会合が開かれ、哲学者のヤスパースも*Nikolaus Cusanus*（München: R. Piper & Co. Verlag, 1964）という本を著し、また一部には「クザーヌス復興」を語る人々もある。これがクザーヌスの生涯と思想をここに簡単に紹介する主な目的である。

1　クザーヌスの生涯

クザーヌスはドイツの西南、モーゼル河畔にあるクース（Kues、現在のベルンカステル・クース〔Bernkastel-kues〕）という葡萄酒の産地として有名な町に一四〇一年に生れた。(1) 父親はヨハン・クリフツ（Johan Cryfftz）という、かなり裕福な船主であった。家名Cryfftzはまた KriefftsやKrevesとも綴られ、ドイツ語では、Krebs即ち蟹を意味している。クザーヌスは青年時代までNicolaus Cancer（ラテン語で蟹の意味）とかNycolaus Cancer de Coeßeとか、またドイツ語の場合は Niclas von Cußeとか名のった。クザーヌスという名前は勿論彼の故郷のラテン名からくるものである。

クザーヌスの幼年時代については殆んど知られていない。伝説によれば、読書好きで船の操りにまずいクザーヌスと父親の間が不和になり、ある日父親がクザーヌスを橈で船からたたき落したため、クザーヌスは家をのがれ貴族マンデルシャイト（Manderscheid）家に移り住んだという。同家のウルリッヒ（Ulrich）の援助で、トマス・ア・ケンピスやエラスムスも学んだという有名なオランダのデヴェンテル（Deventer）にある共同生活兄弟団経営の学校に学んだという説があるが、確証はない。(2)

クザーヌスが一四一六年にハイデルベルク大学に入学したことは現存する同大学の登録簿からみて明らかである。同大学初代総長インゲンのマルシリウス（Marsilius von Inghen）はオッカムなどと同じく唯名論主義の所謂 Via moderna の擁護者で、当時の学風もその影響をうけていたが、一五歳で入学し約一年しか滞在しなかったクザーヌスがどれ程の影響を受けたかは明らかでない。

その後大望を抱く幾多の青年と同じく、クザーヌスも教会法を学ぶため一四一七年一〇月法律学校としては当時ボローニア大学と優るとも劣らぬ名声をはせていたパドヴァ大学に入学した。そしてコミチブス（Prosdocimus de Comitibus）やチェザリーニ（Giuliano Cesarini）などについて勉強し、一四二三年には教会法令博士号（decretorum doctor）をかちえた。(3) ドイツ生れのクザーヌスにとって、より開放的で人文主義の洗礼をも受けていたパドヴァは単に教会法の研究においてのみならず他の種々の分野において大きな影響を与えた。修辞学のフェルトレ（Vittorio da Feltre）、コロンブスに影響を与えた、天文学、数学、医学のトスカネルリ（Paolo del Pozzo Toscanelli）、音楽、占星学のベルドマンデイ（Prosdocimus de Beldomandi）などの感化は特に深かったようである。人文主義者としてのクザーヌスはパドヴァの近くのベネツィアを通して一層ギリシア的なものへの憧れを深め、彼の名は当時人文主義運動の中心地のフィレンツェにおいても知られるに至った。

若き教会法学者クザーヌスは一四二四年ローマを訪れ、翌年には故郷にもどったが、トリーア（Trier）の大司教から同年アルトリッヒ（Altrich）の聖職を、その翌年にはトリーアの聖シメオン教会の中央教会評議員の地位を与えられ、それらの聖職禄のおかげで一四二五年四月にはケルン大学に入学することを得た。同大学で恐らく教会法の講義をしたものと思われるが、そのほか特に法制史の研究に力をそそぎ、古文庫や図書館を訪れて忘れられていた史料の採求調査をも行った。彼は後年屢々自分の著書は第一次資料に基づくものであることを強調したが、「原典にかえれ」という人文主義の一大原則を彼がケルン時代に真に生かそうとつとめたとも見られよう。彼の教会法学者としての名声が高まったことは一四二八年と一四三五年の再度にわたってルーヴァン大学が彼を教会法の教授として招聘しようと試みたことによっても知られる。しかし当時のケルンはまた哲学と神学の研究の盛んなところで、クザーヌスはハイメリクス（Heymericus de Campo）を通して強くキリスト教的プラトン主義の影響を受けた。(4) アウグスティヌス（Augustinus）やデイオニュシオス偽書（Pseudo-Dionysius）などの研究によって若きクザーヌスの思想は発展し、師ハイメリクスによって紹介されたルルス（Raimundus Lullus）の思想も彼の興味をひいたようである。(5)

しかしクザーヌスの名は彼がこれまで紛失していたプラウトゥス（Plautus）の一二の劇曲を発見した時、一層人文主義者の間に知られるようになった。他の人文主義者のように文学や文法学的なものに興味をもったのでなく、神学、哲学、法律学、天文学、医学などの古文書が彼の蒐集の対象であったけれども、愛書家という点では相通ずるものがあり、人文主義者のみならず、教会内で同じ興味をもつアルベルガティ（Albergati）枢機卿、その秘書で後年教皇ニコラウス五世となりヴァチカン図書館の基礎をきずいたパレントウチエリィ（Tommaso Parentucelli）、バヴィア司教ピッコルパッソ（Francesco Piccolpasso）などとの親交は急速に深まった。

一四三〇年トリーア大司教死去後、その後継者をめぐって常任評議団が分裂し、多数派はヤーコブ（Jakob von

Sierk）を少数派はマンデルシャイト家のウルリッヒを推したが、教皇マルティン五世は分裂選挙の際の教会法にもとづく教皇の権力を行使して Speyer 司教ラーバン（Raban von Helmstadt）をトリーア大司教に任命した。圧力を行使して後に常任評員団全員及び大司教区の支持をうけるに至ったウルリッヒは教皇によるラーバンの任命を拒絶して紛争をまき起し、一四三一年に開かれたバーゼル公会議に訴えて解決を求めんとした。マンデルシャイト家の恩恵をうけて来たクザーヌスがウルリッヒの秘書、法律顧問として活躍する教会政治の檜舞台がかくの如くして展開されたわけである。(6)

バーゼル公会議においてクザーヌスは一四三二年には信仰問題委員に、一四三三年にはフス教徒の教会復帰を取扱う委員会の委員に選ばれ大いに活躍した。一四三三年末に提出した彼の処女作『普遍的和合について』（*De Concordantia catholica*）はウルリッヒの顧問として取扱っていたトリーア大司教選挙問題の考察から出発したものであるが、単なる pièce de circonstance をこえ彼の教会、国家、また両者の関係についての意見を披瀝した大作で、バーゼル公会議議長の旧師チェザリーニと一四四三年一〇月バーゼルに到着した皇帝シギスムント（Sigismund）に捧げられた。(7)

同書においてクザーヌスは公会議が教皇に優位することを彼の教会法及び歴史の蘊蓄を傾けて力説したが、公会議が一四三四年五月一五日ウルリッヒの訴願をしりぞけてラーバンをトリーア大司教と宣告した後は次第に彼の公会議への熱もさめたようであった。一四三六年ギリシア正教会とカトリック教会の合同公会議(8)がどこで開かるべきかをめぐって教皇エウゲニウス四世とバーゼル公会議に意見の衝突が起り、公会議の多数派が教皇のみならずギリシア正教会側の反対をおしてバーゼルを合同公会議の開催地と決定するや、クザーヌスは一四三七年バーゼル公会議を去り、教皇に友好的態度をとる公会議少数派の代表団の一員としてギリシア正教会との交渉のためベネツィアをたちコンスタンティノープルにむかった。クザーヌスのこの行動は「不節操」であるとか「権力慾にもとづく」ものであるとか批判されて来たが、対立と葛藤の中にあって常に和合、統一、平和を求めようとしたクザーヌスにとって、それ以外の道はなかったのであろう。バーゼル公会議が下層聖職者の勢力の増大と諸国代表者の国家意識にもとづく葛藤によって既に混乱の場と化し、教会の統一は勿論改革を遂行する事も不可能であると洞察したクザーヌスが、これらの目的をより確実に果しうると思われた教皇陣に身を投じたものであると思われる。一四三七年一一月二七日、ビザンチン皇帝、コンスタンティノープル総主教を主とするギリシア正教会代表団はクザーヌスらと共にコンスタンティノープルを出帆、翌年二月四日ベネツィアに到着した。一四三九年七月六日に宣言された東西両教会の合同はたとえ短期間しか継続しなかったとはいうものの、このエキュメニカル・ムーヴメント史上注目すべき事件にクザーヌスがもたらした貢献を忘れてはならない。彼のコンスタンティノープルよりの帰途の海上で「光の父からの最高の贈物」が与えられ、その展開としてクザーヌスの最大の哲学的著作とみなされる『知ある無知について』(*De Docta Ignorantia*)が一四四〇年二月一二日故郷クースで書きおろされたことも特記すべきであろう。コンスタンティノープルより帰還後約一〇年間、クザーヌスは主としてドイツにあって教皇庁の権利の擁護に奔走した。教皇庁とバーゼル公会議の紛争に直面した神聖ローマ皇帝及び諸選挙侯は一四三八年三月一七日に中立の立場を宣言したが、クザーヌスは国会や選挙侯公会議で屢々教皇側支持の運動をなし、一四四七年八月、皇帝及び諸選挙侯は中立政策を放棄しローマ支持の態度を表明するに到った。翌年二月発表された「ウィーン政教条約」は教皇側の地位を強化する画期的文書であり、一四四九年にはバーゼル公会議も解散され長年に亘る公会議運動も敗北に終った。この事態をもたらすにクザーヌスが与って力あったことは否めない。友人エネア・シルヴィオ（Enea Silvio Piccolomini）は彼を「教皇エウゲニウス派のヘラクレス」と称賛し、教皇エウゲニウス自身、クザーヌスを一四四六年末秘密に（in petto）枢機卿に任じ、一四四九年一月教皇ニコラウス五世は正式に彼をローマの「鎖の聖ペトロ聖堂」(S. Pietro in Vincoli) を名義聖堂にもつ枢機卿となし労にむくいた。

その新枢機卿クザーヌスを待っていたのは一四五〇年の聖年にドイツ諸地方を教皇派遣特使として巡遊訪問し、贖罪符を発布し、地方教会会議を招集し、修道院を訪問、改革し、また聖職禄兼有を取締るという重務であった。一四四九年一二月に出発したクザーヌスは数ヵ所で執拗な反対にぶつかったものの、一四五二年に至るまで任務を忠実に遂行し、大いにチュートン人枢機卿 (Cardinalis Teutonicus) の貫禄を発揮した(9)。彼が一四五八年に故郷クースにキリスト在世三三年を記念して三三人の老人を収容しうる養老院を設立、その図書室に自分の古写本蒐集一切を寄贈したが、一四五七年に完成した養老院は幾多の戦火を免れ依然として今日も存在し、あの蒐集家としての有名なピコ・デラ・ミランドラも訪問することを憧れたという同図書室もクザーヌス・コレクションの大部分を保有して世界各地よりの訪問者が絶えない。

一四五〇年三月二三日教皇ニコラウス五世によってブリクセン (Brixen) の司教に叙せられていたクザーヌスは司教職をになうために一四五二年イースターごろにブリクセンに到着した。しかし彼の任命に強く反対したオーストリア大公、ティロール伯爵のシギスムント (Sigismund) は、時にはクザーヌス滞在中の城を包囲してなやまし、また或時はクザーヌスを逮捕してはずかしめるなど執拗な抵抗を示した(10)。教皇となってピウス二世を名のっていた旧友エネア・シルヴィオの調停にも拘らず事態は悪化するばかりで、一四五八年にクザーヌスはついにブリクセンを去りローマに移るという悲しむべき有様であった。このように一四五〇年以来のクザーヌスの生活は多忙で波瀾万丈であったにも拘らず、この期間に幾多のすぐれた哲学的著作が出版されたのは注目されてよい。

ピウス二世がローマをはなれてマントア (Mantua) の会議に出席中、クザーヌスは教皇の総代理 (vicarius generalis in temporibus）の重務を帯び、また一四五八年にはピウス二世の要請に従って教皇庁の『全面的改革』（*Reformatio generalis*）をかいた。[11] 一四五三年にトルコ人の攻撃によってコンスタンティノープルが陥落し、その後欧州キリスト教諸国への脅威が増大するや、ピウス二世は十字軍を編成してイスラム教徒の進出を阻止しようとしたが、クザーヌスは一四五三年『信仰の平和について』（*De pace fidei*）[12] を著して諸宗教とキリスト教との相互理解、和合が可能であるかについて深い考察を加えた。一四六〇年には『コーランの精査』（*Cribratio Alchorani*）[13] を書いてイスラム教を批判したが、一四六四年アンコナ（Ancona）にあって十字軍編成に最後の努力をはらっているピウス二世のもとに赴くためローマを去ったクザーヌスは途中トーディ（Todi）で病に倒れ、八月一一日同地で旧友トスカネルリらのみまもる中に歿した。遺体はローマの「鎖の聖ペトロ聖堂」にうずめられたが、遺言にもとづいて心臓はクースの養老院のチャペルにもちかえられた。[14]

2　クザーヌスの思想

哲学者、神学者、神秘思想家、人文主義者、数学者としてのクザーヌスの思想を詳細に論ずることは限られた紙面では不可能で、ここには彼の哲学的、神学的及び教会政策的思想を簡単にのべるにとどまる。

クザーヌスの数学的思惟が彼の哲学宗教概念に与えた影響は実に大きいようである。彼自身数学が確実な知識へのいかに有用な手段であるかを度々強調しているし、また彼の数学的著作のみならず『知ある無知について』や『推測について』（*De coniecturis*）のような哲学的著作に数多の図形が使用されている事もそのことを示している。彼の根本思想は微積分学的観念にもとづくもので、彼によれば有限的存在全体が無限者に対する関係は、無限に多くの辺を有する内接多角形が外接円に対する関係と類似する。無限の線が存在するとすれば、それは直線、三角形、円及び球体を包含するように、絶対者においては一切の対立矛盾が統一融合され、神は「対立物の一致」(Coincidentia oppositorum)であるとも説かれる。更に一があらゆる数を自己の中に含み、諸数の包含(complicatio)であるように、神は含蓄的にあらゆる有限的存在を自己の中に包含している。神は極大をも極少をも含む存在者である。これに反して諸数が一の展開(explicatio)である如くに有限的存在は神の展開であって、一切の被造的存在はその原因としての神に根ざしているのである。かくの如くクザーヌスは被造物に対する神の超越性を強調すると共に内在性をも主張する。

しかし神を感性的悟性的に認識することは人間には不可能であり、あらゆる有限的認識も結局において推測(coniectura)にすぎない。なぜなれば有限者の正確な認識自体はそれの神的な能動因、形相因、目的因を知ることなしには到達しえないから、有限者の正確な認識も不可能で結局推測的な接近に過ぎないのである。換言すれば神は我々人間の言葉が表現しうるいかなるものよりも大であるから、神は「最善者」とか「真理」とか「生命」とかいった言葉をもって表しえない存在である。かくてクザーヌスは「肯定の神学」(theologia affirmationis)によらず「否定の神学」(theologia negationis)によってのみ神の認識が可能であることを示す。即ち彼の「知的無知」の教えによれば感性的悟性的認識によってではなく、直観的に天啓的信仰において神と一致する時にのみ有限者は無限者に関わることが可能である。クザーヌスのこのような哲学的、神学的思想にピタゴラスの数論、プロティノス、プロクロス、更にアウグスティヌスよりの新プラトン主義、またディオニュシウス偽書、スコトゥス・エリウゲナの神秘思想や「否定の神学」、エックハルトを通じてのドイツ神秘主義などの影響を見出すことは特にむずかしくはない。

万物は神の模写ないしは展開であるとか、世界における神的なものの内在といった考え方の故に、クザーヌスの思想を根本的には汎神論的なものと見做し、正統的信仰の立場から批判しようとする企てはクザーヌスの同時代人ハイデルベルク大学教授ウェンク（Johannes Wenck）をはじめとして数多の人によってなされて来た。(15)しかしクザーヌスが正統的立場に立つカトリック思想家であることは彼のキリスト観をみることによっても明らかである。単に神学的、哲学的問題を取り扱った彼の著作においてのみならず、教会政策的著作においても彼のキリスト観は常に明白に示され、キリストの中間者としての意義が強調されている。

クザーヌスによればキリストこそ無限と有限、創造的第一原理と被造物との間のギャップを橋渡しするものである。あの真理の説教者パウロも証言しているように（コロサイ書一・一四―二〇）キリストにおいてこそ万物、即ち天にあるものも地にあるものもことごとく神と和解しているのである。無限と有限を最も完全に和合するのは創造者であって同時に被造者であるもの、即ち相対的なものがその相対性を失うことなしにしかも絶対的なものと一になっている存在である。クザーヌスによればキリストはこの要請を満たすものであって、神とともに人であるキリストが人間的父親なしに聖霊により人間的母親から生れたのは全くふさわしいことである。以上のごとくクザーヌスの神学思想におけるキリスト論の重要性、受肉論の強調はまがうべくもない。ハウプスト教授も指摘するごとくに、クザーヌスの最大の「哲学的」著書といわれる『知ある無知について』もその第三巻のキリスト論が不可欠な一部となっている哲学的神学的著作であることを把握せずには理解しがたいといえよう。(16)

教会政策の分野においてはクザーヌスは公会議首位説の擁護者として知られ、彼の著書『普遍的和合について』は公会議運動の諸理論を最も組織的に展開した大作とみなされて来た。教会法に従えば教皇のみが公会議を招集する権限を有していたが、教皇庁の捕囚（一三〇九―一三七七）、教会大分裂（一三七八―一四一七）の結果として教皇が一時は二人、一四〇九年後には三人も存在した場合に、事態の収拾のためには公会議招集の必要が広くみとめられていても、三人の教皇が互いに争って譲らない限り少くとも合法的には窮地を脱出する道はふさがれていたといえる。こういった教会の危機に際して澎湃と公会議首位説が台頭して来て、ついにいずれの教皇の招集にもよらず、つまり教会法的立場からみれば違法的にコンスタンツ公会議（一四一四—一四一七）がひらかれ、その有名な教令ハエック・サンクタ（Haec Sancta）は、信仰問題、教会分派の根絶、また教会の頭首と肢体に亘る（in capite et membris）一般改革に関しては公会議が教皇に優位することを明らかに宣言した。

このように公会議首位説が台頭して来たのは、アリストテレスの『倫理学』に展開され、のちにローマ法にも受けつがれた *επιεικια* の考え、つまり法の解釈にあたって衡平ということを考慮に入れて法文に絶対的にはしばられないという考えとか、ローマ法体系内で発展し、教会法にも導入された「万人に関するものは万人によって承認されなければならない」という思想などが一三世紀以来次第に強まって来たことが大いに与って力があるといえる。更にグラティアヌス（Gratianus）が一一四〇年頃に後世に甚大な影響を及ぼした『教会法矛盾条令義解類集』（*Concordia Discordantium Canonum*）を著して基礎を築いて以来、次第に体系化されつつあった教会法の理論体系中に、一方では教皇は絶対で神以外には従属しないという多数意見と共に、教皇とても信仰問題に関して誤謬に陥ることは可能であって、その場合とかまた権限を濫用した場合には公会議が教会全体の福祉のために既に教皇たる地位を自ら失った教皇に代って重要決定をなしうるという少数理論が常に存在した。この少数理論が危機が深まると共に一層重視されて来たことも一つの理由である。クザーヌスの『普遍的和合について』は若き教会法学者の手によるものだけに以上の諸理論が巧みに引用参照されているが、教会史に造詣の深いクザーヌスは初代教会の公会議にも屢々ふれて公会議の重要性を強調している。

公会議首位説の根本主張は、教会の最高決定権は教皇に存するのでなく「信徒の集り」（congregatio fidelium）

としての教会に存するので、公会議はその教会を代表し、従って教皇に優位するという議論であるといえる。クザーヌスは『普遍的和合について』の第二巻において詳細に公会議首位説を展開擁護する。しかしここに注意すべきは公会議運動自体が中世カトリック教会の内部で改革を期した、本質的には保守的な改革運動であったごとくに、クザーヌスの説も教会の改革和合及び統一を強調するもので、決して教皇庁の徹底的な再組織とか改革を唱えるものではない。クザーヌスは「宗教改革者以前の改革者」とよばれ、またもしもクザーヌスのごとき改革者が数多く存在したら一六世紀の宗教改革はおこらずにすんだであろうなどとも一部に言われたけれども、教会政治的な立場ではクザーヌスは中世的伝統により深く根ざした保守的傾向のみられる思想家で、彼をルターの先駆者とみたり、近代立憲主義思想の種をまいた「近代的」思想家と評価することはクザーヌスを正しく理解するものと思われない(17)。前述のように彼が後年バーゼル公会議を去って教皇陣の闘士となったことも、以上のことを考慮すれば説明にかたくないといえよう。

エキュメニズムの声が高まり、第二ヴァチカン公会議と共にカトリック教会組織の改革が重要課題となるにつれ、教会内外に危機をはらんだ一五世紀にこれらの問題に取り組んだクザーヌスの再検討がおこなわれるのは理解にかたくない。哲学者、神学者としてのクザーヌスも彼の暗示に深い思想の故に将来も種々議論研究されるであろう。

3　クザーヌス研究の資料

最後にクザーヌス研究のために必要または有益な資料、最近の文献に簡単にふれることにしたい。クザーヌスの全集の古い版にはストラスブール版（一四八八）、ミラノ版（一五〇二）、パリ版（一五一四）、バーゼル版（一五六五）があるがミラノ版は特に稀少である。パリ版は写真版として再発行された〔*Nicolai Cusae Cardinalis Opera*(Frankfurt/Main: Minerva G.m.b.H., 1962)」。現代版でクザーヌス研究の基礎をなす Heidelberger Akademie der Wissenschaften の Cusanus-Commission 発行のいわゆるハイデルベルク版は一九三二年に *De Docta Ignorantia* を発行して以来依然進行中である。〔Nicolai de Cusa, *Opera Omnia*（Leipzig und Hamburg: Felix Meiner, 1932— ）〕。これまで *De Docta Ignorantia, Apologia Doctae Ignorantiae, Idiota de Sapientia, De Pace Fidei, De Beryllo, Directio Speculantis seu De Non Aliud, De Concordantia Catholica* 及び他の短い著作が出版されたが説教、書簡なども将来はまとめられて出る筈である。(18) アルフレート・ペッツェルト（Alfred Petzelt）の *Nicolaus von Cues: Texte seiner philosophischen Schriften*, I（Stuttgart: W. Kohlhammer, 1949）は重要な哲学著作をパリ版とバーゼル版にもとづいて印刷したものであるが一巻しか出ていない。

　現代語訳にはドイツ語に Nikolaus von Kues, *Schriften in deutscher Übersetzung*（Hamburg: Felix Meiner, 1938—）があり現在まで一八巻を数え、それと平行して二〇巻にわたるラテン－ドイツ語版が出版され各巻注釈付で便利である。これとは別にクザーヌス死後五〇〇年を記念し出版された Nikolaus von Kues, *Philosophisch-Theologische Schriften*, I（Wien: Herder, 1964）は新進のヴィルヘルム・デュプレとディートリント・デュプレ（Dietlind u. Wilhelm Dupré）夫妻によるもので、後に出版された第二、第三巻には哲学、神学関係の著作を殆ど網羅している。(19) Herder 版はラテン語とドイツ語の対訳なので便利である。仏訳にはモーリス・ド・ガンディアク（Maurice de Gandillac）の *Œuvres choisies de Nicolas de Cues*（Paris: Aubier, 1946）があり、これはいろいろな著作からの抄訳である。(20) ジェルメイン・ヘロン（Germain Heron）神父による Nicolas Cusanus, *Of Learned Ignorance*（London: Routledge & Kegan Paul, 1954）とエンマ・G・ソルター（Emma G. Salter）訳の Nicholas of Cusa, *The Vision of God*（London: J. M. Dent & Sons, 1928; New York: E. P. Dutton & Co., 1960）だけが英訳で入手しや

すいクザーヌスの著作であったが、ジョン・P・ドーラン（John P. Dolan）の *Unity and Reform-Selected Writings of Nicholas de Cusa*（Notre Dame: University of Notre Dame Press, 1962）が出版され、*De Docta Ignorantia, De Sapientia, De Visione Dei, De Pace Fidei, De Staticis Experimentis* よりのすこし自由な抄訳が集められている。[21]

クザーヌス研究の第二次資料は尨大な数に及んでいる。一九六〇年設立されたクザーヌス協会（Cusanus-Gesellschaft）により毎年出版される *Mitteilungen und Forschungsbeiträge der Cusanus-Gesellschaft*（Mainz: Matthias-Grünewald Verlag, 1961–）の第一巻と第三巻に一九二〇年以後の文献を含むかなり詳細な「クザーヌス文献目録」（Cusanus-Bibliographie）が掲載されていて便利である。[22] Cusanus-Gesellschaft からはまた *Kleine Schriften der Cusanus-Gesellschaft*（Trier: Paulinus-Verlag, 1963–）という叢書が出版され、クザーヌスとヴァチカン公会議とか、彼の近代科学への貢献についてなど、計一三冊の小冊子が出ている。[23] クザーヌス研究にかくことの出来ないのはエドモンド・ヴァンステーンベルグ（Edmond Vansteenberghe）*Le cardinal Nicolas de Cues: L'action-la pensée*（Paris: Champion, 1920; Frankfurt am Main: Minerva GMBH, 1963）で一九六三年翻刻本が出た。一九二〇年後めざましい発展をとげたクザーヌス研究によりヴァンステーンベルグ（Vansteenberghe）はあちこち修正を要するものの、依然として大研究としての価値を失っていない。エーリッヒ・モイテン（Erich Meuthen）*Nikolaus von Kues*（*1401-1464*）: *Skizze einer Biographie*（Münster: Verlag Aschendorff, 7. Aufl. 1992）は最先端を行くクザーヌス学者の将来発表さるべきクザーヌス伝のスケッチとみられるもので、最近の研究を十分にとり入れた重要な著作である。この本は元国際キリスト教大学の酒井修氏によって翻訳出版された。同じくモイテン氏の *Die letzten Jahre des Nikolaus von Kues*（Köln und Opladen: Westdeutscher Verlag, 1958）はクザーヌスの後生に関する新たな資料を豊富にのせた程度の高い研究である。

そのほか最近のもので注目すべきものをひろってみると、神学の分野では、元マインツ大学のCusanus-Institut für Cusanus Forschung所長でCusanus-Gesellschaftの首脳部の一員でもあったルドルフ・ハウプスト（Rudolf Haubst）教授の*Das Bild des Einen und Dreieinen Gottes in der Welt nach Nikolaus von Kues*（Trier: Paulinus, 1952）及び*Die Christologie des Nikolaus von Kues*（Freiburg: Verlag Herder, 1956）は共にがっちりとした野心作である。哲学の分野においては数多のものが最近でたが、一般的なものとしては前述のヤスパース（Jaspers）の著書のほかにモーリス・ド・ガンディアック（Maurice de Gandillac）*La philosophie de Nicolas de Cues*（Paris: Aubier, 1942）及びK・H・ホルクマン-シュラック（K. H. Volkmann-Schluck）*Nicolaus Cusanus: Die Philosophie im Übergang vom Mittelalter zur Neuzeit*（Frankfurt am Main: Vittorio Klostermann, 1957）に注目すべきである。前者はドイツ語訳されMaurice de Gandillac, *Nikolaus von Cues: Studien zu seiner Philosophie und philosophischen Weltanschauung*（Düsseldorf: Schwann, 1953）として出た。教会政策ないし政治思想に関するものとしては、ゲルト・ハインツ-モア（Gerd Heinz-Mohr）*Unitas Christiana: Studien zur Gesellschaftslehre des Nikolaus von Kues*（Trier: Paulinus, 1958）, ポール・E・シグムンド（Paul E. Sigmund）*Nicholas of Cusa and Medieval Political Thought*（Cambridge, Mass.: Harvard University Press, 1963）: Morimichi Watanabe, *The Political Ideas of Nicholas of Cusa, with Special Reference to his De Concordantia Catholica*（Genève: Librairie Droz, 1963）があげられる。(24)

最後に便利な本としてエドゥアルト・ツィリンガー（Eduard Zellinger）*Cusanns Konkordanz*（München: Max Hueber Verlag, 1960）がある。これはAnalogia entis, Geist, Gott-Mensch, Liebeなどなどの項目のもとに該当する引用文をクザーヌスの著書から集めたコンコーダンスである。またゲルト・ハインツ-モアとヴィルハド・P・エッカート（Gerd Heinz-Mohr und Willehad P. Eckert）*Das Werk des Nicolaus Cusanus*（Köln: Wienand-Verlag, 1963）はプロテスタント学者とカトリック学者の共作で、第一部にはクザーヌスの生涯と人となりがのべてあるのみならず重要著作よりの抜萃が集められ、第二部にはクースの養老院とその図書室及び蔵書のかなり詳細な説明がある。多数の写真や挿図、とくに図書室蔵書の古写本の一部の複写なども多く、クザーヌスの広汎な活動を知るのに便利である。

注

（1）最も基本的な参考書として Edmond Vansteenberghe, *Le cardinal Nicolas de Cues 1401–1464: L'action-la pensée*（Paris, 1920; Frankfurt am Main, 1963）と Erich Meuthen, *Nikolaus von Kues 1401–1464: Skizze einer Biographie*, 7., überarbeitete Auflage（München, 1992）があげられる。

（2）Erich Meuthen, "Cusanus in Deventer" in: *Concordia discors. Studi su Niccolò Cusano e l'umanesimo europeo offerti a Giovanni Santinello*, a cura di Gregorio Piaia（Padova, 1993）, pp. 39–54 を参照。

（3）在学中にクザーヌスがコミチブスの家に下宿したことが明らかにされた。Paolo Sambin, "Il Nicolò da Cusa, studente a Padova e abitante nella casa di Prosdocimo Conti suo maestro," *Quaderni per la storia dell'Università di Padova* 12（1979）, 141–145.

（4）ハイメリクスについては最近かなりの研究が発表されている。Eusebio Colomer, "Heimeric van den Velde entre Ramon Lull y Nicolas de Cusa," *Spanische Forschungen der Görregesellschaft*, 1. Reihe, Bd. 21（1963）, 216–232; A. Black, "Heimericus de Campo: The Council and History," *Annuarium Historiae Conciliorum* II（1970）, 78–86; A.

Black, "The Realist Ecclesiology of Heimerich van den Velde," *Facultas S. Theologiae Lovaniensis 1432–1797*, ed. J. van Eijl（Louvan, 1977）, 273–291; J.-D. Cavigioli, "Les écrits d'Heymericus de Campo（1395–1460）sur les oeuvres d'Aristotle," *Freiburger Zeitschrift für Philosophie und Theologie* 28（1981）, 293–371; Pascal Ladner, *Revolutionäre Kirchenkritik am Basler Konzil? Zum Konziliarismus der Heymericus de Campo*〔Vorträge der Aeneas-Silvius-Stiftung an der Universität Basel, XIX〕（Basel, 1985）; Klaus Reinhardt, "Werke des Heymericus de Campo（1460）im Codex Cusanus 24," *Traditio*（1995）, 295–310.

（5）ルルスについても非常な関心が払われてきた。Eusebio Colomer S.J., *Nikolaus von Kues und Raimund Llull*（Berlin, 1961）, S. 5–6; Charles H. Lohr, "Ramon Lull und Nikolaus von Kues. Zu einem Strukturvergleich ihres Denkens," *Theologie und Philosophie* 56（1981）, 218–231; Theodor Pindl-Büchel, "Nicholas of Cusa and the Lullian Tradition in Padua," *American Cusanus Society Newsletter*, V, 2（September, 1988）, 35–37; Walter Andreas Euler, *Unitas et Pax. Religionsvergleich bei Raimundus Lullus und Nikolaus von Kues*（Würzburg, 1990）; Theodor Pindl-Büchel, *Die Exzerpte des Nikolaus von Kues aus dem* Liber contemplationis *Ramon Lulls*（Frankfurt, 1992）.

（6）マンデルシャイト家のウルリッヒ（Ulrich von Manderscheid）については〔Morimichi Watanabe〕, "Manderscheid," *American Cusanus Society Newsletter*, VII, 1（June, 1990）, 24–27をみよ。

（7）『普遍的和合について』の形成についてはGerhard Kallen, *Die handschriftliche Überlieferung des Concordantia catholica des Nikolaus von Kues*〔Sitzungsberichte der Heidelberger Akademie der Wissenschaften, phil.-hist. Klasse, Jhrg. 1963. 2. Abhandlung〕（Heidelberg, 1963）を参照。

（8）フェラーラ・フィレンツェ（Ferrara-Firenze）合同公会議についての最も新しい研究としてはGiuseppe Alberigo, ed. *Christian Unity. The Council of Ferrara-Florence, 1438/39–1989*（Leuven, 1991）.

（9）有名なLegationsreiseについてはその関係資料が纏められて*Acta Cusana*に最近出版された。*Acta Cusana*, I, 3

(1996). 最近の研究としては Donald Sullivan, "Cusanus as Reformer. The Papal Legation to the Germanies, 1451-1452," *Medieval Studies* 36 (1974), 382-428; Erich Meuthen, "Die deutsche Legationsreise des Nikolaus von Kues 1451/1452." in: *Lebenslehren und Weltentwürfe im Übergang vom Mittelalter zur Neuzeit: Politik-Bildung-Naturkunde-Theologie*, hrsg. Hartmut Boockmann et al. (Göttingen, 1989), S. 421-499; E. Meuthen, "Das Itinerar der deutschen Legationsreise des Nikolaus von Kues 1451/1452" in: *Papstgeschichte und Landesgeschichte: Festschrift füu Hermann Jacobs zum 65. Geburtstag*, hrsg. Joachim Dalhaus et al. (Köln, 1995), S. 473-502; 渡邉守道「宗教改革直前のドイツ教会——ニコラウス・クザーヌスとヴィルスナックの聖なる血の崇拝——」「論集・キリスト教と諸学」、第一一号、一九九六年、一五六(1)—一三九頁(18)、本書二三二頁以下。二八一—二頁地図参照。

(10) Sigismund については Pardon H. Tillinghast, "Nicholas of Cusa vs. Sigismund of Habsburg: An Attempt at Post-Conciliar Church Reform," *Church History* 36 (1967), 371-390; Morimichi Watanabe, "Nicholas of Cusa and the Tyrolese Monasteries: Reform and Resistance," *History of Political Thought* 7 (1986), 53-72.

(11) *Reformatio generalis* のテキストは Stephan Ehses, "Der Reformentwurf des Kardinals Nikolaus Cusanus," *Historisches Jahrbuch* 12 (1991), 281-297 にある。その解説と英訳として Morimichi Watanabe and Thomas M. Izbicki, "Nicholas of Cusa, A General Reform of the Church," in: *Nicholas of Cusa on Christ and the Church*, ed. by Gerald Christianson and Thomas M. Izbicki (Leiden, 1996), pp. 175-202 がある。

(12) *De pace fidei* の英訳にコンピュータを使って作成されたコンコーダンスをつけ加えたものは James E. Biechler and H. Lawrence Bond, *Nicholas of Cusa on Interreligious Harmony: Text, Concordance and Translation of De Pace Fidei* (Lewiston/Queenston/Lampeter, 1990) である。

(13) *Cribratio Alkorani* についての最近の研究としては Jasper Hopkins, *Nicholas of Cusa's* De Pace Fidei *and* Cribratio Alkorani (Minneapolis, 1990) を参照。

（14）Giovanni Mantese, "Ein notarielles Inventar von Büchern und Wertgegenständen aus dem Nachlass des Nikolaus von Kues," MFCG 2（1962）, 85-116 はクザーヌス歿後に作られた所属品のリストとして有意義なものである。

（15）Jasper Hopkins, *Nicholas of Cusa's Debate with John Wenck: A Translation and an Appraisal of* De Ignota Litteratura and Apologia Doctae Ignorantiae, 3rd ed.（Minneapolis, 1988）参照。

（16）Rudolf Haubst, "Nikolaus von Kues und die Theologie," *Trierer Theologischa Zeitschrift* 73（1964）, 199.

（17）E・カッシーラー『個と宇宙――ルネサンス精神史――』薗田坦訳　名古屋大学出版会、一九九一、一三頁を見よ。

（18）一九三九年までに一四巻で完成するはずであった *Opera omnia* はそのうちの一巻をのぞいて既に出版された。後述のように（一一三―一一四頁、注五―七）『説教集』*Sermones* は一九七〇年から、*Acta Cusana* は一九七六年から出版が継続されている。

（19）デュプレ（Dupré）夫妻による翻訳は第二、第三も出版された。Band II（Wien, 1966）; Band III（Wien, 1967）.

（20）イタリア語訳としては Nicolò Cusano, *Scritti filosofici,* ed. Giovanni Santinello I（Bologna, 1965）; II（Bologna, 1980）; *Opere religiose de Nicolo Cusano,* ed. Pio Gaia（Torino, 1971）; *Opere filosofici di Nicolò Cusano,* ed. Graziélla Federici-Vescovini（Torino, 1972）がある。

（21）Nicholas of Cusa, *Selected Spiritual Writings,* translated and introduction by H. Lawrence Bond; preface by Morimichi Watanabe, New York, 1997 が最近出版された。

（22）Bibliographie はその後にも出版され、全部で下記のようである。MFCG, 1（1961）, 95-126（1920-1961）; 3（1963）, 223-237（1961-1964）; 6（1967）, 178-202（1964-1968）; 10（1973）, 207-234（1968-1972）; 15（1982）, 121-147（1972-1982）.

（23）Cusanus-Gesellschaft によるごく最近の出版物として Nikolaus von Kues, *Textausgabe in deutschen Übersetzung* I（*De pace fidei: Der Friede im Glauben,* Trier, 1982）; II（*Die Vaterunser-Erklärung in der Volkssprache,* Trier,

1982); III (*De visione Dei: Das Sehen Gottes*, Trier, 1985); IV (*Vom rechten Hören und Verkündigen des Wortes Gottes*: Sermo XLI〔Protheme〕und Sermo CCLXXX, Trier, 1993) と *Trierer Cusanus Lecture* 1 (Erich Meuthen, *Nikolaus von Kues: Profil einer geschichtlichen Persönlichkeit*, Trier, 1994); 2 (Eusebio Colomer, *Nikolaus von Kues* (†1464) *und Ramon Lull* (†*1316*)*: Ihre Begegnung mit den nichchristlichen Religionen*, *Trier*, 1995); 3 (Jasper Hopkins, *Glaube und Vernunft im Denken des Nikolaus von Kues*, Trier 1996); 4 (Werner Beierwaltes, *Der verborgene Gott. Cusanus und Dionysius*, Trier, 1997) がある。

(24) もっとも最近の *De concordantia catholica* の研究としては Claudia Lücking-Michel, *Konkordanz und Konsens-Zur Gesellschaftstheorie in der Schrift 'De concordantia catholica' des Nicolaus von Cues* (Würzburg, 1994); 渡邉守道「ニコラウス・クザーヌスの社会思想」、上智大学中世思想研究所編『中世の思想』創文社、一九九六年、二九九―三二六頁、本書、六三頁以下、である。

第二章　クザーヌスの思想

第一節　政治思想

はじめに

いうまでもなく、クザーヌスの政治思想は彼自身の著書のみからは理解できるものではない。それらの著作を生み出した時代の歴史的、政治的、文化的背景のみならず、その時代からさかのぼって数世紀にわたる期間の重要な政治的、宗教的変動・発展の明らかな理解が特に必要である。そのうちでも、中世世界において特に大きな影響をもった教権と俗権の関係、及び、教会内における権威・権力の所在についての分析はこの問題についての解明においてかくべからざる指針を与えるものである。この第二章第一節においては、クザーヌスの政治思想の理解を促進するために以上の問題が簡潔に取り扱われる。

1　教皇至上権説の発展

教権と俗権(グラティアヌスと前期教会法学者)

中世キリスト教世界(Respublica Christiana)における教権と俗権の相互関係について中世初期以来指導的原理とみなされたのはいわゆるゲラシウス理論で、教皇ゲラシウス一世がビザンツ皇帝アタナシウス一世に送った書簡に表現されている。教皇の聖なる権威(auctoritas)と王の権力(potestas)の並存を説きつつも、究極的には教権の優位を認め、一元論的・聖職政治論的(hierocratic)教皇至上権説への基礎をおいたこの理論が、教会の発展、教皇権の伸長をみた中世期に広く受容されたのは理解に難くない。一一世紀以前の教会法学者も大体ゲラシウス理論を採用したといえる。(1)

一一、二世紀におけるローマ法の復興とその研究は、既存の相互に矛盾していた教会法令の蒐集や教令集を調和し、組織化するのに役立った。教会法典の形成に重要な契機となった『教会法矛盾条令義解類集』が、ローマ法学研究の中心地ボローニアの一聖職者グラティアヌスによって一一四〇年頃に編纂、刊行されたことはその一証拠といえよう。「教会法学の父」とよばれるグラティアヌスの同著は、普通『教令集《デクレトゥム》』と称されたが、その『教令集』は前期教会法学者たちによって注釈され、刊行後一世紀もたたないうちに教会法の標準法典となった。(2)

グラティアヌスと同じように、ピサのフグッチョ(一二世紀前半―一二一〇年。イタリアの教会法学者、神学者、文法学者。)に代表される前期教会法学者は、教皇をキリストがペトロに委託した「鍵の権能」の正統な保持者とみなしたが、教皇の権能が無制限であるとは主張しなかった。全教会の「普遍的同意」を体現する公会議が信仰問題を定義するにあたって教皇に優越すると主張した前期教会法学者も多い。

グラティアヌス自身は教権と俗権の関係の問題についてあまり大きな関心を持たず、しかも『教令集』にはこの問題について多くの曖昧な点があったので、かれは聖職政治論者とも二元論者とも解釈されてきた。したがって、かれ以後の教会法学者が教権と俗権の問題に関して二つの陣営にわかれ、それぞれの立場を擁護するのにグラティアヌスを引用した。最も有名な前期教会法学者であるフグッチョはこの点に関しては明らかに二元理論を支持しており、有名な『標準注釈書』の著者でもあったJ・テウトニクスもしばしば動揺したけれども本質的にはフグッチョと同じ立場をとった。(3)

インノケンティウス三世とインノケンティウス四世

聖俗両権理論の歴史における教皇インノケンティウス三世の地位は極めて重要である。フグッチョの忠実な弟子である同教皇は聖俗両権を注意ぶかく区別する二元論を支持したが、それまで神学的意味に使用されてきた「キリストの代理人」(vicarius Christi)「至上権」(plenitudo potestatis)「すべての人の最高の正統な審判者」(iudex ordinarius omnium)のような術語を教会法に導入し、後期の教皇至上権説展開に寄与したことは否めない。インノケンティウス三世の在位中ボローニアで教鞭をとっていたイギリス生れの前期教会法学者アラヌスが教皇至上権説を明らかに支持したのは注目すべきであろう。(4)

教皇インノケンティウス四世はインノケンティウス三世にみられた聖職政治論的傾向を一層強化した。かれによれば、すべての人の最高の正統な審判者である教皇の裁治権はキリスト教徒のみならず異教徒にも及び、教会の外には合法な権威は存在しないからイスラム教徒に対しての十字軍は正当であるとみなされた。(5)

しかし、インノケンティウス三世、特にインノケンティウス四世がゲラシウス理論の二元論を徹底的に否定し、完全な聖職政治主義を擁護して事実上近代主権理論に類似した教皇至上権説を展開したと見るのは、現代の概念で中世教皇の権限を規定しようとするもので正確ではない。両教皇とも教権の拡大を主張したことは明白であるが、最近の研究は両教皇を極端な教権主義者とみなす旧来の説に対して、両教皇とも二元論者であると主張しているほどである。「聖職政治論的」とか「二元論的」という表現自体が曖昧なのであって、いかなる中世教皇も純粋に聖職政治論者や二元論者でありえなかったというのが真相に近い。

後期教会法学者

前述のことは、アラヌスの影響を受けたパルマのベルナルドやタンクレッド、またスペインのラオレンシウスなどに代表される後期教会法学者についてもいえる。前期教会法学者にくらべ一層強く教皇権拡大を主張したとされる後期教会法学者が、教権と俗権の問題について単純に聖職政治論的でなく、俗権の領域に十分の考慮と尊敬を示した二元論的理論をしばしば展開しているのをみても明らかである。

最大の後期教会法学者といわれるホスティエンシスは教会内の権威の所在については法人の理論にもとづいて、団体の権威はその構成員によって分有されると信じ、教皇は枢機卿団を無視して行動しえず、緊急の場合には「信徒の団体（universitas fidelium）」を代表する公会議が教会の究極の権威として決定に参加しうると主張した。(6) 教権と俗権の問題に関して、ホスティエンシスはしばしば「最も極端な教皇論者」とか「教皇至上権のチャンピオン」などと唱されてきたが、インノケンティウス三世を崇拝したかれは、教皇至上権を主張しつつも、皇帝はある意味で主権を享有し、世俗のことがらに関しては至上権を有していることを明らかに認め、二元論的見解を完全には放棄していない。しかし、両権の独立を認めるかにみえるホスティエンシスも究極的には「教権の優位（majoritas）」を前提とし、俗権は補助的であることを確認した。また、他の後期教会法学者のようホスティエンシスも俗権の領域で教権が行使されうる種々の場合を認めるから、その意味でかれが教皇至上権説の発展に寄与したことは明らかである。

2　教皇権の衰退

ボニファティウス八世とアナーニ事件

一三世紀後半にフランス王フィリップ四世とともに大きな影響力をもったのは教皇ボニファティウス八世であった。ローマの名門カエタニ家に生まれ、法律家としてまた政治家としての才能にめぐまれた同教皇は、権力と名誉の追求に余念なく、一門の栄達のために血族登用を行ない、また大いに教権の伸長をはかった。

フィリップ四世によるフランス聖職者への課税を禁止した同教皇の返答は回勅「聖職者に対して平信徒を（Clericis laicos）」（一二九六年）となってあらわれ、両者間の紛争をもたらした。その後フランスの聖職者の管轄権をめぐって再び衝突が起こり、自らの権威に深い誇りをもったボニファティウスは、国王は教皇の絶対権に従うべきであると諭した回勅「聴け、最愛の子ら」（Ausculta fili、一三〇一年）を発し、翌年にはかの有名な回勅「唯一の聖なる（Unam Sanctam）」で教皇の絶対至上権を強調した。(7)

同年六月、フィリップ四世は諸侯をルーヴル宮に召集したが、ローマ法の影響の下に国王絶対専制主義的見解を支持していた政治顧問G・ド・ノガレはボニファティウスの登位事情をあばいて教皇を異端、売官者と糾弾した。その後部下を率いてひそかにアルプスを越えたノガレはアナーニの教皇公邸に闖入し、教皇を捕え、退位を迫り、回勅の撤回を要求した。アナーニ市民の反フランス暴動のために教皇は救出されたが、傷心のあまり、わずか二ヶ月後逝去した。

教皇至上権説に対する反駁

ボニファティウス八世によって最高頂にもたらされた教皇至上権説はA・ロマーヌスの『教会権力論』（一三〇二年）やヴィテルボーのヤコブスの『キリスト教政治論』（一三〇一年）において強力に支持された。反面、ドメニコ会士、パリのヨハネスは『国王と教皇の権力について』（一三〇二年）を執筆し、アリストテレスと教会法人説の影響のもとに教皇至上権説を批判し、公会議開催をも提唱したが、「ボニファティウス－フィリップ論争」はまた『聖職者と騎士の論争』（一二九六―一三〇二年）、『両権論』（一三〇二年）、『教皇権力論』（一三〇二年）からなるフランス王支持のパンフレット三部作をうみ出した。それらに比べて、ダンテの『帝政論』（一三一三年）、アドモントのエンゲルベルトの『ローマ帝国の起源および終焉について』（一三〇七―一〇年）、ベーベンブルクのルポルトの『王国およびローマ帝国法律論』（一三三八年）などは教皇至上権説に反対し、またローマ帝国の独立と諸特権を擁護したものとして注目に値する。(8)

アヴィニヨン捕囚

ボニファティウス八世の死後、ベネディクトゥス一一世のわずか八ヶ月の在位をへて、一三〇五年六月五日ボルドーの大司教が教皇に選ばれ、クレメンス五世と称した。リヨンでフィリップ四世立会いのもとに即位し、ポワチェに一時を過ごした新教皇は一三〇九年、教皇庁をアヴィニヨンに遷座した。アヴィニヨンはプロヴァンス伯爵下の一市で、強力なフランス王権の影響をさけるために選ばれたのであったが、以後アヴィニョン在住の七教皇はすべてフランス出身で、教皇庁がフランス王権に影響されたことは否定しえない。そのため、アヴィニョン在住の約七〇年間はユダヤ人のバビロン捕囚になぞらえて「教皇庁のバビロン捕囚」とよばれてきた。この期間、世俗権力による教皇庁への圧迫、干渉が行なわれ、教皇の権力は急速に衰微し、キリスト教世界における普遍的権威を失墜するにいたったとされる。その上に、アヴィニョンの教皇は意識的に血族登用政策を採用し、金銭に貪欲であったと非難されてきた。しかし、近年の研究は教皇庁のフランス王権による「捕囚」説を批判し、アヴィニョン諸教皇の業績をより積極的に評価し、または一四、五世紀の諸公会議への過渡期としての意義を解明するなど、伝統的見解の再検討をうながしている。(9)

西方教会の大分裂

アヴィニョン教皇庁時代の歴史は一三七七年教皇グレゴリウス一一世のローマ帰還によって終りを迎えた。しかし、同教皇は翌年死亡し、その後西方教会の新たな不祥事が発生した。新教皇選出のため教皇選挙会に入った枢機卿たちに圧力を加えようとして聖ペトロ広場に集まった群集は、「我らにローマ人の教皇を、少なくともイタリア人の教皇を与えよ」と絶叫し、その一部は聖ペトロ教会に乱入したと伝えられる。

このようにして教皇に選出されたパリの大司教はウルバヌス六世と名のったが、改革に関心をもっていたけれども、専制的であり、大多数をしめるフランス人枢機卿とのおりあいも悪く、その結果不満をいだいた一三人の枢機卿はローマを退去し、アナーニにおいてウルバヌス六世の選挙は暴力の圧迫のもとになされたゆえに無効であると宣言し、一三七八年九月二〇日、フォンディにおいてジュネーヴ出身の枢機卿ロベールを対立教皇として選挙した。かれはクレメンス七世の称号をとり、主にフランス人からなる枢機卿たちとともにアヴィニョンに戻ってフランス王権の保護下に入った。このようにして二人の教皇がそれぞれの支持枢機卿団をもって対立するに至り、一四一七年まで教会分裂の状態がつづいたが、これが西方教会の大分裂である。(10)

四〇年にわたる教会の大分裂は疑いもなく教皇権の弱化に寄与し、教会の精神的権威の失墜をもたらし、教会史上の一大危機であったことは明瞭である。ウルバヌス六世とクレメンス七世のいずれが正統の教皇であるかについてヨーロッパ諸国も対立し、ドイツ、イングランド、アイルランド、北イタリア、東欧などは前者を、フランス、スコットランド、スペイン、南イタリアなどは後者を支持したのでヨーロッパ諸国も二分するにいたった。この時代「天国に入ったものは一人もなかった」という当時の風評もその当時の精神的混乱をよく示しているものといえよう。

3　公会議運動とクザーヌス

公会議首位説の起源

教会大分裂の危機に際して公会議を召集して事態を収拾せよという動きの主唱者はパリ大学のドイツ人神学教授ゲルンハウゼンのコンラートとランゲンシュタインのハインリヒであった。

公会議が普遍的教会の最高機関であるとする公会議首位説は少なくとも三つの源泉をもっている。第一は教会法である。グラティアヌスがしばしば用いた「ローマ教会」(ecclesia Romana) の概念は普遍的教会、ローマの教会などの意味に解されたが、フグッチョは、個人としての教皇は誤りうるが信者の総体としての普遍的教会は無謬であり、その管理者としての教皇は教会およびその代表機関である公会議に従属するとした。第二の源泉は一一世紀後半以来のローマ法研究で広く理解されるようになった「万人に関するものは万人によって承認されなければならない」(Quod omnes tangit ab omnibus approbetur) という民意尊重のローマ法原則とか、「必要は法をしらない」(Necessitas non habet legem) というローマ法の思考方法である。第三の源泉は一二世紀以後盛んになったアリストテレス政治思想に基づく国家ないし教会観である。政治的共同体の目的である「善き生活」を楽しむには政治的共同体に参加することが必要であるとするアリストテレスの影響を受けた思想家によれば、教会もまた信者によって規制されるべきであった。かれらは教会の権力の担い手は「信徒集合体」(congregatio fidelium) であり、公会議は信徒集合体である教会を代表し、教皇を含めた階層制度のいかなる部分にも優越すると主張した。パリのヨハネスとか『平和の擁護者』(一三二四年) において公会議の優位を説いたパドヴァのマルシリオはその主な代表者である。(11)

公会議首位説は、それまでアカデミックな理論にすぎなかった。しかし、教会大分裂が到来し、他の解決策が実行不可能とわかった時に、それは最後の救済方法として極めて実践的な意義をもつに至ったのである。

公会議首位説の展開

一四〇八年、一三人の枢機卿がリヴォルノに会し、翌年ピサに公会議を召集すると決定した。教皇だけが公会議召集権をもつという教会法に照して、その合法性は疑われたが、多数が出席した。同公会議は対立する両教皇を廃位し、六月には新教皇アレクサンデル五世を選出したが、旧教皇たちの廃位反対のため「憎むべき対立」に代わって「呪われた鼎立」を齎《もたら》す結果となった。(12)

一四一四年、ドイツ皇帝シギスムントのよびかけで教皇ヨハネス二三世がコンスタンツ公会議を開いた。出席者の人数によらず、各「国民」が等しく一票をもつという投票方法を採用した同公会議は、一四一五年四月六日に採択された教令「ハエック・サンクタ」（Haec Sancta）において公会議首位説を確認し、ついで一四一七年一〇月九日の教令「フレクェンス」（Frequens）は以後公会議を定期的に召集すべきことを規定したが、その一ヶ月後、同公会議は新教皇マルティン五世を選出して教会大分裂に終止符をうった。(13)

枢機卿が活躍したピサ公会議、司教たちが有力だったコンスタンツ公会議に比べ、エウゲニウス四世が一四三一年開いたバーゼル公会議は劈頭より教皇との葛藤が絶えず、下級聖職者の勢力の強化とともに一連の反教皇的措置がとられた。ギリシア教会との再合同の問題をめぐって同公会議は一四三七年に多数派と少数派に分裂しバーゼルに残存した多数派は公会議首位説を固持して一四三九年に対立教皇フェリックス五世を選出した。(14)コンスタンツにおいて教会再統一をもたらした公会議首位説もバーゼルでは再び教会の分裂をひき起こし、その政治的悪影響に敏感で国家権力の統一に余念のなかった諸侯間に急速に支持者を失うに至った。

N・クザーヌス

公会議運動の有名な支持者の一人であったクザーヌスは一四三二年、マンデルシャイト家のウルリッヒの顧問・官房長としてバーゼル公会議に出席したが、翌年末か一四三四年初頭に『普遍的和合について』を提出し、着実な論理と筆法で公会議首位説を擁護した。

『普遍的和合について』の最重要課題は教会の問題、特に教皇と公会議の関係の解明であった。かれによれば、キリスト教会全体の一般公会議は教皇の上位に立ち、教皇一人よりは誤らないが常に無謬ではない。しかし、教皇が主宰する総大司教公会議は「ローマの聖座」（sedes Romana）が誤りをおかすことがないからいつも無謬であるというのである。

バーゼル公会議が分裂した時、クザーヌスは少数派の一人として教皇側に転向し、過激な下級聖職者からなる多数派が教皇か公会議かという二者択一の立場をとったのに対し、かれは教皇と公会議というより穏和な立場を保ったので、公会議首位説に現われた代表制のイデオロギーを漸次に放棄し、教皇至上権説の根底にある新プラトン主義的階層制度を再び強調する立場へと転移したのであった。

公会議首位説への反動

一四一七年の教会の再統一は公会議首位説の存在価値を弱め、教皇至上権説の再興に拍車をかけた。クザーヌスが、教皇権支持者に転向したのは時代の趨勢を反映したもののようである。教皇絶対主義の擁護を説いたトルケマーダのヨハネスの『教会論大全』（一四四九年）[15]や政治支配者の絶対的権力を強く主張したエネア・シルヴィオ・ピコローミニの『ローマ帝国の起源と権威に関する書簡』（一四四六年）などは、中世後期における立憲主義運動としての公会議運動の後退と近代絶対主義君主制時代への推移を予告したものである。歴史の歩みは教皇至上権説に対するアンチテーゼとしての公会議首位説の時代から、その反動としての絶対主義の台頭する時期に移行しつつあったともみられるであろうか。

注

（1）ゲラシウス理論の簡潔な説明は、有賀弘その他『政治思想史の基礎知識』（有斐閣、一九七三）、五四―五五頁にある。

（2）グラティアヌスの教会法史上における地位については Brian Tierney, *Foundations of the Conciliar Theory: The*

Contributions of the Medieval Canonists from Gratian to the Great Schism, Cambridge, 1955 をみよ。

（3）フグッチョについては Walter Ullmann, *Medieval Papalism: The Political Theories of the Medieval Canonists*, London, 1949, passim; John Watt, "The Theory of Papal Monarchy in the Thirteenth Century: The Contribution of the Canonists," *Traditio*, XX（1964）, 179-317; reprt. separately, New York, 1965; Wolfgang P. Müller, *Huguccio: The Life, Works, and Thought of a Twelfth-Century Jurist*, Washington, D.C., 1994 を参照。テウトニクスについては古い論文として J.F. v. Schulte, "Johannes Teutonicus（Semeca, Zemeka）," *Zeitschrift für Kirchenrecht*, XVI（1881）, 107-132 がある。

（4）アラヌスその他の前期教会法学者については Tierney, *Foundations*, passim; John A. Watt, *The Theory of Papal Monarchy in the Thirteenth Century: The Contribution of the Canonists*, New York, 1965, passim を参照。

（5）インノケンティウス四世の教皇観については Ullmann, *Medieval Papalism*, passim; Watt, *The Theory of Papal Monarchy*, pp. 58-73.

（6）ホスティエンシスの教皇説について Ullmann, *Medieval Papalism*, passim; Watt, *The Theory of Papal Monarchy*, passim.

（7）ボニファティウス八世の法律・政治観については数多くの研究があるが、とくに Richard Scholz, *Die Publizistik zur Zeit Phlipps des Schönen und Bonifatius VIII*, Stuttgart, 1903 を参照。

（8）これらの諸著作については Scholz, *Die Publizistik* をみよ。

（9）アヴィニヨンの「バビロン捕囚」とその意義については B. Guillemain, *La courponfiticale d'Avigonon*, Paris, 1962; G. Mollat, *Les Papes d'Avignon*, 第一〇版, Paris, 1965 をみよ。

（10）Walter Ullmann, *The Origins of the Great Schism: A Study in 14th Century Ecclesiastical History*, London, 1948 は教会大分裂を議論した研究として重要である。

(11) 数多いパドヴァのマルシリオについての研究のうちクザーヌスとの関係については Paul E. Sigmund, "The Influence of Marsilius of Padua on XVth Century Conciliarism," *Journal of the History of Ideas*, XXIII (1962), 392-402 をみよ。

(12) 有名なピサの公会議については Walter Brandmüller, *Papst und Konzil im Grossen Schisma*, Paderborn, 1990 をみよ。

(13) コンスタンツ公会議については多数の研究がある。その中でも Heinz Hürten, "Die Konstanzer Dekrete *Haec Sancta* und *Frequens* in: ihrer Bedeutung für Ekklesiologie des Nikolaus von Kues" in: *Das Konzil von Konstanz*, hrsg. v. A. Franzen usw, Freiburg, 1964, 381-396; Josef Wohlmuth, "Die Konzilien von Konstanz (1414-1418) und Basel (1431-1449)" in: *Geschichte der Konzilien: Von Nicaenum bis zum Vatikanum*, hrsg. v. Giuseppe Alberigo, Düsseldorf, 1993, 233-290; Ansgar Frenken, *Die Erforschung des Konstanzer Konzil (1414-1418) in der letzten 100 Jahren* 〔*Annuarium Historiae Conciliorum*, 25. Jhrg., Heft 1-2 (1993)〕; Phillip H. Stump, *The Reforms of the Council of Constance (1414-1418)*, Leiden, 1994 を参照。

(14) バーゼル公会議研究についての評価は Johannes Helmrath, *Das Basler Konzil 1431-1449: Forschungsstand und Probleme*, Köln, 1987 に詳しい。

(15) トルケマーダの生涯と思想に関しては Thomas M. Izbicki, *Protector of the Faith: Cardinal Johannes de Turrecremata and the Defense of the Institutional Church*, Washington, D.C., 1981 をみよ。

第二節　教皇権と公会議主義

1　一五世紀と公会議運動

第一に一五世紀という世紀から考え始めたいと思う。これまで教会史の研究においては一五世紀はあまり問題にされなかった。なぜかと考えるといろいろな理由が挙げられるが、一三世紀はカトリックが最高頂に達した時代であるから、たくさんの人々が研究してきたわけである。それに比べるとプロテスタントの人々は一六世紀のマルティン・ルターやその同僚をよく研究する。その結果、マルティン・ルター以前は暗黒の時代で、マルティン・ルターが出て来て急に良くなったというイメージがかなり定着しているようである。

では一三世紀と一六世紀の間は重要なことが起こらなかった過渡期であったのであろうか。そういう考え方が広くうけ入れられているようである。柴田平三郎氏訳のJ・B・モラル著『中世の政治思想』（未来社）という本でもその最後のあたりで一五世紀を「曖昧模糊とした時代」と規定している。ある著名な学者の『西洋教会史』を見ると、第九章が托鉢僧団で、つまり、一三世紀で、第一〇章は宗教改革を取扱い、一三世紀と一六世紀の間についてはほとんど書いていない。こういうのがよくある現象である。

著者は、ニコラウス・クザーヌスが専門であるが、クザーヌス個人の研究というよりは、彼の時代との関連のもとで法学者としてのクザーヌスを特に研究してきた。一五世紀を詳細に検討すると、公会議運動（Conciliar movement)、すなわち公会議優位主義の問題があり、それは、政治、法律、などに密接に関連した運動であった。(1)一二世紀にフグッチョという教会法学者が、「個人としての教皇は誤りうるが、信者の総体としての普遍的教会は無謬であり、その管理者としての教皇は教会および、その代表的機関である公会議に従属する」ということを既に述べている。教皇はペトロの後継者であり、カトリック教会の中では最高の人であるけれども、この人でも誤りうる。だから、誤りうる教皇は普遍的機関である公会議に従属するという考えが既に一二世紀に唱えられたわけである。そのような考えが、ある一連の歴史的事実が起こったために一五世紀にいっそう強くなったということができるであろう。

2　教会の分裂

この小論で、歴史的事実を詳細に述べることは不可能であるから簡略に記述するが、何故教皇より公会議の方が優位であるというラディカルな考えが発生してきたかを諒解できると思う。中世の教皇の中でも最も有力な人といわれたボニファティウス八世が、一三〇二年に出した「唯一の聖なる」(Unam sanctam)という回勅は有名で、それには、教会の内でなければ救いはなく、君主もすべての者も教皇に従属すると明らかにのべられている。ボニファティウス八世がその後どういう運命にあったかも有名で、フランスのフィリップ四世が遣したG・ド・ノガレとその傭兵たちが彼を捕え、ボニファティウスはあまりにも強い衝撃をうけたためか、その次の年、一三〇三年に死亡している。その次のベネディクトゥス一一世は、八カ月程で任期を終え、そのあとのクレメンス五世はいろいろ問題をかかえていた。問題という意味は、彼はボルドーの大司教で教皇に選ばれると、ローマへ行かずリヨンでフランス国王の出席の下に教皇となり、ポワティエに赴き、結局、一三〇九年、アヴィニョンに移ったのである。ローマの教皇庁がアヴィニヨンに移り、一三〇九年から一三七七年まで約七〇年間、いわゆるローマ教皇庁のアヴィニヨンにおける「バビロン捕囚」がおこったのである。その間の七人の教皇はすべてフランス人であった。どの程度フランス国王が教皇を支配下に置いたかは、学者間でも議論があるが、一三〇九年から一三七七年まで七人の教皇がアヴィニヨンに居住したことは歴史的な事実である。

フランス人だけが教皇になった結果、イタリア人が不満に思ったのは当然のことといえよう。巡礼もローマに来なくなり、土産物も売れない。俗っぽいけれどもこのような経済的な問題も起こってきたわけである。その結果、イタリアではフランスの教皇庁をローマに復帰しようとする運動が起こった。結局、アヴィニヨンの第七番目の教皇、グレゴリウス一一世が、イタリア人の要請に応じて教皇庁をアヴィニヨンからローマに移したが、それは一三七七年のことであった。グレゴリウス一一世の時代の多くの枢機卿はフランス人で、その人たちがローマについて行ったが、そのしばらくあと、グレゴリウス一一世はローマで死去した。次の教皇の選挙に参加した大多数の人がフランス人の枢機卿だったわけで、いろいろな画策が内でも外でもあったと伝えられる。サン・ピエトロ大聖堂の前の広場に多くのイタリア人が参集し、イタリア人の教皇を与えよ、ローマ人でなくてもイタリア人の教皇を与えよ、と随分騒いだといわれる。ある歴史家は、騒いだだけでなく、教会に侵入して脅迫したと報じている(2)。そのようにしてグレゴリウス一一世の死後に選ばれたのがウルバヌス六世で、彼はローマ人ではないが、イタリア人であったから、イタリア人は喜悦した。ウルバヌス六世は、イタリア半島の南方のバリの大司教であった。しかし彼は人間関係の点で多少問題のある人で、大多数のフランス人枢機卿を怒らせる結果となった。彼らは、ローマで選挙に参加したけれど、自由な人間として行動したのではなく、脅迫の下に参加したと主張し、それゆえ、アヴィニヨンにもどって新たに教皇を選ぶと宣言して、ウルバヌス六世の選挙の六カ月後にアヴィニヨンに帰還し、そこでクレメンス七世という教皇を選んだのである。この人はフランス人ではなくてスイス人であったが、フランスにとっては有利な人であった。これが、いわゆる「教会の大分裂」の始まりである。

これは、政治的にも宗教的にも重大なことである。政治的にはヨーロッパが分裂し、ドイツ、イングランド、アイルランド、北イタリアなどはローマ教皇を支持したが、フランス人はもちろんアヴィニョンの教皇を支持し、イングランドと不和のスコットランドはフランスを、スペインもフランスのアヴィニョンの教皇を支持したのである。宗教的にもこんな有害なことはなく、天国の鍵を持つとされたペトロの後継者が二人いたのであるから、この教会大分裂期間には天国に入るものがいなかったと言われたほどである。事態を改善するためには二人の教皇を一人にすべきことは常識的にも当然なことで、それを達成しようとする運動が生じてきたわけである。どのようにして二人の教皇を一人へらし、分裂している教会を統一するかが問題であった。聖書には原始教会ではみんなで集まって、祈ったと書いてある。(3) 有名なコンスタンティヌス大帝が問題のあったときに召集したように、公会議を開いてはどうか、教会の代表が集まって将来を決める公会議を開いたらどうか、という議論が強くなっていった。それは、いい方法であるけれども、法律的には困難であった。なぜかと言えば、当時の教会法によれば、公会議を開催できる唯一の人は教皇で、教皇だけに公会議の召集権があったのである。ところが、当時教皇は二人存在したので、どちらの教皇が開く権限があるのか全く不明で、合法的には抜け道はなかったといえる。

そのようなことを考えているうちに、一二世紀以来教会の性質と組織についていろいろな意見が表明されてきたことが回想されるようになったのである。教会法学者の中でも、前述のように、フグッチョは「教皇でも誤りうる」と明言したし、教皇が誤った場合には、普遍的教会、ないしはその代表である公会議が正しいことを唱えるべきだという説があったわけである。だから、こういう危機の事態がおこってくると、教会法学者の中にも必ずしも一人の教皇が公会議の召集権をもつのでなく、必要の時には教皇の命令なしに公会議を開いてもよい、はっきり言えば、合法的でなくても危機だからそういうことをやってもよいのであるという議論が起こってきた。更に、一一世紀の末から一二世紀になると、ヨーロッパではローマ法の影響が強くなってきて、その考え方の一つに「万人に関することは万人によって承認されなければならない」という原則があった。そのローマ法の原則を借りて、困った時には、すなわち、ローマ教皇が二人いて教会の将来が危機に陥っている時には、やはり教会の中のすべての人に影響を与えることであるから、なるべく多くの人が集まって討議していいのではないかと考えられるようになった。また、もう一つの有名なローマ法の原則に「危機の時には法というものは沈黙する」、すなわち、危機の際には法を曲げてもかまわないという議論がある。(4) 以上の二つの原則を適用したならば、教皇が二人もいる危機だから、とにかく集合して、教会法に従わなくても、不法であっても、非法であっても解決法を探していいではないかという考えが強くなったのである。一一世紀後半から、アリストテレスの考えも再び強くなってきたが、(5) 彼によると、善き生活をする団体が大切だと考えられた。アリストテレスはクリスチャンではなかったから、善き生活とはキリスト教的な意味あいではなかったとはいえ、善き生活をするためにはその社会のメンバーが集まって、議論していくという考え方である。そのアリストテレスの考えからいっても、教会の中で善き生活をすることは、二人の教皇を一人にすることであるから、そのためには公会議を召集することが正しいと主張されるようになったのである。

その結果、一四〇九年にあの斜塔で有名なピサで公会議をすることが決定されたが、二人の教皇が同意したわけではなかった。イタリア人もフランス人も含んだ、約一三人の枢機卿が集まって、今は危機だから、なんとかして公会議を開かなければならないと言って始まったのが一四〇九年のピサの公会議である。その結果非常に複雑な事態になるのであるが、今までの二人の教皇の廃位を決め、その代わりにアレクサンデル五世という人を教皇に選挙したのである。この公会議の手続については種々の批判があり、公会議開始以前から二人の教皇に交渉をしておけばよかったのであるが、アレクサンデル五世の選挙後も二人の教皇は退位を拒絶したのである。以前の教皇がやめない上にもう一人の教皇を選んだということは、教皇が三人になったことで、ピサの公会議は、事態を改善するよりは、悪化させたといえる。なぜかというと、目的は教会を統一することであった。しかし、結果的には教皇を三人に増やし、ますます事態は悪化した。当時の教会の影響は非常に強大であったから、ピサ公会議の結果、種々の困難な問題が発生した。

3　教会の統一と改革――コンスタンツ公会議

結局、もう一つ公会議を開催するほかないということになり、世俗の君主、神聖ローマ皇帝が介入する結果となった。コンスタンティヌス大帝も教会の問題が起きた際に介入したではないかといわれ、それと同様に当時の神聖ローマ皇帝が斡旋して、新しい公会議を開けという意見が強まったわけである。そこで、当時のヨーロッパの中心にあるドイツのコンスタンツで、一四一四年から一四一八年にわたって公会議が開かれた。ピサの公会議が、結果として三人の教皇をつくって、失敗であったから、なんとかして教会を統一しようとして、コンスタンツの公会議が行われたわけである。コンスタンツの公会議では統一も重要な問題であったけれども、改革という問題も出て来たのである。当時の教会はいろいろな問題をかかえていたから、その改革が重要な課題であった。だから、コンスタンツの公会議には統一と改革という二つの重大目標が存在したのである。それから更に注目すべきことは、コンスタンツの公会議では、個人個人ではなく、ナチオ（natio）、すなわち国ごとに投票したのである。イングランドが一票、フランスが一票、ドイツが一票とナチオごとに投票した。

一四一四年に始まったコンスタンツの公会議は、一四一五年に「ハエック・サンクタ」（Haec Sancta）という教令を発布した。その結論は、信仰のことに関して、また教会の統一や改革に関しては公会議が教皇よりも優位であるということであった。すなわち、ペトロの後継者の教皇一人よりも普遍的教会の代表である多数者である公会議の方が優位であることを明らかに打ち出したのである。J・N・フィッギス（J. N. Figgis 一八六六―一九一九年。英国の歴史家、神学者。『王権神授説』などの名著あり。）というイギリスの有名な政治思想家は、「ハエック・サンクタ」は世界の歴史における最もラディカルな公式宣言だと述べている[6]。前述のように、一四一八年まで会議は続くが、一四一七年になると、公会議を定期的に行わなければならないという教令が出された。一度開かれても、教皇が強力になり統制するかもしれないから、公会議は定期的に行わなければならないという趣旨であった。以前の経験にもとづき、三人の教皇にあらかじめ交渉をして、彼らの退位を求めた。一人の教皇は最後まで抵抗したが、結局やめて、一四一七年にマルティン五世が選ばれることによって、教会の分裂は終止したのである。

ローマ生れのマルティン五世はルネサンスの歴史にとっては重要な人で、ローマに帰っていろいろな古代美術品の発掘に貢献した。一四一七年にマルティン五世が選ばれたことによって教会の統一という問題は一応解決されたが、前述のようにコンスタンツ公会議のもう一つの目的は改革であった。教会の中にはいろいろな改革すべき問題が存在したけれどもマルティン五世は一旦教皇になり教会が統一すると、改革にはあまり興味を示さなかった。しかし、下位の聖職者のみならず、高位聖職者もまだまだ不満があって、やはり、コンスタンツ公会議が決定したように公会議を定期的に開く必要があるという考えが強くなり、一四三一年にバーゼルの公会議が開かれることになった。これは非常に長期の公会議で、一四三一年から一四四九年まで続いた。定期的に公会議を召集するというコンスタンツ公会議令にもとづき、最初はマルティン五世が召集したが、その直後彼は死亡している。

次のエウゲニウス四世は、フィレンツェ生れの人で、バーゼルの公会議を続けることになった。この公会議は、非常に複雑な公会議でここでは詳細をはぶくが、根本的な法律問題は、コンスタンツの公会議がナチオ、つまり一つの国が一票という方法をとったのに比べ、バーゼルの公会議では参加者各自が一票を持ったことにある。参加者と言えば、高位の聖職者、すなわち、枢機卿や司教のみならず、単なる司祭もいたわけで、現代の言葉でいえばデモクラティックであるが、あまりにもデモクラティック化したともいえる。当時のいろんな文書があるが、その中でも非常に批判的なものは、「単に大司教、司教、枢機卿、司祭だけでなく、大工や料理人までが投票した」と述べている。(7)デモクラシーの極限化とも言えるが、投票すべきでないものまでが投票したことに対する批判が強くなっていたのは明らかである。その結果、高位の聖職者と下位の聖職者の間に非常なギャップが生じてきた。

それに加えて、トルコの勢力が非常に強大化するという問題が起こってきた。そのために、トルコの勢力拡大に対して、ギリシアの教会とローマの教会が協力しようという教会合同の問題が出てきたのであるが、(8)ギリシアの教会とどこで交渉するかについて、バーゼル公会議の少数派と多数派の間で意見の違いが起こった。教皇はこの時には一人しか存在しなかったが、少数派が教皇を支持したため、多数派の下位の聖職者たちはフェリックス五世という彼らの教皇を一四三九年に選挙し、その結果、いったん統一された教会が、バーゼルの公会議で再び分裂する結果となってしまったのである。

4　クザーヌスと公会議運動

このバーゼル公会議に出席していた有名な人の一人がニコラウス・クザーヌスであった。彼はドイツ人で、一四〇一年に生まれ一五歳の時にハイデルベルク大学に学び、一年後パドヴァの大学へ移り、一四二三年に教会法令博士になった。そして、一四三一年にバーゼル公会議に出席し、一四三三年には『普遍的和合について』をバーゼル公会議に提出した。クザーヌスは一四三三年の時点においては、教皇よりも公会議が優位であるという公会議運動の支持者であって、聖ペトロの後継者である教皇であっても間違い得るから、普遍的教会の代表である公会議の方が優位だという議論を主張した。その後、いろいろな事件が起こると、クザーヌスは一四三七年には多数派から少数派へ、公会議運動から離れて教皇側へ移ったのである。事態が非常に激化するとよくインテリが立場を変えると批判されるように、彼も反動化したなどと批判されてきたが、たしかに保守的な立場にかたむいたといえよう。注目すべきは、この時、いろいろな人がクザーヌスのように立場を変えたことである。公会議運動の支持者だった人々がいろいろな理由で、教皇側へ転向したのである。そういう事態が起こったので、バーゼルの公会議は関係者にとって非常に波瀾にみちた会議であった。

クザーヌスは結局は枢機卿にまで任じられたのである。一四六四年に彼は枢機卿として死亡したが、それまでに非常に多くの本を書いた。哲学書の『知ある無知について』が特に有名であるが、哲学者、神学者、教会政治家として知られるようになった。最近ではいっそう有名になり、日本のクザーヌス学会、アメリカのクザーヌス学会、ドイツのクザーヌス協会の活動によりますます知られるようになってきた。

5　公会議運動の意義

公会議運動がどういう意味を持っているかについて結論をのべたい。第一にすこし斬新な意見かも知れないが、G・マッティングリー教授（Garrett Mattingly 一九〇〇—一九六八。アメリカの歴史学者。コロンビア大学教授。）の見解を紹介したい。それによれば、ローマ・カトリック教会が、近代国家成立以前に近代国家において重要となった官僚制度とか外交制度とか税制度の問題に取り組み、解決しようとしたという解釈である。そして、立憲制度と議会主義（Parliamentarism）という考え方、つまり一七世紀のイングランドの国王と議会、一対多数の葛藤という問題がそれに関連してすでに取り扱われていたという意見である。(9) この一対多数の問題は、アリストテレスにまで遡るものであるが、たしかに一五世紀のカトリック教会の中でも問題となっていた。そこに、公会議運動の意義があるのではないかと言える。当時の教会にはいろいろな問題があったけれども、その一つに官僚制度のことがあった。カトリック教会の「官僚」になるにはイタリアやフランスの法律学校で勉学したのであるが、それに関連した困難な問題があった。また、フッガー家が、ヨーロッパの諸地方から税金を集めるという複雑な組織の発展があり、それと並んで立憲主義の問題が、カトリック教会の中で取り上げられたということが言える。

もう一つは改革という問題である。コンスタンツ公会議で一番重要な問題は統一であったが、当時の現状を見ればカトリック教会はやはり改革されるべきだという考えが非常に強かったといえる。それゆえ、コンスタンツの公会議でもバーゼルの公会議でも、改革という問題が取り上げられたのである。しかし、前述のように、マルティン五世などは一旦教皇になると、改革には関心がなく、一般に公会議の時代には改革はそれほど成功しなかったといえる。いろいろな教科書に書かれているように、もし公会議運動が成功していたなら、マルティン・ルターの宗教改革はなかったのではないかと言えるかも知れない。著者はプロテスタントとして育ったが、最初に述べたように、ルター以前は暗黒の時代で、その後明るい時代になったという図式化に疑問を持った。歴史というものはもっと複雑に違いないと思ったところから一五世紀の研究を始めたが、ルターの前にも失敗した形であるが、改革運動の努力があったのである。その点、公会議運動の問題は注目すべきであると思う。

第三番目に公会議運動がなぜ失敗したかと問うならば、やはり、少数と多数の問題が中心にあったといえる。(10) 少数の高位の聖職者と多数の下位の聖職者の軋轢が原因であるが、世俗の君主がどちらを助けるかが重要な問題となったのである。上を助けるか、下を助けるか、公会議運動の時代に問題となったが、世俗の君主は下よりも上を助けたので、教皇の方へ勢力が再帰して行ったといえる。一種の立憲主義的な、ある意味ではデモクラティックな運動であったところの公会議運動は、世俗君主の協力を得られなかったために、徐々に勢力を失って行ったのである。公会議主義運動低下の大きな原因の一つは、やはり、世俗の君主の協力を得られなかったことであった。

最後に公会議運動の一般的意義をあげれば、カトリック教会の権威主義に対する警鐘であったと言えよう。中世に教皇が強力になり、さらにルネサンスの時期にも強化され、マルティン・ルターの批判にも拘わらず、カトリック教会は成長を続け、トレント公会議ではさらにローマ教皇の権威主義的な考え方が強化していった。そういった、一三世紀以来のローマ教皇の権威主義に対して、公会議運動は一つの警鐘であって、現代の言葉で言えば、デモクラティックなチャレンジであったわけである。

本節ではニコラウス・クザーヌスのことを詳細に議論できなかったが、全体的観察をすれば、彼は最初はリベラルであったけれども、後に保守的になり、公会議主義から教皇側支持へ移ったと言える。ヨーロッパだけでなく世界的に、若い時はラディカルであるが、年をとると保守的になるという傾向はあるといえる。彼の関係した世俗的、政治的事態を見ると非常に複雑であるが、その間に彼が苦しい経験をしながら書いた哲学的著作には、たしかに良く言えば彼岸的、悪く言えば非現実的にみえるものもある。けれども、著者自身は彼を非常に興味ぶかい、神学と哲学の根本問題にとりくんだ、研究に価する人間だと考えている。

注

（1）公会議主義については数多い著作論文の中から E. F. Jacob, "The Conciliar Movement in Recent History," *Bulletin of the John Rylands Library*, XLI (1958), 386-400; Remigius Bäumer, "Die Erforschung des Konziliarismus" in: *Die Entwicklung des Konziliarismus*, 1976; C.M.D. Crowder, *Unity, Heresy and Reform 1378-1460: The Conciliar Response to the Great Schism*, London, 1977; A.J. Black, *Council and Commune: The Conciliar Movement and the Fifteenth Century Heritage*, London, 1979 をみよ。

（2）Walter Ullmann, *The Origins of the Great Schism: A Study in 14th-Century Ecclesiastical History*, London, 1948, p. 19.

（3）使徒行伝一二章一五節、二〇章三六節。

（4）Ullmann, *The Origins*, pp. 170-190.

（5）一一世紀半以降におけるアリストテレス政治思想の受容の意義は重大である。それについての簡単な手引きは、有賀弘その他『政治思想史の基礎知識』（有斐閣、一九七七年）、七四―七五頁。

（6）John N. Figgis, *Studies of Political Thought from Gerson to Grotius, 1414-1625*, 2nd ed., Cambridge, 1923, p. 31.

（7）R. Wolkan, *Der Briefwechsel des E. S. Piccolomini, Fontes Rerum Austriacarum*, I, no. 92, p. 211.

（8）フェラーラ・フィレンツェ合同公会議の最近の研究としては G. Alberigo, ed. *Christian Unity: The Council of Ferrara-Florence 1438/39–1989*, Leuven, 1991 がある。

（9）この解釈は一九九五年に同教授が Columbia 大学で教えた「近代初期の欧州」と言う講座で明らかに展開された。Cf. Garrett Mattingly, *Renaissance Diplomacy*, Boston, 1955, pp. 19–54.

（10）公会議運動（Conciliar Movement）とその「終末」をクザーヌスとの関係で論じたものに James Biechler, "Nicholas of Cusa and the End of the Conciliar Movement," *Church History*, XXXIV（March 1975）, 1-17 がある。フランシス・オークレー（Francis Oakley）は数多くの論文で conciliar theory が一五から一七世紀にわたって特にスコットランドとイングランドで議論されつづけたことを示した。Francis Oakley, "On the Road from Constance to 1688: The Political Thought of John Major and George Buchanan," *Journal of British Studies*, I（1962）, 1-31; F. Oakley, "From Constance to 1688 Reconsidered," *Journal of the History of Ideas*, 27（1966）, 429-432; F. Oakley, "Natural Law, the Corpus Mysticum, and Consent in Conciliar Thought from John of Paris to Matthias Ugonius," *Speculum*, LVI（1981）, 786-910; F. Oakley, "Constance, Basel, and the Two Pisas: The Conciliar Legacy in Sixteenth and Seventeenth-Century England," *Annuarium Historiae Conciliorum*, 26（1994）, 87-118 をみよ。本書二七三頁注四七参照。

第三節　社会思想

序

一九五四年に出版されたその著『中世の政治思想』の緒言において、E・ルイス教授は、「普通の政治思想担当の教授が、学期の始めにアリストテレスの『政治学』や、後期になってから安堵の吐息をついて取り上げるロックの『統治論第二巻』を扱う時と同じような器用さで、公会議主義運動についての講義を準備するために、アンダーラインをたくさん引いたクザーヌスの『普遍的和合について』を一生懸命勉強することのできる日がくるなどとは想像するのも難しい[1]」と述べた。その後、クザーヌス歿後五〇〇年の一九六四年前後から特に活発となったクザーヌス研究は、一九六〇年設立のドイツの「クザーヌス協会」、一九八一年発足の「アメリカ・クザーヌス学会」、それに一九八二年創立の「日本クザーヌス学会」と相次ぐ学会の誕生にも見られるように、非常にめざましいものであった。ドイツの「クザーヌス協会」の機関誌 Mitteilungen und Forschungsbeiträge der Cusanus-Gesellschaft（MFCG）に数次にわたり発表されてきた「文献目録[2]」を見ただけでも、第二次大戦後に出版されたクザーヌス研究が膨大な数に達していることを知ることができる。

そのような情勢の中で、一九九二年には、P・E・シグムンド教授が二五年以上もかかって準備してきた『普遍的和合について』*De concordantia catholica* の英訳が出版された[3]。その結果として、クザーヌスの社会、政治、哲学、教会史に関する思想がより明らかにされ、公会議主義運動についての最も独創的な著書と賞讃された(4)この主著が一層広く読まれ、また理解されるようになった。そのような理由からこの論文でクザーヌスの「社会思想」を検討し再吟味するのは、絶好の機会であると思われる。

1　生涯と業績

さて、クザーヌスの社会思想を理解するためには、彼の生涯と業績について簡単に述べることが必要である。(5)ニコラウス・クザーヌス（Nicolaus Cusanus 一四〇一—六四年）は、一四〇一年にドイツのモーゼル河畔にあるクース（現在のベルンカステル・クース〔Bernkastel-Kues〕）の船主（nauta）の息子として生まれた。父のヨハン・クリフツ（Johan Cryffts）は地方ではかなりの有力者で、比較的裕福な生活をしていたと思われるが、学問、読書に没頭するクザーヌスと折り合いが悪く、クザーヌスは一〇歳の頃に家を出て、近くの貴族マンデルシャイト家に移り住むようになったと言い伝えられている。その後、オランダのデヴェンテルにある敬虔な平信徒の団体である「共同生活兄弟団」の学校に入った、と多くの本には依然として書かれているが、これは伝説であって確証はない。(6)

一四一六年、クザーヌスはハイデルベルク大学に登録・受講し、自由七学科の学生として一年ほど勉強したが、一四一七年には、法律を勉強するためにイタリアに赴き、有名なパドヴァ大学に入学した。そして、当時隆盛のイタリア・ルネサンスの思潮にも触れたが、一四二三年、彼は同大学から「教会法令博士」（decretorum doctor）の学位を受けた。その後ローマを経て帰国し、一四二五年には、トリーア大司教オットー・フォン・ツィーゲンハイン（Otto von Ziegenhain 在位一四一八—三〇年）から、アルトリッヒの教会の聖堂と相当額の聖職禄を受けた。しかし、同年の春には、ケルン大学に「トリーアの教会法博士」(doctor in iure canonico Treverensis) として入校した。彼は、ケルン在住中に、おそらく法律学の講義をし、そのうえ、法律学、法律史の研究をも継続したが、特に、アルベルトゥス・マグヌス (Albertus Magnus 一一九三/一二〇〇―八〇年) の思想を受け継いだハイメリクス・デ・カンポ (Heymericus de Campo 一三九五―一四六〇年) の影響のもとに、神学・哲学に傾倒していった。[7]

クザーヌスは、一四三〇年に司祭、まもなくコブレンツの聖フローリン聖堂の主任司祭となったが、彼の教会法と教会史の深い学識が認められたため、一四三二年二月には、オットーの死後、トリーア大司教候補に選ばれた旧友のウルリッヒ・フォン・マンデルシャイト (Ulrich von Manderscheid 一四〇〇頃―三八年) を支持・弁護し、教皇に指命されたもう一人のトリーア大司教候補に反対する任務を帯びて、バーゼル公会議 (一四三一―四九年) に参加した。[8] フス (Jan Hus 一三七四―一四一五年) 派の異端問題の審議委員会委員としても活躍したが、ウルリッヒの秘書、官房長としてはさらに一層の努力を傾けた。彼がローマ法・教会法・教会史・神学の蘊蓄を傾けた『普遍的和合について』という大著をバーゼル公会議に提出したのは、一四三三年末か一四三四年の始めであった。クザーヌスはその中で、公会議が教皇より優位であるという公会議首位説を明らかに唱えており、有名なカトリック教会史家H・イェディンは、『普遍的和合について』が公会議首位理論について、最善で、最も包括的な著作である、と述べている。[9]

バーゼル公会議が過激化し、多数派の「会議派」と少数派の「教皇派」に分裂すると、クザーヌスは一四三七年に教皇支持の少数派に立場を変え、その代表の一人として、ローマ教会とギリシア教会の教会合同のための公会議開催地選定の交渉のため、教皇使節団の一員として、同年九月から一一月までコンスタンティノープルに滞在した。その結果として、一四三八年からフェラーラで公会議が開かれたが、[10] クザーヌスはその会議に短期間出席したのち、教皇派と会議派の葛藤に関して一四三八年に中立宣言をしたドイツ選帝侯たちを教皇支持に改心させるため、一〇年間、ドイツ各地を訪れ、マインツ国会（一四四一年）、フランクフルト国会（一四四二年）、ニュルンベルク国会（一四四四年）などの帝国議会や、その他の諸侯会議に教皇特使として出席して、教皇派支持の演説活動を行った。その努力を高く評価して、後年ピウス二世（Pius II 在位一四五八―六四年）となるエネア・シルヴィオ・ピッコローミニ（Enea Silvio Piccolomini 一四〇五―六四年）は、クザーヌスを「教皇エウゲニウス（Eugenius IV 在位一四三一―四七年）派のヘラクレス」と呼んだほどであった。

教皇ニコラウス五世（Nicolaus V 在位一四四七―五五年）は、一四四八年一二月二〇日、褒賞としてクザーヌスを枢機卿に任命した。聖年である一四五〇年の始めには、ローマでクザーヌスに枢機卿の帽子を授け、また続いて、ブリクセン（ドイツ名 Brixen、イタリア名 Bressanone）の司教に任命した。しかし、ニコラウス五世は、同年の大晦日から一四五二年の四月始めにわたり、聖年の記念贖宥を宣布するとともに、教会と修道院の改革を遂行する目的で、クザーヌスを教皇派遣特使としてオーストリア、ドイツ、オランダ、ベルギーの各地へ遣わした。(11) 成功とともに抵抗の経験も多かった大巡察旅行終了後、ティロール地方のブリクセンの司教として一四五二年四月七日ごろに着任したクザーヌスは、司教区の改革と再建、修道院改革のための措置を精力的に推進したため、オーストリア大公、ティロール伯のシギスムント（Sigismund; Sigmund 在位一四四六―九六年）と正面から衝突し、一四五八年に教皇となったピウス二世が、彼をティロールの「雪と暗黒の谷間」から「枢機卿の唯一の里」であるローマに同年九月召還するまで、時には身の危険を覚えるほどの苦難継続の時期を過ごした。(12) ピウス二世は、トルコ遠征の十字軍編成のためキリスト教諸侯を一四五九年、マントアに招集したが、そのマントア会議に出席するためにローマを一月二〇日に去ったピウス二世は、その留守中にクザーヌスを教皇特使兼臨時司教総代理に任命し、ローマおよびアペニン山脈西部の首都大司教管区を彼の管轄下においたので、事実上、クザーヌスは教皇代理の役を担った。その後、トルコ軍の進出とそれにともなう危険増大に対応して十字軍を編成・進発するためにアンコナに向かったピウス二世に協力するため、クザーヌスは一四六四年七月三日以前にローマからアンコナに旅立ったが、途中、ウンブリア州のトーディで強度の熱病にかかり、同年八月一一日、その生涯を閉じた。親友ピウス二世もわずか三日ののち、アンコナで死亡したのである。

2　社会・政治についての著作

クザーヌスの社会・政治思想の理解にあたって最も重要な著書は、なんといっても『普遍的和合について』である。そのほかに、最近になって発見されたクザーヌスの教会政治についての最初の著書と見られる『公会議権力の教皇権に対する優位について』*De maioritate auctoritatis sacrorum conciliorum supra auctoritatem papae*（一四三三年）や『総公会議における議長の権限について』*De auctoritate presidendi in concilio generali*（一四三四年）が重要であるし[13]、また、彼が一四四二年にロドリゴ・サンチェス・デ・アレバロ（Rodrigo Sânchez de Arêvalo 一四〇四—七〇年）に送った手紙も考慮されなければならない[14]。神学・哲学の分野では多数の著作があるが、最も有名で大切なのは『知ある無知について』*De docta ignorantia*（一四四〇年）である。そのほかにも、難解な『推測について』*De coniecturis*（一四四二年頃）、『可能現実存在』*De possest*（一四六〇年）、『非他なるもの』*Directio speculantis seu de non aliud*（一四六二年）などの重要な著作があり、宗教寛容論の点から最近一層有名になった『信仰の平和について』*De pace fidei*（一四五三年）や、最後の著作である『観想の頂点について』*De apice theoriae*（一四六四年）も、この論文に関連して注目すべきである。[15]

クザーヌスの社会ないしは政治思想を検討するにあたって、「階層秩序」（hierarchia 位階制）と「同意」（consensus）の二つの概念によって把握することが広く行われてきた。[16] たとえば、P・E・シグムンドは、クザーヌスの基本理念として、「社会・政治組織の二つの基礎の総合、すなわち法と政体に関しての秩序と同意」を挙げ、前者の主要根拠として新プラトン主義の世界観を指摘し、後者、すなわち同意の概念はローマ法、教会法にもとづく思想に強く影響されたとしている。[17] そのように、「秩序」と「同意」がクザーヌスの社会・政治思想の根底を成すことは明瞭であるが、彼の思考方法を理解するためには、「源泉に帰れ」というルネサンス的アプローチの影響を受けた彼が、史料検証、特に古代教会の史料の検討を重要視して、歴史的論法を頻繁に使用していること、[18] さら、パドヴァ大学で法律を修め、教会法に精通していた彼が、『普遍的和合について』を一見してもわかるように、無数の教会法源を引用し、法律家としての論法を展開したことに注目すべきである。

そのうえ、クザーヌスの方法論的特質の背後、もしくはその根底に、神学的世界観とも言うべきものが存在したことは明白である。それはあたかも、法律家のクザーヌスが、自己の神学的・形而上学的思考を導入して、法律議論を強化しようとしたものと言えるものであり、E・モイテンはこの現象を、当時広く受け入れられていたきわめて法律的な教会観の「再神学化」（Re-Theologisierung）と理解している。[19] このゆえにこそ、クザーヌスが単なる法律概念や史実資料にのみ関心をもつ陳腐な思想家に陥らず、「中世後期の最も独創的な哲学的神学者」[20] となりえたと言えよう。

3 『普遍的和合について』の成立と構成

クザーヌスが一四三三年末か一四三四年始めにバーゼル公会議に提出した彼の主要な社会・政治理論の集大成である『普遍的和合について』は、簡潔で、整然と組織化された著作とは言いがたい。当初は、『教会の和合についての小書』*Libellus de ecclesiastica concordantia* の標題のもとに、教会の秩序、特に教皇と公会議の関係を論ずることだけが目標であったものが[21]、神聖ローマ皇帝シギスムント（Sigismund、在位一四三三―三七年）が一四三三年一〇月一一日にバーゼルに到着したのを契機として、帝国およびその改革も付加され、G・カレンの研究によれば、当初から完了に至るまで、少なくとも数度にわたって改正・増補が行われたようである[22]。しかも、かなりの短期間に急いで書かれたため、重複も多く、クザーヌス自身が指摘したように[23]、ある程度の混乱がある（confuse）ことも認められなければならない。そのうえに、E・ヴァンステーンベルグ、E・モイテンや著者などが論じたように[24]、同書が、トリーア大司教選挙にあたり、クザーヌスがウルリッヒ・フォン・マンデルシャイト擁護のために法律家として書いた訴訟事件要領書の性格をももっていたことを忘れてはならない。

『普遍的和合について』は三巻から成り立っている。第一巻は複合体としての教会自体（ipse ecclesia）を、第二巻は教会の霊魂（anima ipsius）としての司祭職（または教権〔sacerdotium〕）を、第三巻は教会の身体（de corpore）としての神聖ローマ帝国を取り扱っているが、「キリスト教社会」（Respublica Christiana）全体を三位一体論的に把握するクザーヌスの意向が明らかに窺われる。宗教的色彩の強かった中世後期において、クザーヌスがその主著の第二巻を教会とその制度の解明に捧げたのは自明のことと言えよう。同書全体が、上記のように、「階層秩序」と

「同意」の理論に根差していることは明らかで、特に前者に関連しては、E・モイテンの言うように、『普遍的和合について』は、「ありとあらゆる社会的問題を最高の観点のもとに眺める、つまりそれらを宇宙の全体的秩序から把握している」[25]と言えるのであり、そのアプローチはまさに宇宙論的と言える。さらに、後者の同意理論も、公会議を取り扱った第二巻のみならず、神聖ローマ帝国が主題である第三巻においても、重要な基礎理念を成している。

『普遍的和合について』の第一巻は神についての議論に始まり[26]、全巻にわたって階層秩序の理念が縦横に駆使されている。しかも、いたるところに三幅対（triad）の概念が使用されているのが顕著である。クザーヌスによれば、「すべての被造物は三位一体の性格を示す」[27]ものである。第一巻は三部に分かれており、教会（ecclesia）（第一―六章）、司祭制（sacerdotium）（第七―一〇章）、司教座（cathedra）（第一一―一七章）を説明するが、まず第一部門の教会はさらに秘跡（sacramenta）、司祭制（sacerdotium）、信徒（populus fidelis）に分割されて、霊（spiritus）、魂（anima）、身体（corpus）になぞらえられる[28]。第二部門の司祭制も機能の三つの側面から考察され、品級（ordo）、司教座（cathedra）、仲裁職（officium intercessionale）と規定される[29]。クザーヌスはこれら三部分のうち司教座だけについて、その現実情勢[30]（第一一―一四章）、その階層的秩序[31]（第一五―一六章）と、さらにその無謬性[32]（第一七章）を詳細に議論する。

以上のような第一巻の概観にもとづいてさらに各部門を検討すると、第一部門の教会については、その階層秩序的性格[33]（第一―三章）と、特に「戦闘の教会」[34]（ecclesia militans 地上の教会）（第四―六章）が問題とされる。クザーヌスによれば、終末論的観点から見れば、教会とは、キリストを頭首とし、言語に絶する、三位一体的な調和に参加することを許された救われるべき者たちの和合[35]（concordantia）を表し、それは、「凱旋の教会」（ecclesia triumphans 天上の教会）、「睡眠の教会」（ecclesia dormiens 煉獄）、「戦闘の教会」の三つに区別することができる[36]。さらに、「戦闘の教会」の教会員は、救いの目的に達しうると予定された者（praedestinati）と、その信仰のゆえに時には（aliquando）恩寵に恵まれるが、最終的には救いの目的に達しえないと知られている者（praesciti）に二別することができる。(37) しかし、単に外面から判断すると、真に信じている者（bonis catholicis fidelibus）と、信じているかに見える者（fictis）の二種類の教会員が「戦闘の教会」内に存在する。後者は不信者とは見えないものの、内心では信仰を受け入れていない人々であるが、彼らなりに「戦闘の教会」に属しているとされるのである。(38)

第二部門の司祭制については、上、中、下の三つの品級に分けられ、さらにそれぞれの品級が最上級は「司教」（episcopus）、「司 祭」（sacerdos）、「助 祭」（diaconus）に、中間級は、「副助祭」（subdiaconus）、「侍祭」（acolytus）、「祓魔師」（exorcista）、さらに最下級は、「読師」（lector）、「守門」（ostiarius）、「剃髪者」（tonsilis）と合計九つの階級（chori）に区分されるのである。(39) そのうちの教会統治に重要な司教を取ってみれば、彼らは、秘跡に関する権限の観点からは同等であるが、裁治権の視点からは差別がある、とクザーヌスは論じ、教会政治の体制形成を基礎づけている。(40)

さらに、第三部門の司教座も階層的に分割され、最高に立つ「教皇」（papa）のもとに、「総大司教」（patriarcha）、「大司教」（archiepiscopus）、「司教」、「大助祭」（archidiaconus）、「大教区首席司祭」（decanus）、「司祭」、「助祭」、「副助祭」と九階級が区別される。(41) クザーヌスはそのうえに、身体中に存在する魂が唯一であるごとくに、司教座も一つしか存在せず、しかもそれは最高であると主張する。(42) 彼によれば、世界全体に拡がり、この世の終末まで継続する「普遍教会」（ecclesia universalis）のみが、キリストが教会を代表する使徒ペトロに与えた「わたしは、あなたに天国のかぎを授けよう。そして、あなたが地上でつなぐことは、天でもつながれ、あなたが地上で解くことは天でも解かれるであろう」（マタイ福音書一六・一九）という約束の所有者なのである。(43) 彼は、第一巻の第一六章と第一七章に、また第二巻の第七章や第一三章にも「ローマ教会」(ecclesia Romana)の概念を分析するが、それは種々の意味をもつことが明らかにされる。(44)問題は、「普遍教会」と「ローマ教会」の関係であるが、クザーヌスは、普遍教会がほとんどローマ総大司教区に縮小された当時の事情から考えると、同教区が普遍教会を代表するローマ教会であって、その結果、無謬であると主張する。(45)

以上、瞥見したように、『普遍的和合について』の第一巻は、すぐれて階層秩序的、三幅対的な思想から影響を受けたことは明らかであり、クザーヌスの権威主義的、統一主義的思惟がより強く表明されたものと言える。その階層秩序の思想が、新プラトン主義の影響の結果であると見なされてきたことは前述した。新プラトン学派の創始者であるプロティノス(Plotinos 二〇四/〇五~七〇年)をクザーヌスは直接には知らなかったが、プラトンとプロティノスに非常に影響されたマクロビウス(Macrobius 五世紀)の有名な『スキピオの夢への注解』*Commentarium in Somnium Scipionis* を一四二八年に読んでおり、プロクロス(Proklos 四一〇/一一—八五年)の影響については、つとに、R・クリバンスキー教授が示したところである。(46)『普遍的和合について』を書いた時点において、クザーヌスは、後年大いに感化されたディオニュシオス・アレオパギテス(Dionysios Areopagites、五〇〇年頃)の著書とその新プラトン主義的思想にまだ深くは触れていなかったことが知られている。(47)

クザーヌスの階層秩序の概念に関して、最近の研究は、マヨルカ島生まれの異色の思想家ライムンドゥス・ルルス(Raimundus Lullus 一二三五—一三一六年)の影響を認め、重要視するようになった。ドイツのフライブルク所在の「ライムンドゥス・ルルス研究所」が、ルルスの著作の校訂版を精力的に編纂・出版して学界に貢献しているが、その前所長C・ロール博士は、つとにルルスのクザーヌスへの影響を強調し、たとえば、その他の多くの概念のように、「和合」の概念自体、確かにルルスに由来するものであると主張してきた。(48)クザーヌスは、パドヴァ大学在学時代にルルスの著作に接したという説[49]の支持者が増加しているし、ベルンカステル・クースの養老院に現存するクザーヌスの蔵書のうちで、他のいかなる思想家の著作にもまして最大の数にのぼるものが、ルルスの著作であることも忘れてはならない[50]。

4 『普遍的和合について』における社会思想

教会を扱った第一巻から第二巻に移ると、基本テーマは司祭制となり、特に教会会議（synodus）の問題が議論される。第二巻、および第三巻にわたって重要な役割を果たす社会・政治概念は、前記のごとく、「同意」である[51]。それに関して注目すべき点は、中世の教会法学者、特にフランシスクス・ザバレラ（Franciscus Zabarella 一三三九／六〇―一四一七年）などによって発展させられてきたすぐれて法律的な概念である「同意」に、クザーヌスがいかに神学的内容をもたせて使用したかということである[52]。

第一巻に含まれた総計一七章の二倍に及ぶ三四章から成る第二巻は、その内容から言って、種々の区分が可能であるが、ここでは、最初の二一章から成る第一部と、そのあとの第二二章から第二五章まで続く第二部、さらに第二六章から第三三章までを第三部とし、最後に結語的役割をもつ第三四章と区分することが便利である。

第一部の冒頭には、公会議、普遍公会議の種類が取り上げられるが（第一―一六章）、詳細にわたる公会議の区別、比較は興味があり、有意義とは言うものの、「同意」、「和合」が普遍公会議の真の基礎原理である（第八―一六章）とするクザーヌスの見解が、最も注目に値する。普遍公会議は、普遍教会の五総大司教区を包括するが、その成立条件として、「言論の自由」と「公開性」があり[53]、特に、聖霊の存在の証拠と見られる真正の同意が重要である[54]。会議の秩序立った進行も不可欠であるが、信仰の事柄に関して最大の条件は、なんといっても同意、すなわち公会議参加者の和合であるとクザーヌスは主張する。「不同意のあるところには公会議は存在しない」[55]。和合が大きければ、それだけ公会議の決定事項は無謬性をもつのである[56]。クザーヌスは、「普遍教会の公会議」(concilium universalis ecclesiae) と、教皇のもとに開かれる「総大司教区公会議」(concilium patriarchale papae) を区別するが[57]、東方ギリシア教会が分離していた当時、事実上、ローマ総大司教区公会議が普遍教会の公会議に取って代わったので、その「ローマ教会」の公会議における決定事項は最大の無謬性をもち、それには教皇も従属するとされる[58]。

法学的であれ、神学的であれ、前述のような同意概念を公会議成立の基礎条件とするクザーヌスの思考は、一五世紀までに、数多の教会法学者によって唱えられてきた教皇の至上権 (plenitudo potestatis 充全権力) 論に意識的に対抗して主張されたものであり、同意理論擁護の根拠として、クザーヌスは二つの主要理由を挙げている。第一は、彼が抜粋集などによらず、原典を疲れも知らずに読んで研究したと誇る古代教会の公会議記録であり (第八章)、第二は、「自然法」もしくは「理性」にもとづくもの (第九―一二章) である[59]。『普遍的和合について』のいたるところに、彼は、教会法からだけでなく古代教会公会議の記録から、実に多数の引用をしているが、それらの記録、特に第四コンスタンティノープル公会議 (八六九―七〇年) の記録が明らかに示しているように、使徒ペトロは教会の管理に関してだけ他の使徒に優位していたのであって、その他の点では彼らと同等であり[60]、ペトロの後継者の教皇が至上権をもつと主張する教皇権拡大主義者の説は強く否定される[61]。また、第二巻第一四章に展開され、さらに第三巻の「緒論」(Prooemium) にも詳細に検討される理論であるが、教会法をも含めた法一般は、いかなる個人によっても制定されるものでなく、自然法、もしくは神法にもとづく合意に従って制定さるべきである[62]。古代教会において教会法が教皇のみによってでなく、ローマ総大司教公会議によって制定されたのは、自然法、理性の根本原理にもとづいていたのである。[63] クザーヌスによれば、総大司教公会議に取って代わるものとして発展した枢機卿団が存在した当時であるから、教皇といえども、枢機卿団の同意なしには法律制定をすることができないのである。[64]

以上のような思想を支持するクザーヌスが、教皇と公会議の関係について、バーゼル公会議の問題を真正面から取り上げるとき[65]（第一七―二一章）、明らかに公会議首位説を支持するのは容易に理解できる。その第一の理論的基礎は、教会の歴史にもとづいた実定法的議論であり、それによれば、疑いなく普遍公会議は教皇に優位する。[66] 第二の理論的根拠として、クザーヌスは「代表」（repraesentatio）の概念を使用する。[67] 彼によれば、キリストの後継者であるペトロは、「極めて不明瞭に」（confusissime）普遍教会を代表するが、[68] 教会を最も明瞭に代表する機関は普遍公会議である。[69] それゆえに普遍公会議は教皇に優位する。このように、代表能力の優劣を理由として、クザーヌスは公会議首位説を主張・擁護するのである。前述のように、トリーア大司教選挙にあたって、教皇指名者に対抗していたウルリッヒ・フォン・マンデルシャイトの弁護士として働いたクザーヌスが、公会議首位説を支持したのは自明とも言える。しかし、そういった時事問題処理的な意図の背後に、彼の同意と代表の理念に忠実な態度があったことは否定できない。

公会議を主題とするこの部分で、クザーヌスは地方教会会議（第二二―二五章）にさらに言及し、帝国公会議、全国公会議、その他の地方公会議をも区別するが、その意図は、普遍公会議の性格を対比によってより明確にするとともに、中世キリスト教社会の各段階において、同意と代表の理念をより効果的に適用させようとするところにあることは明らかである。第一巻と第二巻を要約すると見られる結語（第三四章）において、ペトロの名に関する語義論と、ペトロのローマ滞在についての長い議論のあと、どのような政治形態（ipse coactivus principatus）も、神にもとづくとともに、人民または教会における選挙と同意によってのみ基礎づけられるとクザーヌスは明言するが、[70] キリスト教社会の最重要機構であった教会を主題とした第一、第二巻について、世俗的・非宗教的社会機構である神聖ローマ帝国を取り上げる第三巻に移行する前に、一般論として、政治社会統制機関における同意と代表の理念の重要性を強調したものと考えることができよう。

第三巻の主題は神聖ローマ帝国であるが、構造的には、帝国（sacrum imperium）を取り扱う第一部（第一―七章）、平信徒、特に皇帝に関する第二部（第八―二四章）と、さらに帝国議会と帝国改革を議論する第三部（第二五―四〇章）から成り立っている。しかし、第三巻には、パドヴァのマルシリオ（Marsilio da Padova 一二七五／八〇―一三四二／四三年）の『平和の擁護者』*Defensor pacis* から、その出所を示すことなく引用された幾多の章節を包む有名な「緒論」（Prooemium）があり、そこでは統治権の自然法的基礎、その目標と諸形態、統治者に求められる諸性格などについて論じられている。(71)

クザーヌスは、第三巻のはじめに、教権と俗権の基本的併立主義を指摘したのち、皇帝権力（potestas imperialis）の根源を歴史的に検討する。(72) 原典史料の精査に優れた彼は、いわゆる『コンスタンティヌス帝寄進状』*Donatio Constantini* の非史実性を証明して、神聖ローマ帝国がローマ教会に依存しないことを明らかにし、(73) さらに、皇帝ハドリアヌス（Hadrianus I 在位七七二―九五年）がローマ帝国をドイツ人に移転したという有名な「帝権移転」（translatio imperii）論を否定して、(74) 俗権の教権に対する独立性を主張している。以上の論点から進んで、クザーヌスは、神聖ローマ帝国の七人の選帝侯たちは、ローマ教皇の命によって皇帝を選挙するのではなく、(75) 枢機卿団が教皇選挙にあたって「普遍教会の同意」（consensus ecclesiae universalis）を代表するのとまったく同様に、「帝国内の、自然法にもとづいて皇帝を選ぶことのできるすべての人の同意」（ab ipso communi omnium consensu, qui sibi naturali iure imperatorem constituere poterant）を代表するがゆえに、皇帝を選挙できるのであるとする。(76) 彼によれば、「すべての合法的な権威は、選挙による同意と、自由な服従にもとづいている」[77]のである。

ついで、神聖ローマ帝国の性格を簡潔に論じて（第五―七章）、クザーヌスは皇帝権の本質は「神に仕える者」（minister dei）であり、「地上におけるキリストの代理者」（vicarius Iesu Christi in terris）たることとする。[78]そして、帝国の地理的限界を定めたのち、彼は、皇帝は「普遍教会の擁護者」（advocatus universalis ecclesiae）としての特別の役目を与えられていると主張する。[79]このような議論はきわめて簡略で、教権と俗権の併立的性格というクザーヌスの前提から見れば、かなり不充分であって、前述のように性急に書き上げようとした結果とも考えられよう。

また、そのあとに続く部分（第八―一二章）においても、クザーヌスの論旨は明瞭さを欠くが、君主は教会会議に集合した司教たちに寛大、畏敬、謙遜の念をもって応対すること、[80]信仰を伝播させること、[81]皇帝が教会会議を召集すべきこと、[82]会議の決定事項は遵守さるべきこと、[83]などが取り扱われる。皇帝が教会会議を開催するにあたっては、種々の問題があり、たとえば、皇帝による開催と教皇によるそれの違いとか、ある特定の条件のもとでは教皇なしで皇帝が普遍教会の公会議を召集できるか、[84]などの諸問題である。こののちの部分は、よく整理されているとは言いがたく、古代教会の教父に宛てての多数の皇帝の演説から採られた長文の引用があり（第一三―二四章）、それらには、教会会議の運営に関しては、古代の敬虔な皇帝バシレイオス（Basileios 在位八六七年―八六年）を模倣すべしというクザーヌスのシギスムントへの訴えも含まれている。[85]

第三巻の第三部（第二五―四一章）も、他の部門のように三つに分解できるが、全体的に言って、粗雑なデッサンの感をまぬかれない。第一の帝国議会を取り扱った部分（第二五章）では、帝国議会は教会の普遍公会議と同じく、その頭首（caput）である皇帝によって召集されるべきであるとされ、[86]そのほか、議会の構成、開催頻度、会員資格など技術的な問題も簡単に述べられている。[87]しかし、この部分で最も印象的なのは、なんといっても、当時の神聖ローマ帝国の弱化頽廃を嘆いたクザーヌスの叙述（第二六—三一章）であろう。[88]「致命的な病弊がドイツ帝国に侵入し、もしもそれに対する解毒剤が直ちに見つからなければ、死に至ることは疑いない」[89]とクザーヌスは警告している。

古い帝国（第二六—二八章）と当時の帝国（第二九—三一章）の比較から必然的に結論されることは、いかにして慨嘆すべき状態に陥った帝国の改革を行なうかという問題である。改革に関するクザーヌスの主要原則は、「古人の道に帰れ」であるといえよう。[90]その主要手段として、彼は帝国議会の年次開催（第三二—三五章）の必要性を強調する。[91]それに関連して主張される司法機関改革[92]（第三三—三四章）と皇帝選挙法改革[93]（第三六—三七章）も、究極的には、クザーヌスが教権についての議論において展開した同意の理念を俗権に適用したものであり、この部分の論議が、教会改革に専念するようにとの皇帝への訴えで終了している（第四〇章）のは、聖権と俗権の併立関係を再び明瞭に打ち建てようとする彼の希望を示すものと見られる。[94]事実、『普遍的和合について』の結尾に当たる第四一章には、聖権と俗権の最高の代表者である教皇と皇帝が、太陽が月に対して、また、霊魂が身体に対して優位するのと同様な関係にあるとの指摘がなされているが、両権ともその権能を神より与えられるので、それぞれ独立して別個の分野をもつとクザーヌスは強調するのである。ソールズベリのジョン（John of Salisbery 一一一五／二〇—八〇年）の『ポリクラティクス』*Policraticus* において展開された、国家の個々の部分を人体の諸構成分肢と比較する擬人法に類似した論議を進めながら、クザーヌスは一方で、教皇には追従者に過度に影響されないようにと警告するかたわら、他方、皇帝に向かっては、熟練した医者のように決然とした立場を採り、帝国を改革して、健康な身体に生命を与える霊魂が宿り、真の調和が実現されることを目指して行動するように、と訴えて『普遍的和合について』を閉じているのは印象深いものがある。[95]

5 『普遍的和合について』以後

『普遍的和合について』は、その社会思想の取り扱いにおいて、確かに中世後期に書かれた最も独創的で群を抜いた著作であると言える。「時事問題」に関連した論述としてはじまったものが、宇宙秩序の観点から聖権と俗権を考察し、そこにおいて、新プラトン主義にもとづく「流出」の概念に従って階層秩序の理念を明確にするとともに、ローマ法、教会法の伝統に根差した同意理論の重要性を確認したうえに、それに神学的幅をも与えている。しかも、両理論の「麗わしき和合」にその究極的目標を見出しているところから見れば、クザーヌス自身が述べているように、彼の望む立場は「中間的」(96)なものと言える。長年、クザーヌスの同意論的社会思想、強いて言えば「民主主義的」思考が注目・強調されてきたが、(97)最近の研究は、その階層的、換言すれば統一主義的・権威主義的な傾向をも充分に評価するようになり、より正しいクザーヌス像に接近しつつあるのは喜ばしいことである。

前述のように、クザーヌスは一四三七年に公会議主義派を去って教皇派に加わった。このことについては、「無節操である」とか、「叛逆者である」とか言われ、非難されてきたが、(98)『普遍的和合について』を熟読して正確に捉えるならば、全巻を通じて「和合」を強調し、階層秩序の必要性を充分に認め、普遍公会議における秩序と公開性を要求したクザーヌスが、下層聖職者の台頭によって紛糾と混乱に陥ったバーゼル公会議に失望して、目下重要な問題である東西両教会の統一は教皇派によってより有効に遂行されるとの判断のもとに立場を変えたのは理解に難くない。

前述した『公会議権力の教皇権に対する優位について』や、『総公会議における議長の権限について』は、基本的には『普遍的和合について』の一部を拡大した注解と取れるが、クザーヌスの「転向」後に書かれた『アレバロのロドリゴ・サンチェズへの手紙』は、彼の思想的変化を最もよく表しているものと言える。皇帝フリードリヒ三世（Friedrich III 在位一四五二―九三年）の宮廷に、カスティーリャ王ファン二世（Juan II 在位一四〇六―五四年）の代表として駐在中の学識高い歴史家、教会法学者であったサンチェズは、一四四二年に開かれたフランクフルト帝国議会に出席していたが、クザーヌスは友情と尊敬に満ちた文調で、彼自身の新しい社会観・教会観をサンチェズに述べている。その根本には、彼が『知ある無知について』において展開した「包括と展開」（complicatio-explicatio）の対照語句があり、教会は、「目に見えぬキリストの教会」（haec Christi occultata ecclesia）と「見える教会」に区別されるが、後者は、この現実の世界に存在する「推測的教会」（conjecturalis illa ecclesia）であり、善人も悪人も包括するにもかかわらず、「聖なる」（sancta）「戦闘の教会」である。[99] その教会の頭首として、また統治者（princeps）としてのペトロは、至上権をもつもので、教会内に存在する諸種の権力のまさに頂点を成している。クザーヌスによれば、教皇は「神聖な統治者」（sacer princeps）であり、教会の頭首としてのペトロに包括された力が教会の中に展開されていって教会を形成したと見ることができる。[100] ここに表明された、疑いもなくより権威主義的な教会概念は、『普遍的和合について』に内在していた階層秩序の理念の拡大・強化されたものと考えることができよう。[101]

結　語

E・カッシーラー（Ernst Cassirer、一八七四―一九四五年）は、一九二七年に出版した有名な『ルネサンス哲学における個人と宇宙』*Individuum und Kosmos in der Philosophie der Renaissance* の第一章と第二章をクザーヌスの議論に捧げ、クザーヌスを「最初の近代思想家」と呼んだ。[102] クザーヌスは非常に独自の思考法にたけた思想家であり、彼を「近代的」、あるいは「半近代的」と見なすかは特に重要な問題ではないと言える。もしも強いて規定することが必要ならば、本節で取り扱ったように、彼の社会思想が、深く中世後期の思潮に根ざしていることを考慮して、むしろ、「半スコラ学的」とでも特長づけた方が正しいと言えるのではなかろうか。

注

（1）E. Lewis, *Medieval Political Ideas*, I, New York 1954, p. vii.

（2）MFCG, 1（1961）, S. 95-126（1920-1961）; 3（1963）, S. 223-237（1961-1964）; 6（1967）, S. 178-202（1964-1967）; 10（1973）, S. 207-234（1968-1972）; 15（1982）, S. 121-147（1972-1982）.

（3）Nicholas of Cusa, *The Catholic Concordance*, ed. Paul E. Sigmund, New York 1991. 下記のフランス語訳とイタリア語訳がある。Nicolas de Cues, *Concordance catholique*, introd. et analyse de J. Doyon et J. Tchao, traduction par R. Galbois, Sherbrook 1977; La concordanza universale, in: Nicolò Cusano, *Opere religiose*, tr. P. Gaia, Torino 1971, pp. 115-546.

（4）H. Jedin, *A History of the Council of Trent*, tr. Dom E. Graf, I, London 1957, p. 22.

（5）出版後七〇年以上経っているが、今日、依然として利用価値のあるクザーヌス伝は E. Vansteenberghe, *Le cardinal de Cues*（*1401-1464*）: *L'action-la pensée*, Paris 1920（reprint Frankfurt am Main 1963）である。最近の、簡潔でしかも権威のある伝記としては E. Meuthen, *Nikolaus von Kues 1401-1464: Skizze einer Biographie*, 7. Aufl. München 1992 がある。E・モイテン『ニコラウス・クザーヌス』酒井修訳（法律文化社、一九七三年）は原著第一版の翻訳である。クザーヌスの生涯に関する一切の文書を蒐集する野心的計画が進行中で、すでに刊行されたものは、*Acta*

Cusana: Quellen zur Lebensgeschichte des Nikolaus von Kues, Band I, Lieferung 1: 1401-1437 Mai 17, hg. E. Meuthen, Hamburg 1976; Band I, Lieferung 2: 1437 Mai 17-1450 Dezember 31, hg. E. Meuthen, Hamburg 1983. 本書一一頁、注2参照。

（6） E. Meuthen, *Nikolaus von Kues 1461-1464*, S. 11f. これについてはさらに E. Meuthen, Cusanus in Deventer, in: G. Piaia (ed.), *Concordia discors: studi su Niccolò Cusano e l'umanesimo europeo offerti a Giovanni Santinello*, Padova 1993, pp. 39-54を見よ。

（7） ハイメリクス・デ・カンポについては A. Black, Heimericus de Campo: The Council and History, *Annuarium Historiae Conciliorum* 1 (1970), pp. 78-86; P. Ladner, *Revolutionäre Kirchenkritik am Basler Konzil? Zum Konziliarismus des Heymericus de Campo*, Basel 1985を参照。

（8） いわゆるトリーアのシスマについては E. Meuthen, *Das Trierer Schisma von 1430 auf dem Basler Konzil: Zur Lebensgeschichte des Nikolaus von Kues*, Münster 1964; M. Watanabe, The Episcopal Election of 1430 in Trier and Nicholas of Cusa, *Church History* 39 (1970), pp. 299-316を見よ。

（9） H. Jedin, *op. cit.*, p. 22.

（10） フェラーラ・フィレンツェ公会議の最も新しい研究書としては G. Alberigo (ed.), *Christian Unity: The Council of Ferrara-Florence 1438/39-1989*, Leuven, 1991がある。

（11） この有名な「巡察旅行」(Legationsreise)については数多の研究があるが、最も新しい権威あるものとしては、E. Meuthen, Die deutsche Legationsreise des Nikolaus von Kues, 1451/1452, in: H. Boockmann et al. (Hgg.), *Übergang vom Mittelalter zur Neuzeit: Politik—Bildung—Naturkunde—Theologie*, Göttingen 1989, S. 421-499がある。

（12） M. Watanabe, Nicholas of Cusa and the Tyrolese Monasteries: Reform and Resistance, *History of Political*

Thought 7 (1986), pp. 53-72.

（13）二著作のテクストは、*De maioritate auctoritatis sacrorum conciliorum supra auctoritatem papae* (Cusanus-Texte, II, Traktate, 2), hg. v. E. Meuthen （Abhandlungen der Heidelberger Akademie der Wissenschaften, Philosophisch-historische Klasse, Jg. 1977), Heidelberg 1977; *De auctoritate residendi in concilio generali* (Cusanus-Texte II, Traktate, 1), hg. v. G. Kallen （Sitzungsberichte der Heidelberger Akademie der Wissenschaften, Philosophisch-historische Klasse〔以下 SBH と略〕Jg. 1977, 3. Abh.), Jg. 1977. 前者については E. Meuthen, Kanonistik und Geschichtsverständnis, Über ein neuentdecktes Werk des Nikolaus von Kues, in: R. Bäumer (Hg.), *Von Konstanz nach Trient: Festgabe für A. Franzen*, München 1972, S. 147-170 を見よ。後者の英訳として L. Bond et al., Nicholas of Cusa: On Presidential Authority in a General Council, *Church History* 59, 1 (March 1990), pp. 19-34 がある。

（14）*De auctoritate presidendi in concilio generali* (Cusanus-Texte II, Traktate, 1), S. 106-112. そのほかに *Der Dialogus concludens Amedistarum errorem ex gestis et doctrina concilii Basiliensis*, hg. v. E. Meuthen, MFCG 8 (1970), S. 78-114 も考慮さるべきである。

（15）上記の哲学・神学書のうちで邦訳のあるものを以下に挙げる。岩崎允胤・大出哲訳『知ある無知』、創文社、一九六六年、山田桂三訳『学識ある無知について』、平凡社、一九九四年、大出哲・八巻和彦訳『可能現実存在』、国文社、一九八七年、松山康國訳・塩路憲一訳註『非他なるもの』、創文社、一九九二年、八巻和彦訳『信仰の平和』、『中世末期の神秘思想』（上智大学中世思想研究所編訳／監修『中世思想原典集成　17』）所収、平凡社、一九九二年、五八四―六三八頁。佐藤直子訳「テオリアの最高段階について」、『中世末期の神秘思想』所収、六四八―六五八頁。日本クザーヌス学会編『クザーヌス研究序説』、国文社、一九八六年、および、日本クザーヌス学会編『クザーヌス研究』第一号、一九九一年、をも参照。

（16）クザーヌスの社会・政治思想については P. E. Sigmund, *Nicholas of Cusa and Medieval Political Thought*, Cambridge, Mass. 1963; M. Watanabe, *The Political Ideas of Nicholas of Cusa with Special Reference to His De concordantia catholica*, Geneva 1963. 特に、『普遍的和合について』に関しては H. J. Sieben, Der Konzilstraktat des Nikolaus von Kues: De concordantia catholica, *Annuarium Historiae Conciliorum* 14, 1（1982), S. 172-226 を見よ。

(17) P. E. Sigmund, *Nicholas of Cusa and Medieval Political Thought*, pp. 124f.

(18) Nicholas of Cusa, *The Catholic Concordance*（以下 *Sigmund tr.* と略記), pp. 3, 4, 284 f. などを見よ。

(19) E. Meuthen, Konsens bei Nikolaus von Kues und im Kirchenverständnis des 15. Jahrhunderts, in: D. Albrecht et al.（Hgg.), *Politik und Konfession. Festschrift für Konrad Repgen zum 60. Geburtstag*, Berlin 1983, S. 12.

(20) A. Black, The Conciliar Movement, in: J. Burns（ed.), *The Cambridge History of Medieval Political Thought c. 350-c. 1450*, Cambridge 1988, p. 583.

(21) E. Meuthen, *Nikolaus von Kues*, S. 41.（E・モイテン『ニコラウス・クザーヌス』四七頁)。

(22) G. Kallen, Die handschriftliche Überlieferung der Concordantia catholica des Nikolaus von Kues,（Cusanus-Studien, VIII)（SBH, Jg. 1963, 2. Abh.), Heidelberg 1963.

(23) II, xxxiv, 267. Cf. II, xxxiv, 247. 本節において『普遍的和合について』からの引用は、すべて後記の標準版のハイデルベルク版による。*De concordantia catholica*,（Nicolai de Cusa Opera omnia, vol. XIV, i-v), ed. G. Kallen, Hamburg 1959-1968. 初頭の引用記号は Liber II, capitulum xxxiv, paragraphum 267 を示す。

(24) E. Vansteenberghe, *Le cardinal Nicolas de Cues*（*1401-1464*); E. Meuthen, *Das Trierer Schisma von 1430 auf dem Basler Konzil*; M. Watanabe, *The Political Ideas of Nicholas of Cusa with Special Reference to His De concordantia catholica*.

(25) E. Meuthen, *Nikolaus von Kues 1401-1464*, S. 42.（E・モイテン『ニコラウス・クザーヌス』四八頁)。

(26) I, i, 4（*Sigmund tr.*, p. 5): Et ab uno infinitae concordantiae rege pacifico fluit illa dulcis concordantialis

harmonia spiritualis....

(27) I, ii, 11 (*Sigmund tr.,* p. 9): Hoc generali ordine trinitatis figuram gestant cuncta creata.

(28) I, vi, 32 (*Sigmund tr.,* p. 22): I, vi, 34 (*Sigmund tr.,* p. 23).

(29) I, vii, 40-I, x, 48 (*Sigmund tr.,* pp. 27-33).

(30) I, xi, 50-I, xiv, 59 (*Sigmund tr.,* pp. 33-41).

(31) I, xv, 60-I, xvi, 66 (*Sigmund tr.,* pp. 41-47).

(32) I, xvii, 67-68 (*Sigmund tr.,* pp. 47f.).

(33) I, i, 4-I, iii, 18 (*Sigmund tr.,* pp. 5-13).

(34) I, iv, 19-I, vi, 39 (*Sigmund tr.,* pp. 14-26).

(35) I, i, 4-8 (*Sigmund tr.,* pp. 5-7).

(36) I, iv, 19 (*Sigmund tr.,* p. 14). Cf. I, v, 30 (*Sigmund tr.,* pp. 20f.).

(37) I, iv, 22 (*Sigmund tr.,* pp. 15f.): ... dicimus ecclesiam ex praedestinatis et praescitis constitui. Cf. I, v, 27 (*Sigmund tr.,* pp. 18f.).

(38) I, v, 27-29 (*Sigmund tr.,* pp. 18-20): Et sic constituitur haec militans ecclesia in veritate quoad hunc finem de bonis catholicis fidelibus et fictis (I, v, 29 〔*Sigmund tr.,* pp. 20〕).

(39) I, vii, 41 (*Sigmund tr.,* p. 28).

(40) I, vi, 35 (*Sigmund tr.,* p. 24): ... quoniam, licet omnes supremae hierarchiae, qui episcopi sunt, quoad ordinem et pontificale officium aequales sint, est tamen discretio gradualis quoad regitivam curam.

(41) I, viii, 42 (*Sigmund tr.,* p. 28).

(42) I, x 47 (*Sigmund tr.,* p. 32); I, xiv, 56f. (*Sigmund tr.,* pp. 38-40).

(43)　I, xi 50–52（*Sigmund tr.*, pp. 33–35）; I, xii, 53（*Sigmund tr.*, 35f.）; I, xiv, 56（*Sigmund tr.*, pp. 38f.）: Unde ex hoc notandum quod, qui se Christianum esse fatetur, necessarie confiteri habet conexam esse cathedram suam ad succedentium cathedram sancto Petro et in societate illius cathedrae per unionem esse....

(44)　「ローマ教会」の意味のさまざまな変化については、B. Tierney, *Foundations of the Conciliar Theory: The Contributions of the Medieval Canonists from Gratian to the Great Schism*, Cambridge 1955 を参照。

(45)　I, xii 53（*Sigmund tr.*, p. 36）; I, xvii, 68（*Sigmund tr.*, p. 48）. Cf. I, xii, 54（*Sigmund tr.*, pp. 36f.）: O deus si hoc nostro tempore levare possemus capita et videre, quod appropinquaret redemptio nostra, quia videmus ecclesiam numquam ad eum casum devenisse, in quo nunc est. Cf. II, vii, 95（*Sigmund tr.*, pp. 71f.）; II, xx, 190（*Sigmund tr.*, p. 146）.

(46)　P. E. Sigmund, *Nicholas of Cusa and Medieval Political Thought*, pp. 41–45; R. Klibansky, *Ein Proklos-Fund und seine Bedeutung*（SBH, Jg. 1928–1929, 5. Abh.）, Heidelberg 1929.

(47)　『普遍的和合について』には二度だけ（I, vi, 34〔*Sigmund tr.*, pp. 23f.〕; II, xx, 189〔*Sigmund tr.*, pp. 144f.〕）ディオニュシオスを真剣に読み始めたのは一四三八年であると述べている。

(48)　ロール教授の数多くの研究論文のうちでも Ch. Lohr, Review of M. Watanabe, *The Political Ideas of Nicholas of Cusa*, *Theological Studies* 25, 3（September 1964）, pp. 450f.; id., Ramon Llull und Nikolaus von Kues: Zu einem Strukturvergleich ihres Denkens, *Theologie und Philosophie* 56（1981）, S. 218–231; id., Die Exzerptensammlung des Nikolaus von Kues aus den Werken Ramon Lulls, *Freiburger Zeitschrift für Philosophie und Theologie* 30（1983）, S. 378–384 など参照。Cf. Th. Pindl-Büchel, Ramon Lull and Nicolaus Cusanus, *American Cusanus Society Newsletter* 8, 1（June 1991）, pp. 27f.

(49)　Th. Pindl-Büchel, Nicholas of Cusa and the Lullian Tradition in Padua, *American Cusanus Society Newsletter* 5,

2 (September 1988), pp. 35-37; W. A. Euler, *Unitas et Pax: Religionsvergleich bei Raimundus Lullus und Nikolaus von Kues,* Würzburg 1990, S. 225-233.

(50) 六八に及ぶルルスの著作が一〇古写本に所蔵されている。これについては J. Marx, *Verzeichnis der Handschriften-Sammlung des Hospitals zu Cues,* Trier 1905, S. 81-90; M. Honecker, Lullus-Handschriften aus dem Besitz des Kardinals Nikolaus von Kues, *Spanische Forschungen der Görresgesellschaft* 1, 6 (1957), S. 252-309; Th. Pindl-Büchel, The Epistemologies of Lull and Cusa, *American Catholic Philosophical Review* 64, 1 (Winter 1990), pp. 73-87.

(51) クザーヌスの「同意」の概念については J. Georgen, *Die Konsenslehre des Kardinals Nikolaus von Kues und ihre Bedeutung für die Gegenwart*, Trier 1961; K. Ganzer, Päpstliche Gesetzgebungswalt und kirchlicher Konsens: Zur Verwendung eines Dictum Gratians in der *De concordantia catholica* des Nikolaus von Kues, in: R. Bäumer (Hg.), *Von Konstanz nach Trient,* pp. 171-226; E. Meuthen, Konsens bei Nikolaus von Kues und im Kirchenverständnis des 15. Jahrhunderts.（注19をみよ）。

(52) P. E. Sigmund, *Nicholas of Cusa and Medieval Political Thought,* pp. 137-157; E. Meuthen, Konsens bei Nikolaus von Kues und im Kirchenverständnis des 15. Jahrhunderts, S. 14f.

(53) II, iii, 76 (*Sigmund tr.,* p. 55); II, iii, 77 (*Sigmund tr.,* p. 56).

(54) II, iii, 77 (*Sigmund tr.,* p. 56): ... si tunc concordanti sententia aliquid fuerit diffinitum, per sanctum spiritum censetur inspiratum et per Christum in medio congregatorum eius nomine praesidentem infallibiliter iudicatum; II, iv, 78 (*Sigmund tr.,* p. 58): ... si ex concordantia procedit diffintio, tunc ex sancto spiritu processisse creditur, quoniam ipse est auctor pacis ac concrdiae.... Cf. III, xx, 183 (*Sigmund tr.,* pp. 139f.).

(55) II, ix, 101 (*Sigmund tr.,* p. 80): ... ubi dissensio, ibi non est concilium.

（56） II, iv, 79（*Sigmund tr.*, p. 58）: ... de quanto maior concordantia, de tanto infallibilius iudicium. Cf. II, x, 104（*Sigmund tr.*, p. 83）; II, xix, 167（*Sigmund tr.*, p. 127）.

（57） II, vii, 87-88（*Sigmund tr.*, pp. 65f.）.

（58） I, xv, 61（*Sigmund tr.*, p. 43）; II, vii, 96a（*Sigmund tr.*, p. 75）.

（59） 至上権論支持者を、クザーヌスは追従者たち（quidam adulatores: II, xii, 111〔*Sigmund tr.*, p. 87〕）とか、現代の著者たち（quidam moderni: II, xiii, 119〔*Sigmund tr.*, p. 93〕）などと呼び、その他にもしばしば（II, xii, 111〔*Sigmund tr.*, p. 87〕; II, xiii, 119〔*Sigmund tr.*, p. 93〕; II, xx, 177〔*Sigmund tr.*, p. 136〕; II, xxviii, 217〔*Sigmund tr.*, p. 168〕; II, xxxii, 235〔*Sigmund tr.*, pp. 183f.〕; II, xxxiv, 249〔*Sigmund tr.*, p. 194〕; II, ii, 307〔*Sigmund tr.*, p. 221〕; III, xxxxi, 570〔*Sigmund tr.*, p. 314〕）批判的態度を示している。至上権については、B. Tierney, *op. cit.*, pp. 141-149; 188-198 を参照。

（60） Praefatio, 2（*Sigmund tr.*, p. 3）; Praefatio, 3（*Sigmund tr.*, p. 4）; III, xxiv, 480（*Sigmund tr.*, p. 285）. Cf. II, xv, 137（*Sigmund tr.*, p. 105）; III, xxv, 43（*Sigmund tr.*, p. 284）.

（61） II, xiii, 115f.（*Sigmund tr.*, pp. 91-93）. Cf. note 40. Ordo と jurisdictio, administratio の差については B. Tierney, *op. cit.*, pp. 33, 15, 175 を参照。

（62） II, xiv 127（*Sigmund tr.*, p. 98）. 立法における同意の重要さについては、II, xi, 109（*Sigmund tr.*, pp. 85f.）; II, xiv, 126（*Sigmund tr.*, p. 97）; II, xiv, 131（*Sigmund tr.*, p. 100）; II, xv, 132（*Sigmund tr.*, pp. 101f.）. B. Tierney, *op. cit.*, p. 81: ... the author of the *Glossa Palatina* laid down quite uncompromisingly that the Pope alone was actually incompetent to establish a general law for the whole Church.

（63） II, xiv, 126（*Sigmund tr.*, p. 97）.

（64） II, xv, 132（*Sigmund tr.*, pp. 101f.）. Cf. II, xi, 106（*Sigmund tr.*, p. 84）; II, xx, 189（*Sigmund tr.*, p. 144）.

（65）II, xvii, 140-II, xxi, 193（*Sigmund tr.*, pp. 108-149).

（66）II, xvii, 155（*Sigmund tr.*, p. 117): Quare manifestum est ex hiis universale concilium simpliciter supra papam esse. この点はII, xvii, 145（*Sigmund tr.*, p. 111); II, xvii, 151（*Sigmund tr.*, p. 116); II, xvii, 154（*Sigmund tr.*, p. 117); II, xviii, 160（*Sigmund tr.*, p. 122); II, xx, 175（*Sigmund tr.*, p. 134); II, xx, 177（*Sigmund tr.*, p. 136); II, xxxiv, 249（*Sigmund tr.*, p. 194）にも明らかに主張されている。

（67）II, xviii, 156f.（*Sigmund tr.*, p. 119).

（68）II, xviii, 159（*Sigmund tr.*, p. 120): ... sicut Petrus unice et confusissime figurat ecclesiam, qui deviabilis est .... (II, xviii, 163〔*Sigmund tr.*, p. 124〕).

（69）II, xviii, 158（*Sigmund tr.*, p. 121). Cf. B. Tierney, *op. cit.*, p. 36, n. 1: In the theory of Nicolaus Cusanus the Pope 'figured' the Church only imperfectly, the Council more adequately.

（70）II, xxxiv, 261（*Sigmund tr.*, p. 201f.). Cf. II, xxxiv, 264（*Sigmund tr.*, p. 203); II, xix, 167（*Sigmund tr.*, p. 128).

（71）III, Prooemium, 268-291（*Sigmund tr.*, pp. 205-214). クザーヌスは、第二巻でマルシリオを批判したけれども（II, xxxiv, 256〔*Sigmund tr.*, p. 197〕)、第三巻緒論では、マルシリオの名を挙げず、長々と『平和の擁護者』から引用している。これについては、P. E. Sigmund, The Influence of Marsilius of Padua on XVth Century Conciliarism, *Journal of the History of Ideas* 23 (1962), pp. 392-402を見よ。

（72）III, i, 292f.（*Sigmund tr.*, p. 215f.).

（73）III, ii, 294-312（*Sigmund tr.*, pp. 216-222). クザーヌスがロレンツォ・ヴァルラ（Lorenzo Valla 一四〇七―五七年）以前に『コンスタンティヌス帝寄進状』の歴史性を否定したことは有名である。

（74）III, iii, 313-324（*Sigmund tr.*, pp. 223-227). E. F. Jacob, Nicolas of Cusa, in: F. J. C. Hearnshaw (ed.), *The Social & Political Ideas of Some Great Thinkers of the Renaissance and the Reformation*, London 1925, p. 47, n. 1: That a mediaeval German should find no evidence for the translatio imperii de Graecis in Germanos shows a critical spirit.

(75) III, iv, 327 (*Sigmund tr.,* p. 229).

(76) III, iv 338 (*Sigmund tr.,* p. 232); II, iv, 332 (*Sigmund tr.,* p. 230).

(77) III, iv, 331 (*Sigmund tr.,* p. 230): ... omnis superioritas ordinate ex electiva concordantia spontaneae subiectionis exoritur....

(78) III, v, 341 (*Sigmund tr.,* p. 234).

(79) III, vi, 343-III, vii, 355 (*Sigmund tr.,* pp. 235-240).

(80) III, x, 366 (*Sigmund tr.,* p. 244). Cf. III, x, 370 (*Sigmund tr.,* p. 246).

(81) III, xi, 375 (*Sigmund tr.,* p. 248).

(82) III, xiii, 380-393 (*Sigmund tr.,* pp. 250-255).

(83) III, xviii, 415-419 (*Sigmund tr.,* pp. 264-266).

(84) III, xiii, 380-390 (*Sigmund tr.,* pp. 250-255); III, xv, 399-402 (*Sigmund tr.,* pp. 257f.).

(85) III, xxiv, 450-466 (*Sigmund tr.,* pp. 277-282): ... Utere, o successor Basilii, Sigismunde piissime, tua connata clementia et huius iam lecti formam tuo perdulci eloquio, ut soles, applica (III, xxiv, 465 〔*Sigmund tr.,* p. 281〕).

(86) III, xxv, 470 (*Sigmund tr.,* p. 283).

(87) III, xxv, 475 (*Sigmund tr.,* p. 285).

(88) III, xxvi, 482-III, xxxi, 506 (*Sigmund tr.,* pp. 286-295).

(89) III, xxxii, 507 (*Sigmund tr.,* p. 295): ... moritalis morbus imperium Germanicum invasit, cui, nisi subito salutari antidoto subveniatur, mors in indubie sequetur. Et quaertur imperium in Germania, et non invenitur ibi.

（90） III, xxxii, 507（*Sigmund tr.,* p. 295）. Cf. III, xxxxi, 570（*Sigmund tr.,* p. 314）: ... reperantur vetera ; III, xxxxi, 577（*Sigmund tr.,* p. 316）: ... et sentiamus cum sanctis veteribus nostris praedecessoribus...; III, xxxxi, 598（*Sigmund tr.,* p. 322）.

（91） III, xxxii, 507-509（*Sigmund tr.,* pp. 295f.）; III, xxxii, 519-531（*Sigmund tr.,* pp. 299-302）.

（92） III, xxxiv, 514-III, xxxv, 531（*Sigmund tr.,* pp. 297-302）.

（93） III, xxxvi, 532-III, xxxvii, 541（*Sigmund tr.,* pp. 302-305）. この問題についての最近の研究として E. Meuthen, Modi electionis: Entwürfe des Cusanus zum Wahlverfahren, in: K.D. Bracher et al.（Hgg.）, *Staat und Parteien: Festschrift für Rudolf Morsey zum 65. Geburtstag*, Berlin 1992, S. 3-11がある。

（94） 教皇至上権論に対しては努めて制限を加えようとするクザーヌスが、皇帝権に対しては同様の制限をしようとしていないのは、この点から見ても注目されるべきである。

（95） III, xxxx, 579（*Sigmund tr.,* p. 317）.

（96） III, xxxiv, 264（*Sigmund tr.,* p. 203）. Cf. III, xxxvii, 546（*Sigmund tr.,* p. 306）.

（97） これについては、P. E. Sigmund, Jr., Cusanus' Concordantia: A Re-Interpretation, *Political Studies 10*（June 1962）, pp. 120-197 を参照。

（98） M. Watanabe, *The Political Ideas,* p. 98, n. 2; J. E. Biechler, Nicholas of Cusa and the End of the Conciliar Movement: A Humanistic Crisis of Identity, *Church History* 44（1975）, pp. 5-21; J.W. Stieber, The 'Hercules of the Eugenians' at the Crossroads: Nicholas of Cusa's Decision for the Pope and against the Council in 1436/1437-Theological, Political, and Social Aspects, in: G. Christianson and T. M. Izbicki（eds.）, *Nicholas of Cusa in Search of God and Wisdom: Essays in Honor of Morimichi Watanabe by the American Cusanus Society,* Leiden 1991, pp. 221-255.

(99) *De auctoritate presidendi in concilio generali* (Cusanus Texte II, Traktate, 1), p. 107; M. Watanabe, *The Political Ideas of Nicholas of Cusa with Special Reference to His De concordantia catholica*, pp. 106, 108.

(100) *De auctoritate presidendi in concilio generali* (Cusanus Texte II, Traktate, 1), p. 108.

(101) バーゼル公会議に参加して公会議首位説を主張したクザーヌスの友人エネア・シルヴィオ・ピッコローミニが、一四五八年に教皇ピウス二世になる前の一四四六年に書いた『ローマ帝国の起源と権威に関する書簡』*Epistola de ortu et auctoritate Imperii Romani* において、クザーヌスと同様に「権威主義的」な思想を述べているのも注目に値する。M. Watanabe, Authority and Consent in Church Government: Panormitanus, Aeneas Sylvius, Cusanus, *Journal of the History of Ideas* 33, 2 (April-June 1972), pp. 217-236 と渡邉守道「公会議運動とクザーヌス」、有賀弘他『政治思想史の基礎知識』、有斐閣、一九七七年、一〇一頁、本書四四―四七頁、参照。

(102) E. Cassirer, *Individuum und Kosmos in der Philosophie der Renaissance*, 2. Aufl. Darmstadt 1963, S. 10.（E・カッシーラー／薗田坦訳『個と宇宙——ルネサンス精神史——』、名古屋大学出版会、一九九一年、一三頁）。周知のように、カッシーラーのクザーヌス観が日本ではこれまで影響が大きかった。

第三章　クザーヌス研究の軌跡

一五世紀初にドイツで生まれた哲学者、神学者、政治思想家ニコラウス・クザーヌスの生涯と思想については、現在の日本で広く知られているとはいえないだろう。しかし、*De docta ignorantia*（1440）の日本語訳が、あらたに『学識ある無知について』（山田桂三訳、平凡社ライブラリー）として出版されたこと[1]は、日本におけるクザーヌス研究と理解のために喜ばしいことである。日本クザーヌス学会前会長の大出哲教授が、岩崎允胤教授と『知ある無知』という題で、最初の邦訳を一九六六年に上梓されているが[2]、今回の新訳は近代科学と哲学の関係に深い関心をもたれる研究者によるものであるうえ、文庫版で出版されたことは、クザーヌスの主要哲学書の普及という点から考えて、プラスであることは否めない。

そこで、本章では、ニコラウス・クザーヌスの研究状況について概観し、問題のありかを探ってみたい。

E・カッシーラーは彼の有名な、日本でも影響の多かった『ルネサンス哲学における個人と宇宙』（一九二七）において、クザーヌスを「最初の近代的思想家」と呼んだが[3]、その後の各国におけるクザーヌス研究は、より明確で、より複雑なクザーヌス像を明らかにしているといえるであろう。

1　ドイツにおける研究状況

まず第一に、クザーヌスの生国ドイツにおける研究状況はどうであろうか。研究の最も重要な分野は、一九三二年に「ハイデルベルク学術アカデミー」のE・ホフマンとR・クリバンスキーによってはじめられた『クザーヌス全集』(*Opera omnia*) 以下『全集』と略) の編集・出版である。当初一九三九年までに一四巻からなる形で終了する計画であったが、[4] 第二次大戦の勃発、ライプツィヒ市所在の出版社F・マイナー社が一九四四年に戦災によって全焼し、編集作業そのものの複雑・困難なこともあって大幅に遅れ、予定数の一四巻のうちの大部分は出版したものの未完結で、現在も進行中である。一九七〇年からは *Opera omnia* の一部として、現存するクザーヌスの二九三の説教が編集・出版されて『全集』に加えられ、これまで八八の説教が、第一〇巻全書と第一七、一八、一九巻の一部として加えられた。[5] 初期の予定の一四巻にしても、数分冊からなる巻があったが、最近の『全集』発行予定表によると、総数二二巻に達するとのことであるから、全体の冊数はかなりの数になるであろう。以上の『全集』とならんで、一九七六年からE・モイテン教授とH・ハラウァー博士によって、クザーヌスに関係のある現存の記録をすべて蒐集するという野心的な出版『クザーヌス関係記録文書集成』(*Acta Cusana*) がはじまり、すでに、モイテンによる第一巻の第一、第二分冊が出版され、第三分冊も一九九六年末に出版されている。[6] これほど詳細に、その生涯と思想にわたって関係した文書を編纂・出版されている中世思想家はないといえよう。

以上のようなドイツにおけるクザーヌス研究に関しての基礎作業の進捗に次いで、第二にとりあげるべきは、クザーヌス協会 (Cusanus-Gesellschaft) の貢献である。一九六四年のクザーヌス死去五〇〇年記念事業の準備の企画として一九六〇年に創立された同協会は、前会長R・ハウプスト教授の精力的な指導の下に、主に『クザーヌス協会の報告と研究論文集』（*Mitteilungen und Forschungsbeiträge der Cusanus-Gesellschaft*）［MFCG］の出版と、国際クザーヌス・シンポジウムの開催によって、クザーヌス研究を推進してきた。MFCGは、一九六一年出版の第一巻から一九九八年の第二四巻にいたるまで、ドイツ人のみならず、外国人クザーヌス研究者による多数の詳細な学術論文を発表してきた。一九六四年の五〇〇年記念祭を含むこれまで九回にわたるシンポジウムは、「認識論史におけるクザーヌス」（一九七五）、「ニコラウス・クザーヌスにおける見神論」（一九八九）、「知恵と学問――現代を瞥見するクザーヌス」（一九九二）といった哲学的・神学的なものだけでなく、「ニコラウス・クザーヌスにおける諸宗教間の平和」（一九八二）、「ニコラウス・クザーヌス＝教会とキリスト教世界――調和、代表、同意」（一九九三）といった、より実際的、社会政治的テーマを取り扱ったものもあった。それらシンポジウムで発表された論文が、ひとまとめにしてMFCGの数巻として上梓されたことを付け加えたい。(7)

最後に、ドイツにおける最近のクザーヌス研究成果の特徴は何であろうか。MFCGの第一、三、六、一〇と一五巻にわたって発表された「クザーヌス・ビブリオグラフィー」を見ただけでも、ドイツ語で出版・発表された関係書籍・論文が、第二次大戦後に限っても、極めて多数であることが明白である。ここでは、簡略な趨勢というか、動向を探ることに留まらなくてはならない。それは、クザーヌスを「すぐれたドイツ人」とか、ドイツ神秘主義思想の流れに立つ哲学者とみなし、とかくドイツ文化、ないしは国粋主義的観点から考察していた過去に比べると、新プラトン主義の影響は勿論のこと、イタリアに始まったルネサンス、人文主義のクザーヌスへの感化を正しく評価しようとすること、第二次大戦以前に強度に重要性をおいた初期の主要哲学書『知ある無知について』のみでなく、もっと関心を広めて彼の他の著作にも注意をむけるようになったこと、ドイツ国外、とくに大英博物館（British Museum）

で第二次大戦後に発見されたクザーヌス写本を真剣に研究していること、(8) クザーヌスの説教の分析・解釈、最近急速の発展をとげた一四世紀に異彩をはなったライムンドゥス・ルルス（約一二三二—一三一六）のクザーヌスへの影響の考察などを十分に取り入れようとする姿勢をとっていること、などであろう。

2　ヨーロッパ諸国におけるクザーヌス研究状況

ドイツ以外のヨーロッパ諸国における現代クザーヌス研究については、全体的にみて、ドイツほど盛んではないために、また、現状把握がより難しい。ここでは短評をもって満足しなければならない。一九二〇年に出版され、依然として名著のほまれの高いE・ヴァンステーンベルグの『枢機卿クースのニコラス（一四〇一—一四六四）——活動・思想』を生んだフランスであるが、老学者M・ド・ガンディアック教授の後継者としてクザーヌス研究を継続する著名な研究者は知られていない。イタリアには、前世紀末のG・ロッシ、今世紀はじめに活躍したP・ロッタなどに遡ることのできる伝統があるが、現在では、パドヴァ大の著名な哲学史家G・サンティネロ教授が、クザーヌス研究家として、またクザーヌス著作の翻訳家として、最も重要である。スペインの最近なくなったE・コロメール教授が一九六一年にルルスとクザーヌスとの関係を強調したのを忘れてはならない。ノルウェー、スウェーデン、フィンランド、ロシアなどにもクザーヌス研究家が存在するが、特に組織的活動はなく、一九八三年にはノルウェー語訳の『信仰の平和について』が上梓された。時代の動きを示す一兆候であろうか。

3　アメリカにおけるクザーヌス研究

アメリカにおけるクザーヌス研究は、大きく分けて、一九八一年に組織されたアメリカ・クザーヌス学会設立の前史ともいうべき第一期と、設立後今日にいたるまでの第二期とにわけることができる。アメリカにおけるクザーヌス研究が割に近年になって始まったことと、第一期にどのような研究がなされたかについて未だ詳細な調査がなされていないことから、第一期の発展、趨勢については簡単に纏めることができる。

第一期

一九二〇年に出版された上記のE・ヴァンステーンベルグのクザーヌスに関する有名な著書がヨーロッパ諸国のクザーヌス研究者のみならず、アメリカの学者およびその研究にもおおいに影響したことは疑いのない事実である。一般的にいってドイツ語よりはフランス語に強いアメリカの学者が、一九世紀に書かれたFranz A. Scharpff, *Der Cardinal und Bischof Nikolaus von Cusa* (1843, Mainz), *Der Cardinal und Bischof Nikolaus von Cusa als Reformator in Kirche, Reich und Philosophie des 15. Jh.* (Tübingen, 1871) や Johann M. Düx, *Der deutsche Cardinal von Cusa und die Kirche seiner Zeit*, 2 vols. (Regensburg, 1877) のようなドイツ人学者による著書よりは、ヴァンステーンベルグに依存するようになったのは特に不思議なこととはいえない。イギリス人のヘンリー・ベット (Henry Bett) は一九三二年に *Nicholas of Cusa* という広く読まれた著書を出版したが[9]、この本によって一層、ヴァンステーンベルグの考えと観点が英語圏内に浸透したと言える。

このことについて注目すべきことは、ヴァンステーンベルグが、単にクザーヌスの哲学、神学の研究をしただけでなく、クザーヌスの伝記についても、先駆的な成果を挙げたことである。[10] その結果の一つとして、クザーヌス研究のいわば哲学的、神学的アプローチと相並んで、伝記的、歴史的アプローチともいうべき研究方法が利用されるに至ったのは当然のことであろう。

しかしながらH・ベットの本の出版された一九三二年という年は、クザーヌス研究にとって余り好都合な年であったとはいえない。いうまでもなく、ナチスの台頭・政権掌握とともにドイツにおいては学問的なクザーヌス研究は困難の一途を辿ったからである。一九三二年以後、イギリスやアメリカにおいてとくにめぼしいクザーヌス研究の成果が発表されなかったのは時代背景を考えると、特に怪しむにたらない。

そのようなわけで、アメリカにおける、アメリカ人による学問的なクザーヌス研究の成果の発表は、太平洋戦争後になってはじめて開始された。一九五三年（昭和二八）に発表された、F・E・クランツ教授の「西欧のキリスト教思想の伝統における聖アウグスティヌスとクーザのニコラウス[11]」といったすぐれた論文は特に注目すべき著作である。E・ライス教授が一九五七年（昭和三二）に発表した「クーザのニコラウスの智恵（Wisdom）に関する思想[12]」という論文も、西欧におけるwisdomに関する長い歴史を背景としてクザーヌスの考えを述べたもので、多くの研究者に刺激を与えた業績であった。

このようなクザーヌスの思想に関する諸研究が発表されるかたわら、クザーヌスの著作の英語訳という重要な仕事が徐々に押し進められていた。一九五四年（昭和二九）にはG・ヘロンによる『知ある無知[13]』が翻訳され、一九六〇年（昭和三五）にはイギリス人のE・ソルターが一九二八年に出した *De visione Dei* の英訳が *The Vision of God* として再刊された。[14]

以上のような活動はいずれもクザーヌス研究のために必要で、重要な業績ではあるが、いわば地ならし的作業であったとも言える。一九六四年（昭和三九）のクザーヌス死後五〇〇年祭の二年前に、すなわち一九六二年に、アメリカにおいて、J・P・ドーラン教授の編集した『クザーヌス選集』(15)が発刊されたことは、クザーヌス研究の進捗を示すだけでなく、来る五〇〇年祭を待ちかまえての準備的出版であったとも言える。同選集には主にクザーヌスの神学的、哲学的著作の翻訳を集めているが、ボン大学の有名なカトリック教会史家H・イェディンのもとで研鑽したドーラン教授がその選集にドイツ学界の最近の研究にもとづいたクザーヌスの伝記をも付加していることは注目すべきことと思われる。翌年一九六三年（昭和三八）に、P・E・シグムンド教授の著書(16)とわたしの著書(17)が発刊され、ともにクザーヌスの教会政治思想を取り扱ったということは、アメリカのクザーヌス研究の専門化、高度化を示すものと言えよう。

このように、クザーヌスの思想、また伝記に関する研究がその後もいくつか発表されたが、とくに広汎にわたる業績もなく、そのような研究を促進する組織も欠けていたのが実情であった。

しかし、一九六六年（昭和四一）以降、ミシガン州カラマズーにある Western Michigan University の中世研究所主催による「国際中世学会」が、クザーヌス研究発表のよき場所を提供するという役割を次第に果たすようになった。これは何も特定の人たちが、特定のプログラムをもって、意識的にクザーヌス研究を押し進めたのではなくて、すくなくとも最初のうちは自然発生的な出来事であった。

同中世学会の記録を見てみると、初期にもクザーヌス関係の論文が時折発表されたが、一九七六年ごろからは、毎年二つないしはそれ以上の論文が発表されるようになったことがわかる。たとえば「クーザのニコラスにおける知識についての新しいアプローチに関する諸問題」（1979：Session 128 - Ernst Koenker）とか、「クーザのニコラスの思想における個人の意義」(1977 : Session 128 - Mary L. Haab)、また「クーザのニコラスの後期諸著作におけるモデルと隠喩としての『対立物の一致』」(1979 : Session 121 - H. L. Bond) といった主に哲学的論文が発表された。当時、同学会に出席してクザーヌスに関する論文を発表していた人たちが、主にクザーヌスの哲学に関心を持っていたことから、これは当然のことと思われる。

第二期

以上のような、アメリカにおけるクザーヌス研究の第一期を経たのち、一九八一年のアメリカ・クザーヌス学会の設立の結果として第二期が始まったと言えよう。一九八一年のカラマズーの第一六回「国際中世学会」で、正式に「クーザのニコラス」という表題を掲げた分科会が二つ開催され、合計六つの論文が発表された。この年も「クーザのニコラスと普遍宗教の思想」、「クーザのニコラスにおける speculatio と conjectura」などの哲学・宗教的傾向が濃厚であった。この一九八一年の学会に参加したクザーヌス研究者たちによって、アパラチア州立大学のH・L・ボンド教授をコーディネーターとしてアメリカ・クザーヌス学会が設立されたのである。その後、毎年、同学会は哲学・神学・歴史の三分野にわたる三つの分科会を開き、一分科会につき平均三つの研究発表の機会をクザーヌス研究者に与えてきた。プログラムの編成がときには困難があったというものの、アメリカ・クザーヌス研究の発展のために、この学会は重要な位置を占めることになった。

このように、多数の論文を毎年学会で取り上げることができた理由は、クザーヌスについての純粋に哲学的、神学的論文だけでなく、クザーヌス、またクザーヌスの時代に関係のある歴史的な論文をも受諾する方針を取ったからである。たとえば一九八三年の分科会のひとつは「クーザのニコラスとバーゼル公会議」という主題のもとに開かれ、論文は「クザーヌスが会員となり、*De concordantia catholica* を提出した時点におけるバーゼル公会議」、「クーザのニコラスと枢機卿ザバレラ」、「クーザ、枢機卿チェザリーニとバーゼル公会議」の三つの論文が発表された。このように、一九八三年以後は、アメリカ・クザーヌス学会主催のひとつの分科会は歴史的テーマ、もうひとつは哲学・神学的テーマを中心とするという原則が確立されたものといえよう。

その他、同学会は、一九八八年から隔年に、ゲティスバーグで会議を開き、毎回、クザーヌスの主要著作の一つをとりあげ、その研究・討論を行ってきた。参加者はアメリカのみならず、カナダ、ドイツ、オーストリア、日本、スウェーデンなどからも集まり、会議の国際色をたかめてきた。カラマズーとゲティスバーグで発表された論文の多くは、学術出版で有名なライデンのE・J・ブリル社からアメリカ・クザーヌス学会の名で一九九〇年に出版された『クーザのニコラス・神と叡知の探究』[18]に収められ、第二巻、『クーザのニコラスのキリストと教会観』も一九九六年にすでに同社より発刊された。[19]アメリカ・クザーヌス学会は一九八四年以来毎年二回、「アメリカ・クザーヌス学会ニューズレター」を発刊し、[20]情報伝達に努めてきたことを付加したい。

クザーヌスの著作の原文批評版の編集・出版と、それにもとづくドイツ語訳と研究の推進に組織的に努力してきたドイツに比べると、アメリカのクザーヌス学界の問題は相違している。四二をこえるクザーヌスの著作のうち『知ある無知について』『神の視について』『信仰の平和について』などは、戦前にも英語訳が存在した。戦後にその他の英語訳が発表され、全訳と抄訳を含めれば一四の訳が存在するであろうが、これはアメリカ・クザーヌス学会によって組織的に推進されたのではなく、ほとんどすべてが、会員である翻訳者それぞれの努力の結果である。J・ホプキンス教授は、序論、注解つきの翻訳を多数出版し、しかも数多の版を重ねてかなり注目をひいてきたが、翻訳その他について改良の余地がある。[21]アメリカ・クザーヌス学会の企画としておこなわれ、もう少し評価されるべきは、J・ビークラー教授がコンピュータで作成し、一九八六年に出版した『信仰の平和について』の用語索引[22]である。トマス・アクイナスやマルティン・ルターのようにクザーヌスも現代科学技術によって検索されたのである。

一九八二年のアメリカ・クザーヌス学会総会ではじめはコーディネーターとして、後には会長として学会の主役を務めてきたボンド教授が辞意を表明され、著者がその後継者に選ばれた。私に与えられた任務のひとつは、それまで柔軟な性格を持ち、組織を整えることを意識的に回避してきたのを変更し、将来の発展と充実のために、アメリカ・クザーヌス学会をより組織化することと考えた。そこで、プログラムを上記のように改正し、組織的には、書記、会計の任命だけでなく、執行委員会と顧問団を編成すること、それにクザーヌス研究に関する情報伝播のみならず、意見交換のためのニューズレターを発行すること、また会員制度確立のために会費徴収を決定するなど、種々の措置を取ってきた。ただ学会といっても、現在は個人会員の数は、約百二〇人である。クザーヌスという個人およびその時代の研究を主目的とするアメリカ・クザーヌス学会はまだ小さな団体であり、会員の増加をはかるというより、その整備、プログラムの発展と改良に努力している段階といえよう。

アメリカにおけるクザーヌス研究の特徴と将来

アメリカのクザーヌス研究の特徴といえば、彼の哲学・神学の研究にあたって『知ある無知について』以外の、特に後期の著作、例えば『知恵の狩猟について』とか『観想の頂点について』などを十分に検討してきたこと、クザーヌスを哲学者・神学者としてだけでなく、彼を教会法学者、教会史家、教会政治家としても受け止め、それらの分野における彼の業績をできるだけ研究してきたこと、さらにクザーヌスを孤立した思想家として取り扱わず、過去の彼に影響を与えた思想家はもちろん同時代の哲学者、神学者、政治思想家、法律学者などとの関連においてクザーヌスを捉え、一言にすれば、彼の全体像にせまろうとしてきたことである。

アメリカのクザーヌス研究者のなすべき仕事は多数ある。これまでさまざまな研究が発表されてきたが、ヴァンステーンベルグ（Vansteenberghe）やハウプスト（Haubst）、モイテン（Meuthen）のなしたような業績はこれまでのアメリカには現れていない。そういった集大成的著作の出現が望ましいが、見方によってはその準備段階にあるともいえる。クザーヌスの著作の英訳もいくつか出版されたが、ハイデルベルク版に基づいた、より権威ある信頼しうる英訳のシリーズも将来企画されるべきことであろう。また、H・ベットの古い本が未だに最も入手しやすい英語で書かれたクザーヌスの伝記であるという事態もすみやかに是正されるべきであろう。アメリカのある政治思想史の教科書に、クザーヌスに関する一章が載るようになった時代であるから、「望みなきにしもあらず」であるが、クザーヌス研究者に与えられている課題、また役目は重大である。

4　日本におけるクザーヌス研究

それでは、日本におけるクザーヌス研究の現状はどうであろうか。たしかにクザーヌスは日本では、まだ比較的に知られていない思想家といえるが、彼に注目した先人がいなかったわけではない。たとえば、下村寅太郎先生が太平洋戦争以前に、演習などでクザーヌスを取り扱っておられたことは割によく知られ、山田桂三教授もその「訳者あとがき」で下村先生によってクザーヌスへの眼を開かれたと明言している。[23]もっと遡って一九一一年出版の西田幾太郎著『善の研究』[24]を繙けば、そこには二箇所で明らかにクザーヌスの名をあげて彼の思想に触れている（第二編第一〇章と第四編第四章）。西田哲学の基本概念の「絶対矛盾的自己同一」はクザーヌスの有名な「対立物の一致」（coincidentia oppositorum）の思想に親しんだ者には類似のものと思われるであろう。

しかしながら、日本のクザーヌス研究が地につき本当の発展をとげ始めたのは、第二次世界大戦以後のことである。一九七一年に、上智大学のP・ネメシェギ教授と北海道大学の大出哲教授によって組織された「日本クザーヌス協会」は「まだ研究者の数も多くはなくその後間もなく休眠状態になった」[25]が、一九八二年に「発展的解消」という形で、日本クザーヌス学会が設立された。その後学会はクザーヌス研究の発展と奨励に努め、その事務所を早稲田大学文学部におき、ほとんど毎年の「学会会報」のみならず、隔年位に学会誌『クザーヌス研究』を刊行してきた。[26]一九八六年には、会員寄稿・学会編集の『クザーヌス研究序説』[27]が国文社から出版された。クザーヌス総会・大会も毎年開催されている。

その間クザーヌス書著の邦訳も『隠れたる神』（一九七二）、『可能現実存在』（一九八七）、『非他なるもの』（一九九二）、『光の父の贈りもの』[28]（一九九三）が別々に出版されたほかに、上智大学中世思想研究所刊行の「中世思想原典集成一七」として一九九二年に出版された『中世末期の神秘思想』の中に、「創造についての対話」「知恵に関する無学者の対話」「信仰の平和」「テオリアの最高段階について」が、収められた。[29]

K・ヤスパースの『ニコラウス・クザーヌス』（一九七〇）、E・モイテン『ニコラウス・クザーヌス』（一九七三）のような著名な本の翻訳が、[30]日本のクザーヌス研究者に刺激と指示をあたえたことは確かであるが、これまで刊行された単行本は余り多くはなく、より広い読者を対象にした坂本堯『宇宙精神の先駆・クザーヌス』と、極めて学問的な薗田坦『〈無限〉の思惟――ニコラウス・クザーヌス研究』（一九八七）[31]が挙げられる。

中世のひとりのキリスト教思想家クザーヌスに対する研究が、なぜこのように日本でも盛んなのか、という問題は回答に多くの紙数を要することであるが、一言でいえば、クザーヌスの過渡期思想家としての、独自の、しかも種々の影響を受けた思想そのものの含蓄と複雑さにあるのではないかと思う。著者のようにクザーヌスの哲学・神学思想よりは政治・社会・法律思想に興味を持つものもあるし、以前から彼の科学思想、数学概念にもかなりの注意がむけられ、研究がなされてきた。いわゆる「学派」の創立者とならなかったクザーヌスが、後世にどのような影響を及ぼしてきたかについていろいろ議論されてきたが、著者はやはり影響よりは彼の思想の独自性のほうが日本で多くの研究者の関心を引きつけている源泉であると思う。

日本におけるクザーヌス研究は、他の国でもみられるように、クザーヌス研究の主要対象ともいうべき彼の哲学・神学を中心に推進されてきたといえよう。彼の他の分野における貢献、それに彼の生涯とその時代に関する研究などもより強調されたならば、日本のクザーヌス研究も一層の重みを持ってくると思われる。課題の困難さのゆえに、外国においてもこれまで限られた数の研究者しか生まなかったクザーヌスの科学思想に関する研究に、日本からの意義ある貢献を期待できないであろうか。いずれにせよ、こういった問題は若き研究者の研鑽と努力に掛かるものであろう。

むすび

以上を通観していえることを要約すれば、第一に、クザーヌスの著作と説教のハイデルベルク原文批判版が相当に進捗し、*Acta Cusana* の利用度が高まった今日、クザーヌスの諸著作を、かれの全生涯の背景に照らして考察することが一層容易になった。また、クザーヌス研究者の国際的交流の増加、それに最近における中世・ルネサンス・人文主義研究の飛躍的発展は、クザーヌス研究を国家的、ないしは国家主義的視点から解放し、より真実な理解に導く基礎を与えた。一方、記録・複写方法の急速な発達、交通手段の驚異的進歩といった好条件の増加の反面、研究推進のために必要な諸言語の熟知度の低下、写本その他の原資料使用に際しての未熟性の増大といった悪条件の拡張は、将来、クザーヌス研究全般に相当な困難をもたらすことも考えられる。クザーヌスの思想とその生涯に興味をもつ研究者が、そういった障碍を乗り越え、これまで築かれてきた研究遺産の拡大と強化に努力することが望まれる。

注

（1）ニコラウス・クザーヌス『学識ある無知について』山田桂三訳（平凡社ライブラリー77）平凡社、一九九四年。

（2）ニコラウス・クザーヌス『知ある無知』岩崎允胤・大出哲訳、創文社、一九六六年。

（3）E・カッシーラー『個と宇宙——ルネサンス精神史』薗田坦訳、名古屋大学出版会、一九九二年、一三頁。

（4）*Nicolai de Cusa Opera Omnia, iussu et auctoritate Academiae Litterarum Heidelbergensis ad codicum fidem edita.* Hamburgi: in aedibus Felicis Meiner 1986, p.1.

（5）これまで出版された説教は *Nicolai de Cusa Opera Omnia*, XVI *Sermones* I（1430-1441）, Fasciculus O: Prefationes et Indices（1991）; XVI, 1 *Sermones* I（1430-1441）, Fasiculus 1: *Sermones* I-IV（1970）; XVI *Sermones* I（1430-1441）, Fasiculus 2: *Sermones* V-X（1973）; XVI *Sermones* I（1430-1441）, Fasiculus 3: *Sermones* XI-XXI（1977）; XVI *Sermones* I（1430-1441）, Fasiculus 4: *Sermones* XXII-XXVI（1984）; XVII *Sermones* II（1443-1452）, Fasciculus 1: *Sermones* XXVII-XXXIX（1983）; XVII *Sermones* II（1443-1452）, Fasciculus 2: *Sermones* XL-XLVIII（1991）; XVII *Sermones* II（1443-1452）, Fasciculus 3: *Sermones* XLIX-LVI（1996）; XVIII *Sermones* III（1452-1455）, Fasciculus 1: *Sermones* CXXII-CXL（1995）; XIX, I *Sermones* IV（1455-1463）, Fasciculus 1: *Sermones* CCIV-CCXVI（1996）で

ある。

（6）*Acta Cusana*, Band I, Lieferung 1: 1401–1439 Mai 17. Hrsg. Erich Meuthen. Hamburg: Felix Meiner, 1976. xvi, 199 S.

Acta Cusana, Band I, Lieferung 2: 1439 Mai 17–1450 Dezember 31. Hrsg. E. Meuthen. Hamburg: Felix Meiner, 1983, vi, 200–667 S.

Acta Cusana, Band I, Lieferung 3: 1451 Januar–1452 März. Hrsg. E. Meuthen. 3a（1451 Januar-September 5), 1996. x, 669–1110 S.; 3b（1451 September 5–1451 März), 1996. iv, 1111–1442 S.

（7）MFCG, 9（1971）*Nikolaus von Kues als Promotor der Ökumene*; 11（1975）*Nikolaus von Kues in der Geschichte des Erkenntnisproblems*; 13（1978）*Das Menschenbild des Nikolaus von Kues und der christliche Humanismus*; 14（1980）*Das Menschenbild des Nikolaus von Kues,* II; 16（1984）*Der Friede unter den Religionen nach Nikolaus von Kues*; 18（1989）*Das Sehen Gottes nach Nikolaus von Kues*; 20（1992）*Weisheit und Wissenschaft. Cusanus im Blick auf die Gegenwart*; 21（1994）*Nikolaus von Kues. Kirche und Respublica Christiana. Konkordanz, Repräsentanz und Konsens*; 23（1996）*Unsterblichkeit und Eschatologie im Denken des Nikolaus von Kues*; 24（1998）*Nikolaus von kues als Kanonist und Rechtshistoriker.*

（8）ハーレイ・コレクション（Harley Collection）にある写本については MFCG 3（1963), 101–108; 5（1965), 137–161; 8（1970), 199–237; 10（1973), 58–105; 12（1977), 15–71; 15（1982), 43–56をみよ。

（9）Henry Bett, *Nicholas of Cusa.* London, 1932（rpt. 1976).

（10）とくに Edmond Vansteenberghe, *Le cardinal Nicolas de Cues*（1401–1464); *L'action-la pensée*（Paris, 1920)〔Frankfurt am Main, 1963〕, Appendice I（*Les oeuvres de Nicolas de Cues*), pp. 465–474; Appendice II（*Les oeuvres de Nicolas de Cues*), pp. 475–482; Appendice III（*Itinéraire et principaux actes de Cusa au cours de sa grande legation*), pp. 483-490 を参照。

（11） F.E. Cranz, "Saint Augustine and Nicholas of Cusa in the Tradition of Western Christian Thought," *Speculum* XXVIII, 2（April, 1953）, 297-315.

（12） Eugene F. Rice, Jr., "Nicholas of Cusa's Idea of Wisdom," *Traditio* 13（1957）, 345-368.

（13） *Of Learned Ignorance by Nicolas Cusanus*, translated by Germain Heron〔Rare Masterpieces of Philosophy and Science〕. London, 1954.

（14） Nicholas of Cusa, *The Vision of God*, translated by Emma Gurney Salter. New York, 1928; republished, 1960.

（15） *Unity and Reform: Selected Writings of Nicholas de Cusa*, edited by John P. Dolan. Notre Dame, 1962.

（16） Paul E. Sigmund, *Nicholas of Cusa and Medieval Political Thought*, Cambridge, Mass., 1963.

（17） Morimichi Watanabe, *The Political Ideas of Nicholas of Cusa with Special Reference to his De concordantia catholica*. Genève, 1963.

（18） *Nicholas of Cusa in Search of God and Wisdom: Essays in Honor of Morimichi Watanabe by the American Cusanus Society*, edited by Gerald Christianson and Thomas M. Izbicki. Leiden/New York/Kϕbenhavn/Köln, 1991.

（19） *Nicholas of Cusa on Christ and the Church: Essays in Memory of Chandler McCuskey Brooks for the American Cusanus Society*, edited by Gerald Christianson and Thomas M. Izbicki. Leiden, 1996.

（20） 最も新しいものとして *American Cusanus Society Newsletter*, XVI, 1（July 1999）が出た。

（21） ホプキンス（Hopkins）教授のクザーヌスに関する著書は *A Concise Introduction to the Philosophy of Nicholas of Cusa*（Minneapolis, 1978）に始まって最近の *Nicholas of Cusa on Wisdom and Knowledge*（Minneapolis, 1996）に至るまで一〇冊に及び、しかもそのうち数冊は第二版、第三版を重ねている。

（22） *Nicholas of Cusa, De Pace Fidei: Text, Translation, and Concordance*, edited by James E. Biechler.〔New York〕:

The American Cusanus Society, 1986. この業績は後に *Nicholas of Cusa on Interreligious Harmony: Text, Concordance, Translation of De Pace Fidei*, edited by James E. Biechler and H. Lawrence Bond〔Texts and Studies in Religion, 55〕(Lewiston/Queenston/Lampeter, 1990), pp. 65-211 として出版された。

(23) クザーヌス『学識ある無知について』三〇七―三〇八頁。

(24) 西田幾太郎『善の研究』岩波書店、一九九一年〔岩波文庫版、一九七三年〕、一二四頁、一三四頁。

(25) 日本クザーヌス学会編『クザーヌス研究序説』国文社、一九八六年、一三四頁。

(26) 日本クザーヌス学会『クザーヌス研究』第一号（一九九一年）、第二号（一九九三年）、第三号（一九九五年）。

(27) 注25を見よ。

(28)『隠れたる神』大出哲・坂本堯訳、創文社、一九七二年、『可能現実存在』大出哲・八巻和彦訳、国文社、一九八七年、『非他なるもの』松山康國・塩路憲一訳、創文社、一九九二年、『光の父の贈りもの』大出哲・高岡尚訳、国文社、一九九三年。

(29) 上智大学中世思想研究所／小山宙丸・編訳／監修『中世末期の神秘思想』平凡社、一九九二年「創造についての対話」、四九三―五三五頁、「知恵にかんする無学者の対話」、五三七―五七五頁、「信仰の平和」五七七―六四一頁、「テオリアの最高段階について」六四五―六六五頁。

(30) K・ヤスパース『ニコラウス・クザーヌス』〔ヤスパース選集27〕薗田坦訳　理想社、一九七〇年。E・モイテン『ニコラウス・クザーヌス一四〇一―一四六四――その生涯の素描』酒井修訳　法律文化社、一九七三年。

(31) 坂本堯『宇宙精神の先駆・クザーヌス』春秋社、一九七六年。薗田坦『〈無限〉の思惟――ニコラウス・クザーヌス研究』創文社、一九八七年。

Des Babsts Hercules / wider die Deudschen.
Die auch vor dieser zeit / nicht haben wollen dem Babst / beide die Christlichen / vnd des heiligen Römischen Reichs freiheit vnd dignitet / vbergeben.
Durch
Johannem Kymeum.

クザーヌスを教皇庁にあやつられて
ドイツ改革に取り組んでいると批判
したJ. キュモイスの著作の表紙。
（本書，217，235頁参照）

第二部
クザーヌスの教会改革

クザーヌスの修道院改革に抵抗したヴェレナ・フォン・シュトゥーベン

第一章　教会改革者としてのクザーヌス研究に関する諸問題

序

ニコラウス・クザーヌス（一四〇一―一四六四）の生涯を検討し、特にその中でも彼が非常な時間と労苦を費やした聖職者、修道院、女子修道院、平信徒の改革の問題を理解しようとする時に、必然的に、クザーヌスはどのような意味の改革者であったのか、ということが問われなくてはならない。彼は、主に組織、制度上や儀式、礼典上の改革に関心を持ち、いわば外面的な改善を企てた「教会」改革者と評価されるべき人であったのか、それとも、M・ルターのように、精神的、信仰的問題と格闘し、そのあげくに、いわば不本意ながらも中世カトリック教会の信仰上のみならず制度上の改革をもたらす運動をひき起こすようになった「宗教」改革者であったと理解されるべきであるのだろうか。この問題は、皮相的な語義論的（セマンティック）なものでなく、より深くクザーヌス解釈の基本問題に関連するものであると思う。

一体、西欧思想史におけるクザーヌスの評価については、諸説が唱えられて来て、どれがより正当で適切な解釈であるかを決める事は容易ではない。わりに近年になって述べられたものをいくつか取ってみると、E・カッシーラーの、クザーヌスは「最初の近代思想家」であったという規定づけとか、R・ハウプスト教授の、彼は「新時代の門番」(“Pförtner der neuen Zeit”)(2)といった評価のように広義で積極的(ポジティブ)な見方から、一般にクザーヌスにかなり批判的なK・ヤスパースの、「真実の信仰を求めて苦闘することがない」(3)とか、ティロールにおけるクザーヌスの教会改革についてのべたW・バウムの、「現実の情勢から余りにもかけはなれている」(4)といった概して消極的(ネガティブ)な解釈にまでわたり、真相を極めることは、クザーヌスの生涯を虚心に検討し、彼の著作を忠実に、また同情をもちながらも批判的に理解せんと努める者に課せられた難しい問題であるといえよう。

1　新しい研究成果について

それでは、教会の改革者としてのクザーヌスを考察する際に、どのような新しい研究の成果にわれわれは注目しなければならないであろうか。

まず第一に、クザーヌスの説教(Sermones)である。E・ヴァンステーンベルグが一九二〇年に出版したその名著においてクザーヌス説教研究の基礎をおき(5)、その後、J・コッホが一九四二年に詳細な説教年表を発表したが(6)、それによれば、クザーヌスの説教は総数で二九四が現存しているとされた。最近では、トリーアのクザーヌス研究所におけるR・ハウプスト教授とその後継者の指導の下にそれらの説教が編纂されつつあり、現在までに総計八八の説教が『クザーヌス全集』のハイデルベルク版の一部として出版された(7)。

その上、一九九一年には、分冊としてSermones I (1430-1441): Fasciculus O: Praefationes et indices が発刊された(8)。その分冊には、クザーヌスの説教の編纂方針についてのハウプスト教授の緒論(Praefatio generalis)〔pp.

IX-XLV］について、一九四二年出版のコッホ教授の年表を改正したクザーヌスの現存全説教が、日付、場所と共に新しい分類番号に従って配列されている。それに加えて、第一巻への序論（Praefatio ad Tomum I）、五種類の索引［Index Biblicus, Index auctorum, Index nominum aliorum, Index vocum locutionumque notabilium と Index codicum］が付加されているが、いかにクザーヌスの説教編纂出版の事業が、念入りに、正確を期して進められているかを示すものである。

クザーヌスに関する最近の著作でも、説教を利用した研究がなかったわけではないが(9)、編纂の事業が進展するにつれて、更に一層の注意をはらうことが望ましい。クザーヌスの一四五〇年一二月三一日から一四五二年四月七日にわたる教皇派遣特使として、またのちにティロール地方で司教として行った説教は、時には程度が高すぎて余り学問のない聴衆には難解なこともあったと言われる(10)。しかし、クザーヌスの説教は彼の教会改革者としての意図、趣旨をより深く理解するにあたってやはり基本的な資料の一つであることは間違いない。彼の教皇派遣特使として、またティロール地方ブリクセンの司教として非常な苦難を経験しながら教会改革を実現しようとした時期に行った説教は最近一九だけ出版されたが、残りもなるべく早く編纂出版されることが望ましい。

一般的にいって、古代、中世期における説教についてはかなりの研究がなされてきたけれども、ルネサンス期の説教については殆ど注意が払われなかったと言ってよい(11)。J・ブルクハルトの有名な、また有力なイタリア・ルネサンス論にしたがって、基本的には「現世的・異教的」と見なされたルネサンス期において行われた説教が、とかく無視されがちであったのも不思議ではない。P・O・クリステラー、C・トリンカウス、H・A・オーバーマンなどの研究の結果(12)、歴史の断絶性のかわりに連続性が見直され、現世的といわれたルネサンス期にも「聖なるもの」の追求が真摯に行われた事が確認されるに至った今日、その時代における説教の意義の検討、その一部としてのクザーヌスの説教の研究も一層重要性をおびてくると言えよう。ルネサンス期における教皇庁で行われた説教というこれまで殆ど注目されなかった課題に取り組んだ斬新な研究において、J・W・オマーリ教授は、ローマ滞在時代のクザーヌスの説教をも取り上げ、教皇の前で行われた（coram papam）説教と比較し、その特性を指摘し、一般にクザーヌスの説教研究の重要性を強調している。(13)

2　ケルン大学時代のクザーヌス

第二に検討すべきは、クザーヌスの思想発展史におけるケルン大学時代の重要性である。ハイデルベルク大学で一四一六年から一四一七年まで自由七学科を聴講し、一四一七年にパドヴァ大学に入学して法学を学び、一四二三年に教会法令博士号（doctor decretorum）を得たクザーヌスは、(14)母国ドイツにもどり、トリーア大司教オットー・フォン・ツィーゲンハイン（Otto von Ziegenhain、在位一四一八—一四三〇）の援助の下に、生誕地クースに近いアルトリッヒにある聖アンドレアス教会と相当な額の年金を一四二五年初めに受けて、トリーア大司教区の重要な一員となった。(15)しかし、幼少の頃から親しい関係にあったマンデルシャイト（Manderscheid）伯爵家のウルリッヒが大司教座聖堂参事会の首席をしめていたケルンに移り、ケルン大学に「トリーアの教会法博士」（doctor in iure canonico Treverensis）として学籍登録したのは一四二五年の春であった。(16)

この時期においては、クザーヌスの主要関心事は法律学、法制史であり、後に『普遍的和合について』（*De concordantia catholica*）［一四三三年］に彼自身が記したように、(17)ケルン大司教座聖堂の図書室を探索して法制史に関するいろいろな資料を発見したり、また一四二六年におこったライン河沿岸のバッハラッハ（Bacharach）の教会の葡萄畑から作られた葡萄酒を、ケルンのアンドレアス聖堂に船で輸送するにあたって途中の税関所が課税できるかという法律係争問題については、ケルン大学、ハイデルベルク大学の法学及び神学の教授たちに加わって法律意見書を書いた。[18] 彼の法律家としての名声もたかまったために、一四二八年にはルーヴァン（Leuven）大学から、教会法教授就任の招聘を受けたが辞退している。[19]

しかし、このケルン大学滞在期間に、クザーヌスの関心が法律学だけでなく神学、哲学にも広まっていったことも明らかである。こういった変化がどのような理由で起こったかは、今後ともより明白にされるべき事柄である。しかし、その理由の一つとして、ハイメリクス・デ・カンポ（Heymericus de Campo, 1395-1460）の影響があったことが最近になって一層明らかになった。[20] ハイメリクスは、一四一〇年からパリ大学で勉学をはじめ、一四一五年にはMagister の学位を得、更に神学の研究をした。彼の思想がトマス・アクィナスよりは主にアルベルトゥス・マグヌスのそれに影響されていた事が知られているが、この小論で詳細に述べることはできない。[21] 一四二二年初、ハイメリクスはケルン大学に移り、教養学部で教鞭をとったが、一四二五年にはその部長となり、一四二八年以降は同大学神学部で Routger Overbach de Tremonia の後継者として講座を持つようになった。[22] 一四二五年以来ケルン大学に籍をおいたクザーヌスが、ハイメリクスの講義によっていろいろと影響されたことが考えられる。[23]

最近になって明白になったことは、ハイメリクスが非常に興味をもっていたライムンドゥス・ルルス（Raimundus Lullus, 1235-1315）とクザーヌスの関係である。クザーヌスは既にパドヴァ大学在学中にルルスについての知識を得たと信ずる学者もいるが、[24] ケルン在学中にハイメリクスの影響の下でルルスに注目するようになったクザーヌスは、一四二八年三月、パリに出かけ、その郊外ボーベー（Vauvert）にあったカルトゥジオ会修道院図書室にあったルルスの写本をコピーし、また抜粋したことが最近ハウプスト教授によって明らかにされた。[25] イスラム教徒の回心に努力し、"Doctor illuminatus" と呼ばれたルルスが、クザーヌスの思想にどれほどの影響を与えたかは、今日、クースの聖ニコラウス養老院の彼の図書室に存在する多数のルルスの著作の写本から容易にうかがわれる。[26] ルルスの思想がクザーヌスの改革の観念に影響を与えたことも指摘されて来た。[27]

クザーヌスとハイメリクスに関して更に記憶すべきことは、クザーヌスはマンデルシャイト家のウルリッヒの弁護士として一四三二年二月二九日からバーゼル公会議（一四三一―一四四九）に出席したが、その師ハイメリクスもまた一四三二年一二月半ばから一四三五年二月末にいたるまで、同公会議に参加したことである。二年余りのバーゼル滞在中にハイメリクスが執筆した著作は未だ編纂出版されず、またそのスタイル、思考方法も非常に理解しにくく、彼の思想の理解の妨げとなっている。しかし、彼自身の立場、思想の研究のみならず、良きクザーヌス理解のためにも、今後とも一層の研究が望ましい。[28] ハイメリクスの著作の一つである『教会権力論』(*De ecclesiastica potestate*) は丁度クザーヌスが『普遍的和合について』を書いた一四三三年の少しあと、一四三三―一四三四年に書かれたもので、その中で、「ある人の提案で書いた」とのべているのは、おそらくクザーヌスをさすものと思われる。[29] その教会論において極端な公会議首位説を唱えなかったハイメリクスが、一四三七年に起こった教皇側と公会議側の分裂の危機にあたって、クザーヌスと同様に公会議側をすてて教皇支持側に転向したことは、彼のクザーヌスとの関係に鑑みて、またクザーヌスの教会改革者としての立場を考慮するためにも、記憶すべきことである。[30]

3　クザーヌスの写本

第三に注目すべきは、わりに近年になって判明した大英博物館（British Museum）所蔵のハーレイ・コレクション（Harley Collection）に含まれている元クザーヌス所有の写本である。一九〇五年にJ・マルクスが出版したクザーヌスの聖ニコラウス養老院図書室所蔵本のリストにも、既にラテン訳のプラトン、アリストテレス著作のみならず、ペトラルカ、レオナルド・ブルーニのようなルネサンス時代の作家の著書が掲載してあった。(31) その後、F・X・クラウス、R・サバディーニ、W・ワインバーガー、B・L・ウルマンなどの研究によって、大英博物館には三〇を超すクザーヌス写本が存在することが知られるに至った。(32) それらの写本のカタログ作成は一九六二年にマイクロフィルムによって開始され、その結果が一九六三年の『クザーヌス協会の報告と研究論文集』（*Mitteilungen und Forschungsbeiträge der Cusanus-Gesellschaft*）[MFCG] の第三巻から発表され始めた。(33) クザーヌスの死去五〇〇年祭の行われた一九六四年、R・ハウプスト教授はA・クルチナク博士をロンドンに派遣したが、同博士は、殆んど偶然的に新しいクザーヌス写本を同博物館で発見、(34) 更に一九六六年に送られたH・ハラウァー博士の探索によって、四五を超すクザーヌス写本がハーレイ・コレクションその他に含まれていることが明らかになった。(35)

MFCGに発表された報告を通観してすぐ明らかなように、ハーレイ・コレクション中のクザーヌス写本は、神学、天文学、医学に関するものも含むけれど、その多数はプラトン、アリストテレス、キケロ、ホラティウス、リヴィウス、ルカヌス、プルタルコスといった古代著作家に関するものである。古典写本の蒐集に熱心であったオックスフォードのR・ハーレイ公（一六六一―一七二四）が稀覯書商人N・ノエルを通じて一七一七年から一七二二年にわたり、当時経済的困難の状態にあったクースの聖ニコラウス養老院図書室からクザーヌス写本の多数を買い上げて、イギリスに運び去ったのであった。(36)

クザーヌスは、ケルン滞在中にプラウトゥス（Plautus, 250-184 B.C.）の失われていた喜劇一二篇を発見したので、ポッジョ・ブラッチョリーニ（Poggio Bracciolini, 1380-1459）やニッコロ・ニッコリ（Niccolò Niccoli, 1364-1437）

などのイタリア人文主義者たちの間で多くの関心をひいたため、「人文主義者としてのクザーヌス」が以前からかなり問題にされてきた。(37) クザーヌスの志向が、人文主義者のそれとはかなり相違をもったものであることもまた多くの学者によって承認されてきたことである。(38)

しかし、ハーレイ・コレクション中のクザーヌス写本の性格と範囲が明確になった現在、クザーヌスと古典著作家、ないしはクザーヌスと人文主義の問題がこれまで以上に注意深く検討されるべきである。これに関連して、クザーヌスがどれほどギリシア語を理解したかという問題も十分に調査すべき事柄である。(39) そういった分野の理解が深まるにつれて、クザーヌスと教会改革の問題もより明確に把握されるようになる事が期待される。とくに有名な、M・ルター（一四八三―一五四六）、D・エラスムス（一四六六―一五三六）、C・スパラティン（一四八四―一五四五）などの例にも見られるように、人文主義と教会改革の関連の問題はかなり複雑微妙な関係にあることは広く知られている。(40) B・メラーは「人文主義なしに宗教改革はない」と述べている。(41) クザーヌスが単に純中世的な、極めてスコラ的思想家でなく、人文主義とも深い関係をもったユニークな著作家であったことに鑑み、彼の立場、志向を研究、理解することは、人文主義と教会改革問題一般についての理解を深めるのに貢献するであろう。

4　クザーヌスの教会改革

クザーヌスは、上記した一四五〇年一二月三一日から一四五二年四月七日にわたる有名な教皇派遣特使旅行（Legationsreise）間において、教会改革のいろいろな努力をし、一四五二年の復活祭頃にティロール地方のブリクセンの司教として到来後、司教区改革のため、特に男子、女子修道院の訪問、改革のためのただならぬ尽力をかさねた。[42] 一四五八年九月三〇日、ローマに移り、一四五九年一月一一日には教皇特使兼臨時司教総代理に任命されたのち、同年、教会の「頭首と肢体」にわたっての『全面的改革』（*Reformatio generalis*）[43]を教皇ピウス二世に提出、そのごいろいろな改革活動を行った。これらについては以前からかなり知られていたが、一九五八年に出版されたE・モイテン教授の研究が、クザーヌスの後年、とくにブリクセン期以降についての新資料を蒐集し、この時期の解明に大きな貢献をなしたことは認めなければならない。[44] 更に、同教授が、*Acta Cusana* の第一巻第三分冊のために準備した Legationsreise に関する資料集は、原稿三、〇〇〇頁にのぼり、一六八九の資料を包含する大冊として一九九六年に出版された。短期のローマ滞在を含めた一四五二年から一四六〇年にわたるブリクセンでのクザーヌスの司教としての教会改革に関しては、H・ハラウァー博士が長年にわたってティロール地方をかけまわって資料を蒐集してきたが、その成果も *Acta Cusana* の第二巻第一～三分冊として近く出版される予定である。[45] 以上のような新資料集の出版は、教会改革者としてのクザーヌスの研究に大いに寄与することであろう。

ヴェスパシアノ・ダ・ビスティッチ（Vespasiano da Bisticci, 1421-1498）はその有名な『一五世紀の著名人伝』（*Vita di Uomini illustri del secolo XV*）において、クザーヌスについて下記の如く述べている。

「[クザーヌスは] 華美や遊び道具を徹頭徹尾軽蔑していた。彼は赤貧の枢機卿であり、しかもおのれのためには何ひとつ求めるところがなかった。彼の生活態度は聖く、その功業において彼は [聖なる生活] の最も良き模範を示した。[46]」。

また、有名な貴族を多数枢機卿に任命して教皇庁の権力を拡大しようとした友人の教皇ピウス二世が、クザーヌスの意見を問い合わせた時に、クザーヌスはピウス二世の政策に反対して次のように述べたと、教皇自身がその『手記』に記している。

「この教皇庁で行われることすべてを私は好みません。すべてが腐敗しています。誰も義務を果たしていません。教皇も枢機卿たちも教会自体の利益を考えていません。……すべて野心と貪欲に満ちた人だけです。私が枢機卿会議で改革を口にすれば、ただ嘲笑されるだけです。どうか隠退させて下さい。もうこれ以上耐えられません……」(47)。

以上のように叫んで号泣したとピウス二世は伝えるが、クザーヌスの教会と教会改革に対する態度が明らかである。

結　語

上記のような最近、ないしはより最近になって明らかになった諸問題点が追求され、解明されてこそ、クザーヌスの全貌、思想体系、教会観がより明らかに浮かびあがってくるものと思われる。クザーヌスの思想、性格、特徴については、従来の研究によって現在まで相当明確な概念が得られており、上記の諸問題が解明された結果としてそれらが根本的に変革されることは想像しがたい。しかし、その理由でわれわれが諸問題の理解を怠ったならば、無責任の叱責を受けなければならないであろう。

それならば、上記の諸問題を意識しつつも、既知の資料に基づいて、現在の時点でえがかれうる教会改革者としてのクザーヌスの像とはいかなるものであろうか。E・イザローがいみじくも指摘しているように、クザーヌスにとって、教会改革の問題は、彼の生涯における単なる一つのエピソードではなく、生涯を一貫して関心を向けた重要な問題であった。[48] とくに注目すべきは、彼が教会の改革を単に下部のみならず、上部においても遂行しようとしたことで、この思想は初期の著作『普遍的和合について』にも後期の『全面的改革』にも明らかに表現されている。

しかし、クザーヌスの改革の概念は、「古来のものに帰る」（ad formam primam reducere）を意味し、中世後期のキリスト教会の本質、制度を抜本的に批判、修正しようというよりは、当時の教会の体制の中で、「教会を打ちたてる」（aedificatio ecclesiae）ために、制度的、典礼的復興ないしは改正を行うのが主要な関心事であった。[49] たしかに、『全面的改革』などにもみられるように、クザーヌスは単に儀式上の改革だけを問題にしたのではなく、人間の変革、復興という精神問題にも触れている。しかし、彼の復古的、穏和的態度が根底にあったからこそ、彼自身の教会政治的活動にあたって、はじめはマンデルシャイト伯爵家のウルリッヒの弁護士、官房長としてバーゼル公会議で公会議首位説を唱えたものの、一四三七年ギリシア教会との再合同の問題をめぐってバーゼル公会議が公会議側多数派と教皇側少数派に分裂するや、ルルスの影響もあって和合（concordantia）を重視し、教会の和合をより確実に達成しうると信じた教皇側少数派に転向したのである。

結局、クザーヌスはC・ウルマンの言う「宗教改革前の宗教改革者」（Reformator vor der Reformation）[50] であったというより、教会改革者であって、しかもその役割を果たすにあたって、反対にあい、不成功に終わったことがしばしばであった。彼は生涯を通じて思想と生活の調和を図ったが、特に後年になってその破綻が著しくなったといえる。そのような悪条件の中でも、彼の思考は衰えず、最後までおどろくべき数の哲学的、神学的、数学的著作を書き続けた。[51] K・ヤスパースは、「クザーヌスの偉大さは彼の形而上学のうちに存する」[52] と言うけれども、クザーヌスの長年にわたり、心魂をかたむけた教会改革活動の意義を余りにも過小評価するものと言えよう。

注

（1）Ernst Cassirer, *Individuum und Kosmos in der Philosophie der Renaissance*, 2. Aufl. (Darmstadt, 1963), S. 10 ["den ersten modernen Denker"]; Ernst Cassirer, *The Individual and the Cosmos in Renaissance Philosophy*, tr. by Mario Domandi（New York, 1963), p. 10 ["the first moden thinker"]; E・カッシーラー『個と宇宙――ルネサンス精神史』薗田坦訳、名古屋大学出版会、一九九一、一三頁。

（2）Rudolf Haubst, *Nikolaus von Kues-"Pförtner der neuen Zeit"* [Kleine Schriften der Cusanus-Gesellschaft, Heft 13]（Trier, 1988).もっともハウプスト教授はその *Nikolaus von Kues und moderne Wissenschaft* [Kleine Schriften der Cusanus-Gesellschaft, Heft 4]（Trier, 1963）S. 3においてクザーヌスの活動の多面性のゆえに、彼の特徴を標語的に表すことはできないと論じている。

（3）Karl Jaspers, *Nikolaus Cusanus*, Neuausgabe（München, 1987), S. 228; Karl Jaspers, *Anselm and Nicholas of Cusa*, ed. Hannah Arendt & tr. Ralph Manheim（New York, 1974), p. 164; ヤスパース『ニコラウス・クザーヌス』薗田坦訳、理想社、一九七〇、三三四頁。

（4）Willhelm Baum, *Nikolaus Cusanus in Tirol: Das Wirken des Philosophen und Reformators als Fürstbischof von Brixen*（Bozen, 1983), S. 91. クザーヌスの教会改革者としての評価については、ペトロ・ネメシェギ「教会改革者としてのクザーヌス」（『クザーヌス研究序説』日本クザーヌス学会編、国文社、一九八六、二五九―二七〇頁）も参照。

（5）Edmond Vansteenberghe, *Le cardinal Nicolas de Cues*（1401-1464): *L'action-la pensée*（Paris, 1920; Frankfurt a.

M., 1963), pp. 474-482（Appendice II: Les sermones de Nicolas de Cues）.

（6）Cusanus-Texte, I, *Predigten, 7. Untersuchungen über Datierung, Form, Sprache und Quellen. Kritisches Verzeichnis sämtlicher Predigten,* ed. Josef Koch [Sitzungsberichte der Heidelberger Akademie der Wissenschaften, Philosophisch-historische Klasse（HSB）, Jhrg. 1941/42, 1. Abh.]（Heidelberg, 1942）.

（7）*Nicolai de Cusa Opera Omnia,* XVI, 1: *Sermones* I（1430 - 1441）Fasciculus 1（Sermones I-IV）, ed. R. Haubst et al.（Hamburg, 1970）; XVI: *Sermones* I（1430 - 1441）Fasc. 2（Sermones V-X）, ed. R. Haubst et al.（Hamburg, 1973）; XVI: *Sermones* I（1430-1441）Fasc. 3（Sermones XI-XXI）, ed. R.Haubst & M. Bodewig（Hamburg. 1977）; XVI: *Sermones* I（1430 - 1441）Fasc. 4（Sermones XXII-XXVI）, ed. R. Haubst & M. Bodewig（Hamburg, 1984）; XVII: *Sermones* II（1443 - 1452）Fasc. 1（Sermones XXVII-XXXIX）, ed. R. Haubst & H. Schnarr（Hamburg, 1983）. そのあとについては本書一〇六頁注5を参照。

（8）*Nicolai de Cusa Opera Omnia.* XVI, 1: *Sermones* I（1430–1441）Fasc. 0（Praefationes et indices）, ed. R. Haubst et al.（Hamburg, 1991）.

（9）クザーヌスの説教にかなり注意を払ったわりに最近の例をあげると、Wolfgang Jungandreas, "Zur Überlieferung und Sprache der deutschen Vaterunserauslegung des Nikolaus von Kues, "*Mitteilungen und Forschugsbeiträge der Cusanus-Gesellschaft*（MFCG）7（Mainz, 1969）, 67-88; James E. Biechler, *The Religious Language of Nicholas of Cusa*（Missoula, Montana, 1975）; Franz Rudolf Reichert, *Prediger der Erneuerung und der Versöhnung* [Kleine Schriften der Cusanus-Gesellschaft, Heft 10]（Trier, 1977）; Birgit H. Helander, *Die visio intellectualis als Erkenntnisweg und -ziel des Nicolaus Cusanus*（Uppsala, 1988）. そのほかに MFCG 7（1969）, 15-46; MFCG 10（1973）, 112-124; MFCG 17（1986）, 57-88 を参照。

（10）Koch, *Untersuchungen über Datierung,* S. 21-22; Reichert, *Prediger,* S. 8. クザーヌスはティロール時代の八年間に

一三〇の説教をしたと同時代人は伝えている。Albert Jäger, *Der Streit des Cardinals Nikolaus von Cusa mit dem Herzoge Sigmund von Österreich als Grafen von Tirol* (Innsbruck, 1861), I. 42, n. 2; Anselm Sparber, "Vom Wirken des Kardinals Nikolaus von Cues als Fürstbischof von Brixen (1450-1464)", *Veröffentlichungen des Museums Ferdinandeum*, XXVII/XXIX (1947/49), 350, n. 4 を見よ。

（11） Jean Longère, *La predication médiévale* (Paris, 1983) は中世における説教を通観するのに便利である。

（12） クリステラー教授の著書は多数あるがルネサンスの「中世的性格」「歴史の連続性」などについては、P・O・クリステラー『ルネサンスの思想』渡邉守道訳（東京大学出版会、一九七七）、一八九―二一一頁を見よ。トリンカウスとオーバーマンの考えについて便利な糸口は、*The Pursuit of Holiness in Late Medieval and Renaissance Religion*, ed. Charles Trinkaus with Heiko A. Oberman (Leiden, 1974).

（13） John W. O'Malley, *Praise and Blame in Renaissance Rome: Rhetoric, Doctrine, and Reform in the Sacred Orators of the Papal Court, c. 1450-1521* (Durham, North Carolina, 1979), pp. 94-101.

（14） クザーヌスのパドヴァにおける教会法学勉強については、*Acta Cusana: Quellen zur Lebensgeschichte des Nikolaus von Kues*, Band I Lieferung 1: 1401-1437 Mai 17, ed. Erich Meuthen (Hamburg, 1976), S. 6, Nr. 18; Morimichi Watanabe, *The Political Ideas of Nicholas of Cusa, with Special Reference to his De concordantia catholica* (Genève. 1963), p. 13; Erich Meuthen, *Nikolaus von Kues, 1401-1464: Skizze einer Biographie*, 7. Aufl. (Münster, 1992), S. 15.

（15） *Acta Cusana*, I, 1, S. 7, Nr. 21; S. 7-8, Nr. 22. また *Acta Cusana*, I, 1, S. 10, Nr. 28 参照。

（16） クザーヌスのケルン大学登録については、*Acta Cusana*, I, 1, S. 9, Nr. 25. 彼のマンデルシャイト家との関係については、Meuthen, *Nikolaus von Kues*, S. 11; "Following in Cusanus' Steps (12) "Manderscheid," *American Cusanus Society Newsletter*, VII, 1 (June 1990), 24-27.

(17) *Acta Cusana,* I, 1, S. 10, Nr. 27 : "Ego enim Colonie in maiori ecclesia volumen ingens omnium missivarum Hadriani I. ad Carolum et ipsius Caroli responsiones et insuper copias omnium bullarum vidi."

(18) バッハラッハのケースについては、Morimichi Watanabe, "Nikolaus von Kues-Richard Fleming-Thomas Livingston,"MFCG 6 (1967), 168 - 173; *Acta Cusana,* I, 1, S. 11 - 12, Nr. 33; 渡邉守道「クザーヌス、ローマ法、人文主義――ハインブルクと比較して――」（『クザーヌス研究序説』国文社、一九八六、三〇七頁注三四、（本書、一九六頁注三四参照）を見よ。

(19) *Acta Cusana,* I, 1, S. 23, Nr. 64; MFCG 4 (1964), 39 n. 13.

(20) Rudolf Haubst, "Zum Fortleben Alberts des Grossen bei Heymerich von Kamp und Nikolaus von Kues" in: *Studia Albertina, Festschrift für Bernhard Geyer zum 70. Geburtstag,* hrsg. H. Ostlender [BGPTM SupplementBand, IV] (Münster, 1952), S. 420-447; Eusebius Colomer,"Nikolaus von Kues und Heimeric van den Velde" MFCG 4 (1964), 198-213.

(21) ハイメリクスについての最近の研究として Eusebio Colomer,"Heimeric van den Velde entre Ramon Lull y Nicolas de Cusa," *Spanische Forschungen der Görresgesellschaft*, I . Reihe, Bd. 6 (1963), 216-232; A. J. Black,"Heimericus de Campo : The Council and History," *Annuarium Historiae Conciliorum* II (1970), 78-86; A. Black,"The Realist Ecclesiology of Heimerich van den Velde," *Facultas S. Theologiae Lovaniensis 1432-1797,* ed. J. van Eijl (Louvain, 1977), 273-291; J.D. Cavigioli, "Les écrits d'Heymericus de Campo (1395-1460) sur les oeuvres d'Aristote," *Freiburger Zeitschrift für Philosophie und Theologie* 28 (1981), 293-371; Pascal Ladner, *"Revolutionäre Kirchenkritik am Basler Konzil? Zum Konziliarismus des Heymericus de Campo* [Vorträge der Aeneas-Silvius-Stiftung an der Universität Basel, XIX] (Basel, 1985).

(22) Antony Black, *Council and Commune: The Conciliar Movement and the Council of Basle* (London, 1979), pp.

58-59.

（23）コロメール（Colomer）は、Eusebio Colomer, S. J., *Nikolaus von Kues und Raimund Lhull*（Berlin, 1961）, pp. 8, 39-46; E. Colomer, "Nikolaus von Kues und Heimeric van den Velde," MFCG 4（1964）, 199 において、クザーヌスは一四二五年から一四二六年の間ハイメリクスから神学をならったと断定し、ブラック（Black）も、Black, *Council and Commune*, p. 58 でそれに従っている。*Acta Cusana*, I, 1, S. 9, Nr. 26 参照。

（24）Colomer, *Nikolaus von Kues und Raimund Lhull*, pp. 5-6; Theodor Pindl-Büchel, "Nicholas of Cusa and the Lullian Tradition in Padua," *American Cusanus Society Newsletter* V, 2（September, 1988）, 35-37.

（25）Rudolf Haubst, "Der junge Cusanus war im Jahre 1428 zu Handschriften-Studien in Paris," MFCG 14 (1980), 198-205. 更に Eusebio Colomer, "Zu dem Aufsatz von Rudolf Haubst 'Der junge Cusanus war im Jahre 1428 zu Handschriften-Studien in Paris," MFCG 15（1982）, 57-70 を見よ。

（26）Colomer, *Nikolaus von Kues und Raimund Lhull*, p. 1.

（27）例えば Martin Honecker, "Raimund Lulls Wahlvorschlag, Grundlage des Kaiserwahlplanes bei Nikolaus von Cues?" *Histrisches Jahrbuch* 57（1937）, 563-574.

（28）Black, *Council and Commune*, p. 60.

（29）Black, *Council and Commune*, p. 59. *De ecclesiastica potestate* はクースの聖ニコラウス養老院図書室にある Cod. Cus. 106, fols. 89^r-188^v が唯一の現存写本である。Colomer, *Nikolaus von Kues und Raimund Lhull*, S. 25-29 を参照。R. Imbach and P. Ladner, *Opera selecta Heymerici de Campo* I が準備中で近く出版される予定である。

（30）Black, *Council and Commune*, p. 59. 一四二八年ルーヴァン大学からの招聘を辞退したクザーヌスは一四三五年、再び招かれたが同時にハイメリクスも招待を受けている。クザーヌスは再度辞退したのに対し、ハイメリクスは受諾し、同年ルーヴァン大学に移った。*Acta Cusana*, I, 1, S. 161, Nr. 232. 両者の思想の関連性については、R. Imbach,

"Einheit des Glaubens: Spuren des cusanischen Dialogs De pace fidei bei Heymericus de Campo," *Freiburger Zeitschrift für Philosophie und Theologie* 27（1980）, 5-23.

（31）Jakob Marx, *Verzeichnis der Handschriften-Sammlung des Hospitals zu Cues bei Bernkastel a./Mosel*（Trier, 1905）36, 54, 164, 168, 184ff.

（32）R. Sabbadini, *Le scoperti dei codici latini e graci nei secoli XIV e XV*, t. 1（Firenze, 1905）; W. Weinberger, *Beiträge zur Handschriftenkunde* II [Sitzungsberichte der phil.-hist. Klasse der Akademie der Wissenschaften Wien, Bd. 164, 4]（Wien, 1909）; B. Ullman, "Manuscripts of Nicholas of Cues," *Speculum* XIII（1938）, 194-197.

（33）ハーレイ・コレクション中のクザーヌス写本の記述、報告については MFCG 3（1963）, 16-100; MFCG 5（1965）, 137-161; MFCG 7（1969）, 146-157; MFCG 8（1970）, 199-237; MFCG 10（1973）, 58-103; MFCG 12（1977）, 15-71; MFCG 15（1982）, 43-56; MFCG 17（1986）, 21-56; 渡邉「クザーヌス、ローマ法、人文主義」（『クザーヌス研究序説』三〇六頁注二九、本書一七八―二〇〇頁参照）。

（34）Alois Krchňák, "Neue Handschriftenfunde in London und Oxford," MFCG 3（1963）, 101-108; 17-18.

（35）Hermann Hallauer, "Neue Handschriftenfunde in London," MFCG 7（1969）, 146-157. このほかにブラッセルにもクザーヌス写本が存在するが、それについては MFCG 4（1964）, 323-335; MFCG 7（1969）, 129-145; MFCG 14（1980）, 182-197 を参照。

（36）MFCG 3（1963）, 18-24. 同コレクションについては、*A Catalogue of the Harleian Manuscripts in the British Museum*（London, 1808）; C. E. Wright & Ruth C. Wright, *The Diary of Humphrey Wanley, 1715-1726*, 2 vols.（London, 1966）; C. E. Wright, *Fontes Harleiana: A Study of the Sources of the Harleian Collection of Manuscripts*（London, 1972）をも見よ。

（37）古い、最も有名な研究は Alois Meister, "Die humanistischen Anfänge des Nikolaus von Cues," *Annalen des*

Historischen Vereins für den Niederrhein LXIII（1896), 1-12である。ブラッチョリーニとニッコリの反応については*Two Renaissance Book Hunters: The Letters of Poggius Bracciolini to Nicolaus de Nicolis*, tr. Phyllis W. G. Gordan（New York, 1974), pp. 113-117; 135-137; *Acta Cusana*, I, 1, 12-13 Nr. 34, 35; S. 18 Nr. 48; S. 22 Nr. 62, 63; S. 23-25 Nr. 66, 67; S. 26 Nr. 70; S. 27-28 Nr. 73を見よ。古典の継承に関するクザーヌスの貢献については、Robert Danzer, "Nikolaus von Kues in der Überlieferungsgeschichte der lateinischen Literatur nach Ausweis der Londoner Handschriften aus seinem Besitz," MFCG 4（1964), 384-394; 野町啓「クザーヌスとネオプラトニズム――『クザーヌス写本』をめぐって――」（『クザーヌス研究序説』一九三―二三二頁）; 渡邉「クザーヌス、ローマ法、人文主義」（『クザーヌス研究序説』二九四―二九六頁、本書一八二―一八六頁参照）。

（38）例えば、Paul Oskar Kristeller, "A Latin Translation of Gemistos Plethon's De fato by Johannes Sophianos dedicated to Nicholas of Cusa" in: *Nicolo' Cusano agli inizi del mondo moderno*（Firenze, 1970), pp. 181-182.

（39）Martin Honecker, "Nikolaus von Cues und die griechische Sprache," HSB, Jhrg. 1939/40, 2. Abh. もWalter Berschin, *Griechisch-lateinisches Mittelalter: Von Hieronymus zu Nikolaus von Kues*（Bern/München, 1980）も、共にクザーヌスのギリシア語の使用能力を過少評価したが、断片的な知識によるものであるが最近の研究の結果、彼はかなりギリシア語に通じていたのではないかと信じられるに至った。これについては、MFCG 3（1963), 105-106; MFCG 8（1970), 226; MFCG 10（1973), 84-85; MFCG 12（1977), 41; *Acta Cusana*, I, 2, S. 202-204 Nr. 297, S. 221 Anm. 13; S. 223-224 Nr. 333; S. 227 Nr. 344; 渡邉「クザーヌス、ローマ法、人文主義」（『クザーヌス研究序説』二九四―二九五頁、本書一八三、一九五頁参照）を見よ。

（40）Helmar Junghans, "Der Einfluss des Humanismus auf Luthers Entwicklung bis 1518", *Luther-Jahrbuch* 37（1970), 37-101; James D. Tracy, "Humanism and the Reformation" in: *Reformation Europe: A Guide to Research*, ed. Steven Ozment（St. Louis, 1982), 33-57; Morimichi Watanabe, "Luther's Relations with Italian Humanists, with Special

Reference to Baptista Mantuanus, "*Luther-Jahrbuch* 54（1987), 23-47; 渡邉守道「イタリア人文主義のルターに与えた影響について」(『ルター研究』第二巻、一九八六、五七―八七頁)。

（41）これについては、Heiko A. Oberman, "Headwaters of the Reformation: Initia Lutheri-Initia Refonationis" in: *Luther and the Dawn of the Modern Era*, ed. Heiko A. Oberman（Leiden, 1974), 69を見よ。

（42）Legationsreiseについては古くからいろいろな研究があるが、最も新しい、*Acta Cusana*編集準備のための資料にもとづいて書かれたものは、Erich Meuthen, "Die deutsche Legationsreise des Nikolaus von Kues, 1451/1452" in: *Lebenslehren und Weltentwürfe im Übergang vom Mittelalter zur Neuzeit: Politik-Bildung-Naturkunde-Theologie*, hrsg. Hartmut Boockmann et al.（Göttingen, 1989), S. 421-499. ブリクセン司教区改革はまた複雑な問題であるが、多数の研究が発表されてきて枚挙のいとまがない。ここにはわりに新しいMorimichi Watanabe, "Nicholas of Cusa and the Tyrolese Monasteries: Reform and Resistance," *History of Political Thought* VII, 1（September, 1986), 53-72; also in: *The Politics of Fallen Man: Essays Presented to Herbert A. Deane*, ed. Maurice M. Goldsmith et al.（[London], 1986), pp. 53-72だけをあげる。

（43）*Reformatio generalis*の本文とその説明は、Stephan Ehses, "Der Reformentwurf des Kardinals Nikolaus Cusanus," *Historisches Jarbuch* 32（1911), 281-297にある。

（44）Erich Meuthen, *Die letzten Jahre des Nikolaus von Kues: Biographische Untersuchungen nach neuen Quellen*（Köln, 1958).

（45）Erich Meuthen, "Die 'Acta Cusana': Quellen zur Lebensgeschichte des Nikolaus von Kues," *American Cusanus Society Newsletter* VIII, 1（June, 1991), 48.

（46）Vespasiano da Bisticci, *Renaissance Princes, Popes and Prelates: The Vespasiano Memoirs, Lives of Illustrious Men of the XVth Century*, tr. William Geroge & Emily Waters; introd. Myron P. Gilmore（New York, 1963), p.

156.

(47) *Memoirs of Renaissance Pope: The Commentaries of Pius II - An Abridgment,* tr. Florence A. Gragg; ed. Leona C. Gabel (New York, 1959), p. 228. Meuthen, *Die letzten Jahre,* pp. 80-81, 108 を参照。

(48) Erwin Iserloh, "Reform der Kirche bei Nikolaus von Kues," MFCG 4 (1964), 54.

(49) Iserloh, "Reform," 58-60. Jaspers, *Nikolaus Cusanus*, S. 75 : "Cusanus war kein Revolutionär, sondern nur ein Reformator im Auftrag der ihn autorisierenden Kirche innerhalb der realen Kirche."

(50) Carl Ullmann, *Reformatoren vor der Reformation,* 2 Bde. 2. Aufl. (Gotha, 1866).

(51) この点については、F. Edward Cranz, "The Late Works of Nicholas of Cusa" in: *Nicholas of Cusa in Search of God and Wisdom-Essay in Honor of Morimichi Watanabe by the American Cusanus Society,* ed. Gerald Christianson & Thomas M. Izbicki (Leiden/New York/Kobenhavn/Köln, 1991), pp. 141-160.

(52) Jaspers, *Nikolaus Cusanus*, pp. 262-265; Jaspers, *Anselm and Nicholas of Cusa,* pp. 181-182.

第二章　ニコラウス・クザーヌス著『全面的改革』について

『全面的改革』は一五世紀の創造的思想家の一人として知られているニコラウス・クザーヌスの書いた最も重要な著作の一つである。(1) クザーヌスにとっては、教会改革の問題がその活動的生涯を通して中心的地位を占めたのであるが、彼はこの問題を後年に著した『全面的改革』で議論し、一般的、神学的にだけでなく、当時の教会での実際的慣習を改革する意図をもって取り扱ったのである。現代語訳がこれまで出版されなかったのが不思議であるといえよう。(2)

クザーヌスは一四〇一年にドイツのクースにかなり裕福な船主（nauta）の息子として生まれたが、ハイデルベルク大学で一年間一般教養を学んだ後、教会法を勉強するためにイタリアに赴いた。一四一七年、パドヴァ大学に入学し、一四二三年に教会法令博士の学位を得ている。トリーア大司教ツィーゲンハインのオットーから与えられた収入のおかげで、一四二三年後期にはケルン大学に登録し、法律を勉強し、更に同課目を教授したようである。パドヴァ滞在中にすでに彼は哲学と神学にも興味をもつようになり、ケルンでは、アルベルトス・マグヌス系統の神学者のカンポのハイメリクス（一三九五—一四六〇）の影響を受けるようになり、その結果、当時の思弁的風潮に一層ひかれるようになった。(3)

クザーヌスがバーゼル公会議（一四三一—一四四九）に初めて出席したのは一四三一年二月のことで、トリーアの大司教の地位を獲得しようと努めていたマンデルシャイトのウルリッヒの法律顧問としてであった。教皇によってトリーア大司教に任命されたシイエルクのヤーコブに対抗してウルリッヒの立場を擁護するために、クザーヌスは彼の最初の教会政治に関する大作『普遍的和合について』を著した。この著書は、一四三二年から一四三三年の間に、教皇に対して公会議の方が優越性をもつという説を支持する論文から発展して、中世の教会組織に関する思想の一大金字塔となったものである。(4) 一四三四年のバーゼル公会議議長に関する論争に際しては、彼はその当時の公会議議長で彼が『普遍的和合について』を捧げていた枢機卿ジュリアノ・チェザリニ（一三九八—一四四六）と同一の立場をとり、ギリシア教会との合同公会議を開催すべき場所について起った論争にあたってもチェザリニの味方をした。一四三七年には、合同公会議開催地をイタリアに指定するという少数派の教令を支持し、少数派と教皇エウゲニウス四世の名で同教令をギリシア人に提示するためにコンスタンティノープルを訪れた。(5)

コンスタンティノープルからの帰途、クザーヌスは神秘的幻をみ、その結果として彼の知的エネルギーは政治、制度的理論から思弁的思想の方向にむけられるようになった。それにも拘らず、一四三八年から一四四七年の間、バーゼル公会議と教皇の間の抗争に対して中立の立場をとったドイツ諸侯を教皇陣エウゲニウス四世に復帰させるために、帝国議会やその他の会合で奮闘したので、後に教皇ピウス二世（一四五八—一四六四）となったエネア・シルヴィオ・ピッコローミニは彼を「エウゲニウス派のヘラクレス」と呼んだ。(6) 奮闘の報酬として一四四八年に枢機卿に任ぜられ、一四五〇年にはティロールのブリクセンの司教に叙せられた。しかし、ブリクセンにおける司教職に着任する前、一四五一年から一四五二年にわたって教皇ニコラウス五世（一四四七—一四五五）の命令で、ドイツと低地地方への有名な教皇派遣特使の旅にでた。その任務を果すにあたって屢々抵抗をうけたのであるが、彼の特使としての任務のうちには、一四五〇年の聖年の宣言、宗教生活の改革、教会内外の争議の調停があった。(7) その後八年にわたるブリクセンでの司教職の遂行にあたって、彼は司教区内の修道院を改革し、世俗権力の教会領域への侵入を阻止、縮小しようと努めたが、ティロール公シギスムント（一四四六―一四九六）の強烈な反対にあった。その結果として起った両者間の紛争は、疑いもなく、クザーヌスの生涯において最も困難な時期をもたらした。しかし、その結果、彼はキリスト教世界の種々のレベルで改革を遂行することがいかに大切かを学んだのである。(8)

一四五八年に教皇の地位につく以前から、すなわち一四五六年一二月一八日以来枢機卿としてローマに住んでいたエネア・シルヴィオは、一四五六年一二月二七日の手紙で友人クザーヌスに枢機卿たちにとっては唯一のホームである「永遠の都」ローマに帰還することを勧告し、彼の時間とエネルギーをティロールの「黒い谷間と雪」の中に浪費しないようにとすすめたのであった。(9)一四五八年九月二〇日、エネアが教皇ピウス二世となったすぐ後に、クザーヌスは彼の司教区からの逃避者としてローマに到着した。一五世紀の教皇でピウス二世ほどヨーロッパの各地に通暁していた人はなかったといえよう。彼はイタリアは勿論のこと、ドイツとボヘミアを良く知っていた。イングランド経由でスコットランドさえも訪れたことがあったのである。(10)その結果、教皇はオスマン・トルコ人の領域の拡大に極めて敏感であった。彼の意見によれば、彼と同じように人文主義者であった前任者ニコラウス五世の教皇時代の一大汚点は、一四五三年のコンスタンティノープル陥落によってキリスト教世界に投げかけられた暗い影であった。このような懸念は、一四五八年の教皇選挙会議で、エネアの健康はとてもすぐれないからもし教皇に選挙されてもトルコ人に対する十字軍を編成することができないだろうと信ずる人たちの反対意見によって一層強められた。(11)けれども、ヨーロッパへのトルコの脅威という彼にはよく知られた心配事に加えて、エネアは教会改革の遂行という願望があった。彼はバーゼル公会議参加とドイツ在住の経験から、教会内の多数の人が「頭首と肢体にわたる」改革を望んでいたことを熟知していたし、(12)教皇庁も、この当時の最大の問題に無関心ではありえなかったのである。教皇選挙会議の最初の日に、エネアを含めた全枢機卿によって採択された一四五八年の選挙合意状には、十字軍を編成し、教皇庁を改革することが包含されていた[13]。ピウス二世はこの合意書に堅くしばられているとは考慮しなかったものの、これら二つの約束を実行しようと努めた。彼自身、十字軍を編成する目的で計画したマントア会議を召集し、それに参加したが、教皇庁改革案起草については委員会を設立し、自分がマントア会議より帰還後に報告を提出するよう命じた。教皇は委員会員たちに、彼の心中で最も大切なことは教会の改革と十字軍の編成であると告げ、いかに両者が彼にとって不分裂のものであるかを示した。委員会の設立は、クザーヌスが教皇の不在中教皇総代理としてローマを治めるように任命され、また教皇自身が司教区の聖職者の司教区会議を開いて「永遠の都」自身の改革を推進しようと努力を始めた時と全く同時のことであった[14]。

委員会員によって準備された提案のうち二つだけが現存している。その一つは、学識あるトルチェロの司教ドメニコ・デ・ドミニキ（一四一六—一四七八）の『ローマ教皇庁改革論』で、一四五八年の九月か一〇月に書かれたものである[15]。これは狭い範囲に限られた小冊子で、教皇庁の能率性と道徳的気風を改良するのが目的であった[16]。もう一つはニコラウス・クザーヌスの『全面的改革』で、一四五九年の七月初期に完了されたものと思われ、教皇の大勅書の形式で起草されている。この著作は教皇庁の改革のみならず、全教会の改革必要事を取扱っている[17]。これら二つの著書は、ピウス二世が彼の教皇職期の末期近くに書き下ろしたが発表せずに終った改革大勅書「パストール・エテルナス」（永遠の牧者）に非常に大きな影響を与えた[18]。

クザーヌスの『全面的改革』には、神学的序論、教会訪問と改革に関する一四の総規則、更に、教皇庁の改革についての実際的な示唆が含まれている。多くの中世の論文のように、クザーヌスの提案は「高いところから[19]」始まる。なぜ被造物の人間が存在するかという問題について、彼は、人間は神をその栄光のもとに見るために創られたと序論で答えている。自由の条件の下では、知性は人間を祝福し幸福たらしめる神の知恵そのものを求める。神は無知を取り去るキリストを送り給い、彼に従えと命ぜられた。人間は使者である彼を信ずべきであって、彼に誠実な人たちによってこそ教会は成り立っているのである。このことを心から信じ、彼の戒めを守るものは誰も罪を犯さずキリストのみを知るものである。主の形相（formam）をとることなしには人類が不死の王国に達することは不可能である。したがって、我々のためにつくられたキリストの如くになることが必要である。彼は生ける法であり完全な形である。彼に従って生きる者は永遠の生命をもつ子供になる。神の教会はキリストの神秘的な体《からだ》であって、人間の体になぞらえることができる。すべての肢体は統一され、体の異った肢体は愛によって結ばれているのである。[20]

この神学的序論での中心的概念の一つはキリストへの信仰である。[21]この信仰によってのみ正しい人間は生きるとされる。聖書のある章節、特にローマ人への手紙一章一七節を反映するかのように、クザーヌスの教説はM・ルターの「信仰による義」の福音的教説に類似するように見える。その結果、カトリックの教会史家E・イザローは、クザーヌスの殆ど「プロテスタント的」救済の概念をかなり詳細に議論している。[22]しかし、クザーヌスが「信仰と業によって」[23]キリストを受け入れることをものべていることを注目すべきである。クザーヌスが改革を「原始の形にもどす（ad formam priman reducere）[24]努力」と定義する時、彼はキリストの形（forma iustitiae）を意味しているのである。このようなキリスト中心主義的な改革概念は、この著作の後の部分にも明らかに述べられている。[25]

個人と彼のキリストへの信仰の問題から焦点を移し、クザーヌスは序論の後部において改革問題の制度的要因を取り扱うが、その際、彼の議論はキリストの神秘的な体《からだ》としての教会という定着した概念に基礎づけられている。有機的教会概念は基本的には使徒パウロに由来するし、またソールスベリーのジョンの『ポリクラティクス』やその他の著書にその世俗化版を見出しうると読者には思えるであろう。[26]クザーヌス自身はこの概念を『普遍的和合について』[27]で詳細に取り扱っている。『全面的改革』のこの部分では、教会は建設発展させられるべきであり、教会の縮小ではなく建設発展（aedificatio ecclesiae）こそが教会内の種々の聖職者の業務遂行を評価するにあたっての基本的基準であると繰り返し強調している。(28)

「教会の体《からだ》は」とクザーヌスは述べる、「光と日の満ちた状態からこの時代には大いに傾き、暗い影に包まれてしまったのは明らかである」。(29) このようになったのは、体の光であるべき目が闇におおわれたからである。教会改革の目標は、個人のそれと同じく、初代の使徒たちの教会（ecclesia primitivorum）をとりもどすことでなければならない。(30) これに関連して興味深いのは、有名な教皇史家L・パストールが、一八六三年に出版されたが依然として重要なピウス二世伝記の著者G・フォイクトを批判して、フォイクトは『全面的改革』への序論を「神秘的で軽薄な風に」書いており、それは、キリスト、教会についての「どちらかといえば長い序文」と議論であると述べた。(31) しかし、フォイクトの『全面的改革』に関する批評は極めて短く制限されていたから、パストールはフォイクトに対して過度に批判的であったといえる。(32) いずれにせよ、改革はクザーヌスの死後、宗教改革に至るまでの半世紀においても非常に重要な問題であったのである。(33)

『全面的改革』の後半において教会の改革に関する一般的規則を発展するにあたって、クザーヌスは、高級聖職者たちに、彼らの従属者たちの間の宗教的道義の退廃を発見し是正するために行う正式の視察である巡察を用いるように推薦している。クザーヌスによれば、キリスト教世界の改革のためには二階梯にわたる巡察が必要とされた。最初は、ローマ教皇と教皇庁が、知識と分別と共に神への献身をかね具えた三人の謹直にして経験の深い（graves et maturos）人々によって検察されるべきである。(34) その後、同様の巡察過程が全教会に拡張されなければならない。「このことに関しては、ローマ教会と教皇庁から始め、そのあとで、巡察者を各地方に派遣すべきである」。(35)

これらの巡察者には、彼らの業務遂行に関して一四の規則が与えられなければならない。これらの規則を点検してみると、変った、異常な、もしくは特に厳しい勧告は含められていないといえる。クザーヌスが提唱した一つの意見は、規則第四にある「名称」に関するもので、[36] 彼の述べた所によると、誰でも自分の名称が意味するように生き、また行動すべきであるというのである。自身の名称が意味するところと違った行動をする者は処罰され追放さるべきである。

「その生活様式が反キリスト的である人はどうしてクリスチャンと呼ぶことができるであろうか。背教者である人を宗教人と、町をかけ廻る人を修道士と、その素行が悪い人を大聖堂参事会員と、冒瀆的な人を聖職者と……また暴君を君主とどうして呼ぶことができるであろうか[37]」。

クザーヌスは巡察旅行とブリクセン司教の時期に、その公式称号と実際生活様式が悲劇的なほどにくい違っていた多くの人にで会ったようである。彼の望むところは、ピウス二世が、彼らをそれぞれの職務の名称に適うように復帰させ、究極的には、彼らがそのためにクリスチャンと呼ばれているキリストの名にふさわしいようにすることであった。

その他の規則には、聖職禄に関する諸問題、特に聖職禄兼有と、教会と修道院の冗職としての悪用、更に、教皇より与えられた特権を名義にして世俗及び教団所属の聖職者が示す改革への抵抗についてのクザーヌスの関心が明らかに表現されている。これらの規則はすべて彼の個人的、時には苦い経験にもとづいていることは疑いない。クザーヌスが教会内の濫用の完璧なリストを作成しようとせず、自分の経験にもとづいた幾つかの例をあげているのは注意すべきことと言えよう。規則第一二にある女子修道院への巡察者に与えた警告は、ティロール地方のゾンネンブルクの女子修道院改革に関して、彼が同女子修道院長シュトーベンのヴェレナとの間にたたかわした長期に亘る争議を明らかに反映している。(38)　規則第一三にある聖遺物や聖餅からの奇蹟的な血の流出に対する批判は彼の巡察旅行中のヴィルスナックでの経験にもとづいている。(39)　自分の聖職者としての生涯中に非常に多数の聖職禄を得たクザーヌスが、(40)一体どうして良心の苛責もなく聖職禄兼有を批判することが出来たのかと疑う読者もあるであろう。けれども、以上のような批判は、これらの規則全体に流れている「教会を造り上げる」という趣旨に相応したものであった。

『全面的改革』の最後の部分において、これら一四の規則は教皇、枢機卿、教皇庁及びローマにおける礼拝に適用されるべきであるとクザーヌスは述べる。彼は内的法廷、すなわち良心にかかわる事件を裁決したが、当時腐敗で悪名の高かった内赦院に特別の関心をもっていた。(41)　すでに、『普遍的和合について』において、クザーヌスは改革が頭から始まらなくてはならないとし、そのために必要なのは既存の条令の実施であると強調していた。(42)　教皇、枢機卿と教皇庁を巡察するプログラムをクザーヌスが提案したのは、ピウス二世が既に同意した選挙合意状と委員会員への教皇自身の指命に応じて行動したのである。疑いもなく、クザーヌスは、多数の同時代人のように、教会の悲しむべき状態は教皇庁の道義的退廃の結果であり、しかも教皇庁を内から首尾よく改革しうる望みは少ないということに良く気づいていた。彼はこの問題を自己の名称に適合すべきであるという彼の原則を用いて教皇についてとりあげたのである。「われわれは人に呼称されるような人になり、またわれわれが公言することを行動で示すよう努めるべきである」から、巡察者は「教皇を巡察することを恐れ」るべきでなく、その結果、教皇も「他の人々のように罪あり柔弱であることを見出すであろう(43)」。「したがって、何事でも教会を建て直すかわりに汚辱を来すことがわれわれの行為にあった場合には、それを明示すべきである」。クザーヌスとドメニキの改革案は教皇の巡察を議論したけれども、ピウス二世の「パストール・エテルナス」（永遠の牧者）はその点については何も含まれていないことは注目すべきである。(45)

これらの規則を枢機卿に適用するにあたって、巡察者は枢機卿が三つのものを所有しているかどうかを検べるべきである。それは、神の家への献身、助言にあたっての自由さと誠実さ、更に簡素で模範的な生活様式である。彼らは「彼ら自身のためでなく、教会を造り上げるにあたって最高の監督である教皇と協力するために」枢機卿であるのであるから、「恰かも諸国家の使節であるように」、教皇と共に「教会の常在総協議会」を形成すべきである(46)。この概念は第二ヴァチカン会議での教会統治に関する司教職の団体性についての議論を思い出させるものがある(47)。巡察者はその後主要な教皇のバシリカ、枢機卿の名義教会、修道院や救貧所を訪れて、ローマ市内の礼拝様式の改革に着手すべきであるとされる。更に彼らは礼拝関係の種々の礼拝式書を調べて、それらが正確でローマ教会の慣例に従っているかを確認すべきである(48)。

教皇庁の職員に関しては、巡察者はなぜ彼らが教皇庁に在住し、彼らの存在が必要なのかどうかを調査すべきである。教皇庁は怠惰な、遊歴する高級聖職者や修道士のための避難所ではなく、彼らはローマにいてより「高位と多数の聖職禄を（獲得せんがために）奔走す(49)」べきではないのである。「ある人々にとっては偶像の崇拝にも似た貪欲は攪きたてらるべきでなく、消滅さるべきである(50)」。いかなる理由であれ、教皇庁に引留められている者は、その行動、品行、着服、剃髪、宗規誓願の遵守において教会の規則に従うべきである。教皇庁にあって聖職禄を狩猟するものは自分の教会に送り返さるべきである。

最後に、巡察者は一般規則にもとづいて内赦院を慎重に取り調べるべきである。同院に関して三人の最も経験深い職員からその職務、職員、規律、宣誓、雇用人についての証言を得た後、巡察使は内赦院長である枢機卿よりは、同院の首、もしくは上級職員が、しかるべき真面目さ、熱心、知識、勤勉、経験、潔白性、警戒心と慎重さをそなえているかどうかを(51)最高の人から下部にわたり調査すべきである。もしも彼らに欠点があれば、巡察使は彼らを即座に放逐すべきである。悔罪所の書状代書人は自分自身で書状を書き、書いた物を理解できるようでなければならない。もしも彼らが正直で純心でなければ、追い出されるべきである。[52] このように、クザーヌスの一般的考えは、利益追求のために導入されてきた新しい地位・制度を除去することであった。[53]

前述の如く、クザーヌスの『全面的改革』は、ドメニキの小論のように、ピウス二世の未発刊に終った大勅書「パストール・エテルナス」（永遠の牧者）の作成に影響を与えた。同教皇は改革に真剣であったが、彼は委員会員の提案を非組織的に履行しただけであったのである。[54] 彼の関心は次第にトルコ軍に対するキリスト教世界の防禦へ、またシギスモンド・マラテスタとの抗争とかピエンツァの建設といった、より世俗的な事柄にむけられた。教会改革の計画は必然に背景に押しのけられてしまったのである。保守的歴史家のL・パストールでさえも、「教会の利益の点からみて、こういった成り行きはいかに惜しんでも惜しみきれない」[55] と嘆いている。

一五世紀においても一六世紀初期においても、ローマの内外で教会、特に教皇庁の改革が盛んに議論された。[56] J・W・オマーリの指摘するところによれば、一五世紀と初期一六世紀のローマ教皇庁の聖なる雄弁家は「ローマ市とローマ教会の道徳的規律的改革の必要を強く感じ」、またそれは「強慾、野望、奢侈に支配された諸制度を徳行の満ちあふれた諸制度に変化させることを意味した」[57]。ピウス二世の死後、いくつかの注目すべき改革論が出版されたが、そのなかにはロドリゴ・サンチェス・デ・アレバロ（一四〇四—一四七〇）の『苦悶する教会の救済についての小論』（一四六九）[58]、ベネデット・マフェイ（一四二九—一四七〇）の『我が時代の慣習について』（一四八三）[59] やパオロ・コルテーシ（一四六五—一五一〇）の『枢機卿職について』（一五一〇）[60] があった。

その当時は、公式な改革案も欠けてはいなかった。クザーヌスとドミニキの提案がピウス二世に影響を与えたように、発布されずに終った「パストール・エテルナス」（永遠の牧者）はシクストゥス四世の「クォニアム・レグナンティウム・キュラ」[61]とアレクサンデル六世の「イン・アポストリカ・セディス・スペクラ」[62]の作成準備にあたって影響を與えた。更に、演説や書類に、また教皇レオ一〇世（一五一三―一五二一）の二つの大勅書にみられるように、第五ラテラン公会議（一五一二―一五一七）の改革計画は教皇庁内において改革の気運が継続して存在したことを証明している。[63]しかし、ルネサンス時代の教皇たちは、建物と収入の増加を求め、拡大しつつあった教皇廷に囲まれ、上訴と歎願の受領処理に深く捲き込まれ、政治的目的を追求し、芸術家と著作家に保護を与え、無節度の財政方針によってこれらすべての負担を負うために必要な総収入を増加しようと奔走していたので、彼ら自身や彼らの助言者たちが表現した改革の理想を実際化することはできなかった。[64]

教皇の都市ローマに在住中にも、クザーヌスは潔白な品行で知られていた。その著『一五世紀の著名人伝』にヴェスパシアノ・ダ・ビスティッチ（一四二一―一四九八）はクザーヌスを次のように描写している。

「クーザのニッコロはドイツ国人で、尊敬されるべき人、大哲学者、神学者でプラトン学派の徒であった。彼は聖き生活様式を保ち、博学であり、特にギリシア語に通じていた。……彼は地位や財産などは少しも望まず、枢機卿の間でも最も貧乏な人の一人であったから、彼のすべての行いで卓越したモデルとなっていた[65]」。

教皇庁でもニコラウスは全く気楽に感じたことはなかった。というのは多数の人々は彼と関心事を共にすることがなかったからである。そのようなわけで、ピウス二世が新枢機卿の任命、特に学識があるけれども俗物のジャン・ジョフロイの昇進についてクザーヌスの意見を問うた時、クザーヌスは次のように答えたとピウス二世は伝えている。

「……あなたは新枢機卿を何の緊急の理由もなく単に自己の気まぐれで任命しようとしておられ、あなたの選挙以前と以後に教皇選挙会議で教皇庁枢密院に立てた宣誓を全然無視しておられます。……私はどのようにして追従するかを知りません。媚び諂いは大嫌いです。真実をそのまま申し上げてよいなら、私はこの教皇庁の出来事をすべて好みません。万事が腐敗しています。誰も自分の義務を果す人はいません。あなたと枢機卿たちも教会の配慮を少しもしようとしていません。教会法の遵守はどこにいったのでしょう。法律に対する尊敬などあったものでありません。勤勉に聖なる礼拝を行うことなどあるでしょうか。誰もが野心と貪欲で一杯です。もし私が枢枢卿会議で改革を口にすれば嘲笑されるだけです。ここでは私は何の役にも立ちません。どうぞ引き下ることをお許しください。もうこれ以上ここでの出来事にたえられません[66]」。

ビスティッチとピウス二世のこれらの言明を背景にして『全面的改革』を通読する時にこそ、同文書の個人的背景とその著者の意図と願望が明らかにされ、その歴史的文脈と神学的内容の理解もより豊かになるといえよう。

注

（1）クザーヌスの生涯と思想に関する最も重要で包括的な著書は依然として Edmond Vansteenberghe, *Le cardinal Nicolas de Cues*（*1401-1464*）: *L'action-la pensée*（Paris, 1920; reprint Frankfurt 1963）である。更に Erich Meuthen, *Nikolaus von Kues, 1401-1464: Skizze einer Biographie*, 7th ed.（Münster, 1992）を見よ。Henry Bett, *Nicholas of Cusa*（London, 1923; reprint New York, 1976）は Vansteenberghe にもとづく。クザーヌスに関する書類をすべて

編集するという野心的企画が一九七六年以来進行中で *Acta Cusana*, edited by Erich Meuthen and Hermann Hallauer I/1, I/2 と I/3（Hamburg, 1976-1997）[hereafter *AC*]. クザーヌス研究に関する詳細な文献表が一九六一年から MFCG に発表されてきた。

（2）『全面的改革』の翻訳は、Stephan Ehses, "Der Reformentwurf des Kardinals Nikolaus Cusanus", *Historisches Jahrbuch* 32（1991）: 281-297 に発表されたラテン語版から T. M. Izbicki によってなされた。*Reformatio generalis* の写本は三つ現存する。Cod. lat. Monacensis（Clm）422, fol. 252-262 of the State Library in Munich; Cod. Vat. lat. 8090, fol. 109r-122v（used by Ehses）; Cod. Vat. lat. 3883, fol. 1r-11r. ミュンヘン写本については Johann M. Düx, *Der deutsche Cardinal Nicolaus von Cusa und der Kirche seiner Zeit*（Regensburg, 1847）, 2: 451-466 を、一部ドイツ訳については ibid., 2: 88-105 を、全訳は Franz A. Scharpff, *Der Kardinal und Bischof Nicolaus von Cusa*（Mainz, 1843）, 1: 248-305 を見よ。これらの写本については、Vansteenberghe, *Le cardinal*, p. 474; Rudolf Haubst, *Studien zu Nikolaus von Kues und Johannes Wenck: Aus Handschriften der vatikanischen Bibliothek*（Münster, 1955）, pp. 9-11 参照。

（3）最近のハイメリクス研究については Eusebio Colomer, "Heimeric van den Velde entre Ramon Lull y Nicolas de Cusa," *Spanische Forschungen der Görresgesellschaft*, 1st ser., 6（1963）: 216-232; Antony Black, "Heimericus de Campo: The Council and History," *Annuarium Historiae Conciliorum* 2（1970）: 78-86; idem, "The Realist Ecclesiology of Heimerich van den Velde," *Facultas S. Theologiae Lovaniensis 1432-1797*, ed. E.J.M. van Eijl（Louvain, 1977）, pp. 273-291; Jean-Daniel Cavigioli, "Les écrits d' Heymericus de Campo（1395-1460）sur les oeuvres d'Aristote," *Freiburger Zeitschrift für Philosophie und Theologie* 28（1981）: 293-371; Pascal Ladner, *Revolutionäre Kirchenkritik am Basler Konzil? Zum Konziliarismus des Heymericus de Campo*, Vorträge der Aeneas-Silvius-Stiftung an der Universität Basel, 19（Basel, 1985）をみよ。

（4）英訳としては Nicholas of Cusa, *The Catholic Concordance*, trans. Paul E. Sigmund（Cambridge, 1991）がある。比較的簡単な論文から充実した著書への変化については Gerhard Kallen, *Die handschriftliche Überlieferung der Concordantia catholica des Nikolaus von Kues*, Cusanus-Studien, 8（Heidelberg, 1963）をみよ。この書の最近の研究として Gerd Heinz-Mohr, *Unitas Chistiana: Studien zur Gesellschaftsidee des Nikolaus von Kues*（Trier, 1958）; Paul E. Sigmund, *Nicholas of Cusa and Medieval Political Thought*（Cambridge, Massachusetts, 1963）; Morimichi Watanabe, *The Political Ideas of Nicholas of Cusa with Special Reference to His De concordantia catholica*（Genève, 1963）; Arnulf Vagedes, *Das Konzil über dem Papst?: Die Stellungnahmen des Nikolaus von Kues und des Panormitanus zum Streit zwischen dem Konzil von Basel und Eugen IV.*, 2 vols.（Paderborn, 1981）; Hermann J. Sieben, "Der Konziltrakt des Nikolaus von Kues: *De concordantia catholica*," *Annuarium Historiae Conciliorum* 14 (1982): 171-226 がある。

（5）クザーヌスとチェザリーニについては最近 "Nicholas of Cusa: On Presidential Authority in a General Council," trans. H. Lawrence Bond, Gerald Christianson and Thomas M. Izbicki, *Church History* 59（1990）: 19-34 が発表された。クザーヌスが立場をかえたことについての批判に関しては Watanabe, *Political Ideas*, pp. 97-98; James E. Biechler, "Nicholas of Cusa and the End of the Conciliar Movement: A Humanist Crisis on Identity," *Church History* 34(1975): 5-21; Joachim Stieber, "The 'Hercules of the Eugenians' at the Crossroads: Nicholas of Cusa's Decision for the Pope and Against the Council in 1436/1437――Theological, Political and Social Aspects," *Nicholas of Cusa: In Search of God and Wisdom: Essays in Honor of Morimichi Watanabe*, ed. Gerald Christianson and Thomas M. Izbicki（Leiden, 1991）, pp. 221-225 をみよ。

（6）Aeneas Sylvius Piccolomineus, *Commentarii de gestis Basiliensis concilii*（Basel, 1571）, p. 3: "Hercules tamen omnium Eugenianorum Nicolaus Cusanus existimatus est."　更に idem, *De gestis concilii Basiliensis commentarior-*

um libri II, ed. Denys Hay and W.K. Smith (Oxford, 1967), pp. 14-15 をみよ。

（7） クザーヌスの教皇派遣特使としての旅行については K. Grube, "Die Legationsreise des Cardinals Nikolaus von Cusa durch Norddeutschland im Jahre 1451," *Historisches Jahrbuch* 1 (1880): 393-412; Johannes Uebinger, "Kardinallegat Nikolaus Cusanus in Deutschland 1451 bis 1452," ibid. 7 (1887): 629-635; Ignaz Zibermayr, *Die Legationen des Kardinals Nikolaus Cusanus und die Ordensreform in der Kirchenprovinz Salzburg* (Münster, 1914); Josef Koch, *Der deutsche Kardinal in deutschen Landen: Die Legationsreise des Nikolaus von Kues* (*1451/1452*) (Trier, 1964); Donald Sullivan, "Nicholas of Cusa as Reformer: The Papal Legation to the Germanies, 1451-1452," *Medieval Studies* 36 (1974): 382-428 をみよ。AC の I/3 の準備にかかれたもっとも最近の研究は Erich Meuthen, "Die deutsche Legationsreise des Nikolaus von Kues, 1451-1452," *Lebenslehren und Weltentwürfe im Übergang vom Mittelalter zur Neuzeit: Politik-Bildung-Naturkunde-Theologie*, ed. Hartmut Boockmann, Bernd Moeller and Karl Stackmann (Göttingen, 1989), pp. 421-499 である。

（8） ブリクセンの司教としてのクザーヌスに関しての多数の研究のうち Albert Jäger, *Der Streit des Cardinals Nikolaus von Cusa mit dem Herzoge Sigmund von Österreich als Grafen von Tirol*, 2 vols. (Innsbruck, 1861; reprint Frankfurt 1968); Pardon E. Tillinghast, "Nicholas of Cusa vs. Sigmund of Habsburg: An Attempt at Post-Conciliar Church Reform," *Church History* 36 (1967): 371-390; Wilhelm Baum, *Nikolaus Cusanus in Tirol: Das Wirken des Philosophen und Reformators als Fürstbischof von Brixen* (Bozen, 1983); Morimichi Watanabe, "Nicholas of Cusa and the Tyrolese Monasteries: Reform and Resistance," *History of Political Thought* 7 (1986): 53-72 をみよ。

（9） Erich Meuthen, *Die letzten Jahre des Nikolaus von Kues: Biographische Untersuchungen nach neuen Quellen* (Cologne and Opladen, 1958), pp. 133-134: "Precor igitur, si preces servitoris audiende sunt, ut iam denum in patriam redeas; nam cardinali sola Roma patria est. . . . Veni igitur, obsecro veni! Neque enim tua virtus est, que inter nives et umbrosas clausa valles languescere debeat.” エネアは同様のメッセージのもう一つの手紙を一四五七年八月一日ローマから送っている。Meuthen, *Die letzten Jahre*, pp. 134-135 をみよ。

(10) William Boulting, *Aeneas Silvius* (*Enea Silvio de' Piccolomini—Pius II.*): *Orator, Man of Letters, Statesman, and Pope* (London, 1908), pp. 59-64; Rosamund J. Mitchell, *The Laurels and the Tiara: Pope Pius II, 1458-1464* (London, 1962), pp. 65-73; Constance Head, "Pope Pius II (Aeneas Silvius Piccolomini) as a Student of English History," *Archivum Historiae Pontificiae* 9 (1971): 187-208.

(11) Mitchell, *The Laurels*, pp. 112-113. ピウス二世と十字軍については Ludwig Pastor, *Geschichte der Päpste seit dem Ausgang des Mittelalters* (Freiburg, 1889), 2: 217-261; idem, *The History of the Popes, from the Close of the Middle Ages*, ed. Frederick I. Antrobus, 5th ed. (London, 1949), 3: 311-374 をみよ。

(12) 「頭首と肢体にわたる」という句は、一四一五年四月六日に発表されたコンスタンツ公会議の有名な、問題になった教令「ハエック・サンクタ」に使われた。C.M.D. Crowder, *Unity, Heresy and Reform 1378-1460: The Conciliar Response to the Great Schism* (London, 1977), p. 83. をみよ。コンスタンツの改革プログラムとそれの「ハエック・サンクタ」との関係については Phillip H. Stump, *The Reforms of the Council of Constance 1414-1418* (Leiden, 1994) 参照。

(13) Pastor, *Geschichte der Päpste*, 2: 188; Pastor, *History of the Popes*, 3: 269; Mitchell, *The Laurels*, p. 217.

(14) Pastor, *Geschichte der Päpste*, 2: 188; idem, *History of the Popes*, 3: 269. マントア会議の最近の研究については Joycelyne G. Russell, *Diplomats at Work: Three Renaissance Studies* (Gloucestershire, 1992), pp. 51-93 をみよ。クザーヌスの開催した司教区会議については、Erich Meuthen, *Die letzten Jahre*, pp. 31-32, 145-146 参照。

(15) Pastor, *The History of the Popes*, 3: 271; Hubert Jedin, *A History of the Council of Trent*, trans. Ernest Graf (London, 1957-1961), 1: 247.

(16) The Tractatus については Hubert Jedin, *Studien über Domenico de' Domenichi* (*1416-1478*) (Wiesbaden, 1958); *Domenico de' Domenichi und seine Schrift, De potestate papae et termino eius: Edition und Kommentar*, ed. Heribert Smolinsky (Münster, 1976). 要約については Pastor, *Geschichte der Päpste*, 2: 190-192; idem, *The History of the Popes*, 3: 272-275 をみよ。Franco Gaeta, *Domenico Domenichi, De reformationibus Romanae curiae* (Aquila, s.d.) は参考のため入手できなかった。

(17) この提案については Pastor, *Geschichte der Päpste*, 2: 189-190; idem, The *History of the Popes*, 3: 270-272; Erwin Iserloh, "Reform der Kirche bei Nikolaus von Kues," MFCG 4 (1964): 54-73, 特に p. 56; Morimichi Watanabe, "Nicholas of Cusa and the Reform of the Roman Curia," in: *Humanity and Divinity in Renaissance and Reformation: Essays in Honor of Charles Trinkaus*, ed. John W. O'Malley, Thomas M. Izbicki and Gerald Christianson (Leiden, 1993), pp. 185-203 をみよ。更に Denys Hay, *The Church in Italy in the Fifteenth Century* (London, 1977), p. 86 を参照。

(18) *Pastor aeternus* については Rudolf Haubst, "Reformentwurf Pius des Zweiten," *Römische Quartalschrift* 49 (1954): 188-242 をみよ。そのラテン語テキストは Michael Tangl, *Die päpstlichen Kanzleiordnungen von 1200-1500* (Innsbruck, 1894; reprint Aaalen, 1959), pp. 372-379 にあり。ドイツ訳は Pastor, *Geschichte der Päpste*, 2: 611-616; 英語訳は Pastor, *The History of the Popes*, 3: 347-403 にあり。更に Iserloh, "Reform," p. 56 をみよ。

(19) Ehses, "Der Reformentwurf," p. 281: "quaedam ex alto praemittere convenit."

(20) Ehses, "Der Reformentwurf," pp. 281-285.

(21) Ibid., p. 283. クザーヌスの著作におけるキリスト論の重要さについては Rudolf Haubst, *Die Christologie des Nikolaus von Kues* (Freiburg, 1956); H. Lawrence Bond, "Nicholas of Cusa and the Reconstruction of Theology: The Centrality of Christology in the Coincidence of Opposites," in: *The Medieval Christian Tradition: Essays in Honor

of Ray C. Petry, ed. George H. Shriver (Durham, North Carolina, 1974), pp. 81-94. をみよ。

(22) Ehses, "Der Reformentwurf," p. 283; Iserloh, "Reform," pp. 69-71.

(23) Ehses, "Der Reformentwurf," p. 284: "... fide et opere...."

(24) Ibid., p. 286. 更に Iserloh, "Reform," pp. 58, 60 をみよ。

(25) Iserloh, "Reform," p. 69.

(26) John of Salisbury, *Policraticus*, ed. C.C.J. Webb, (Oxford, 1909). 最も新しい英訳は John of Salisbury, *Policraticus: Of the Frivolities of Courtiers and the Footprints of the Philosophers*, trans. Cary J. Nederman (Cambridge, 1990).

(27) *DCCI*, 1-6 (h XIV, 31-60).

(28) 更に Iserloh, "Reform," p. 66 をみよ。教会を造り上げるというクザーヌスの考えについては Thomas M. Izbicki, "The Church in the Light of Learned Ignorance," *Medieval Philosophy and Theology* 3 (1993): 196-214 をみよ。

(29) Ehses, "Reformentwurf," p. 285.

(30) Ibid., p. 291. 更に n. 24 をみよ。

(31) Pastor, *Geschichte der Päpste*, 2: 189 n. 1; idem, *The History of the Popes*, 3: 270.

(32) Georg Voigt, *Enea Silvio de' Piccolomini* (Berlin, 1863; reprint Berlin, 1967), 2: 341.

(33) Jedin, *A History of the Council of Trent*, 1: 30-31, 117-138.

(34) Ehses, "Der Reformentwurf," p. 286.

(35) Ibid., p. 286.

(36) Ibid., p. 287. 更に Iserloh, "Reform," pp. 58-59 をみよ。

(37) Ehses, "Der Reformentwurf," p. 285.

(38) Ehses, "Der Reformentwurf," p. 290. クザーヌスと女子修道院長ヴェレナとの紛争については、例えば、Jäger, *Der*

Streit, passim; Hermann Hallauer, "Eine Visitation des Nikolaus von Kues im Benediktinerinnenkloster Sonnenburg," MFCG 4 (1964): 104-125; Kolumban Spahr, "Nikolaus von Cues, das adelige Nonnenklausur", *Cusanus-Gedächtnisschrift*, ed. Nikolaus Grass (Innsbruck, 1970), pp. 307-326; Watanabe, "Nicholas of Cusa and the Tyrolese Monasteries," pp. 53-72 をみよ。Jedin, *A History of the Council of Trent*, 1: 124. によれば、クザーヌスがローマについたのは一四五八年九月三〇日であるから、彼は教皇庁における濫用については、他所におけるそれについてほど、よく知ってしなかったし、したがってその問題を詳細に取り扱わなかったとされる。『全面的改革』のテキストは一部しか伝わっていないのだとする見解については、Meuthen, "Neue Schlaglichter auf das Leben des Nikolaus von Kues," MFCG 4 (1964): 37-53 at p. 50, n. 58 をみよ。

(39) Ehses, "Der Reformentwurf," pp. 290-291. 更に Sullivan. "Nicholas of Cusa as Reformer," pp. 382-428; Meuthen, "Die deutsche Legationsreise," pp. 486-487 を参照。

(40) Erich Meuthen, "Die Pfründen des Cusanus," MFCG 2d (1962): 15-66.

(41) F.W.H. Wasserschleben, *Die Bussordnungen des abendländischen Kirche nebst einer rechtsgeschichtlichen Einleitung* (Halle, 1851); Emil Göller, *Die päpstliche Pönitentiarie von ihrem Ursprung bis zur ihrer Ungestellung unter Pius V.*,vol. 2 (Roma, 1911); Walther von Hofmann, *Forschungen zur Geschichte der kurialen Behörden vom Schisma bis zur Reformation*, vol. 1 (Rome, 1914). 更に Peter Partner, *The Pope's Men: The Papal Civil Service in the Renaissance* (Oxford, 1990); idem, *The Papal State under Martin V: The Administration and Government of the Temporal Power in the Early Fifteenth Century* (Rome, 1958), esp. pp. 131-158 を参照。

(42) Iserloh, "Reform," p. 57; Watanabe, *The Political Ideas*, pp. 110-113.

(43) Ehses, "Der Reformentwurf," p. 292.

(44) Ibid., p. 292.

(45) John W. O'Malley, *Praise and Blame in Renaissance Rome: Rhetoric, Doctrine and Reform in the Sacred Orators of the Papal Court, c. 1450–1521* (Durham, North Carolina, 1979), p. 218.

(46) Ehses, "Der Reformentwurf," p. 292: "Faciunt igitur nobiscum quotidianum compendiosum ecclesiae concilium quasi legati nationum." 更に Erich Meuthen, "Die universalpolitischen Ideen des Nikolaus von Kues in seiner Erfahrung der politischen Wirklichkeit," *Quellen und Forschungen aus italienischen Archiven und Bibliotheken* 37 (1957): 215–220; idem, "Die Synode in Kirchenverständnis des Nikolaus von Kues," in: *Staat, Kultur, Politik—Beiträge zur Geschichte Bayerns und des Katholizismus: Festschrift zum 65. Geburtstag von Dieter Albrecht* (Kallmünz, 1992), p. 23 をみよ。

(47) 例えば Paul E. Sigmund, "Konzilsidee und Kollegialität nach Cusanus," MFCG 5 (1965): 86–97; Giuseppe Alberigo, *Cardinalato e collegialità* (Florence, 1969) をみよ。

(48) Ehses, "Der Reformentwurf," p. 295.

(49) Ibid., pp. 295–296.

(50) Ibid., p. 296.

(51) Ibid., p. 296.

(52) Ehses, "Der Reformentwurf," p. 297. 代書人については Göller, Das päpstliche Pönitentiarie, pp. 90–131; Brigide Schwarz, *Die Organization kurialer Schreibkollegien von ihrer Entstehung bis zur Mitte des 15. Jahrhundert* (Tübingen, 1972); idem, "Abbreviatoren unter Eugen IV.: Päpstliches Reservationsrecht, Konkordanzpolitik und kuriale Ämterorganization mit zwei Anhängen," *Quellen und Forschungen aus italienischen Archiven und Bibliotheken* 60 (1980): 200–274; Thomas Frenz, "Zum Problem der Reduzierung der Zahl der päpstlichen Kanzleischreiber nach dem Konzil von Konstanz," in: *Grundwissenschaften und Geschichte: Festschrift Peter Acht*, ed. Waldemar

Schlögl and Peter Herde（Kallmünz, 1976), pp. 256–273 をみよ。

（53）Pastor, *Geschichte der Päpste*, 2: 190; idem, *The History of the Popes*, 3: 272.

（54）Pastor, *Geschichte der Päpste*, 2: 192–197; idem, *The History of the Popes*, 3: 275–282. 更に John D'Amico, *Renaissance Humanism in Papal Rome: Humanists and Churchmen on the Eve of the Reformation*（Baltimore, 1983), p. 216 をみよ。

（55）Pastor, *Geschichte der Päpste*, 2: 192–195; idem, *The History of the Popes*, 3: 275. パストールの言明については *Geschichte der Päpste*, 2: 192: "Es kann dies im Interesse der Kirche nie genug beklagt werden"; idem, *The History of the Popes*, 3: 276 をみよ。

（56）Johannes Haller, *Papsttum und Kirchenreform: Vier Kapitel zur Geschichte des ausgehenden Mittelalters*, vol. 1（Berlin, 1903); Léonce Celier, "L'idée de réforme à la cour pontificale du Concile de Bâle au Concile de Lateran," *Revue des questiones historiques* 86（n.s. 42）(1909): 418–435; Karl A. Fink, "Papsttum und Kirchenreform nach den Grossen Schisma," *Tübinger Theologische Quartalschrift* 126（1946): 110–122; Hermann Heimpel, *Studien zur Kirchen-und Reichsreform des 15. Jahrhundert*（Heidelberg, 1974); Johannes Helmrath, "Reform als Thema der Konzilien des Spätmittelalters," in: *Christian Unity: The Council of Ferrara-Florence, 1438/1989*, ed. Giuseppe Alberigo（Leuven, 1991), pp. 75–152.

（57）O'Malley, *Praise and Blame*, p. 195.

（58）Ibid., pp. 91, 199, 204, 226. Arévalo については Richard Trame, *Rodrigo Sánchez Arévalo, 1404–1470: Spanish Diplomat and Champion of the Papacy*（Washington, D.C., 1958); Juan Maria Loboa, *Rodrigo Sánchez de Arévalo, alcaide de Sant' Angelo*（Madrid, 1973）をみよ。

（59）D'Amico, *Renaissance Humanism*, p. 220.

(60) Ibid., pp. 227-237. 更に Kathleen Weil-Carris and John D'Amico, "The Renaissance Cardinal's Ideal Palace: A Chapter from Cortesi's *De cardinalatu*," in: *Studies in Italian Art and Architecture 15th through 18th Centuries*, ed. Henry A. Millon (Roma, 1980), pp. 45-123 をみよ。

(61) Tangl, *Die päpstlichen Kanzleiordnungen*, pp. 379-385 [Reformentwurf Sixtus IV]; Hay, *The Church*, p. 87: O'Malley, *Praise and Blame*, pp. 199-200.

(62) Tangl, *Die päpstlichen Kanzleiordnungen*, pp. 402-421 [Reformentwurf zur einer durch P. Alexander VI. zu erlassenden Reformbulle]; Léonce Celier, "Alexandre VI et la réforme de l'Église," *Mélanges d'archéologie et d'histoire* 27 (1907): 65-124; Hay, *The Church*, p. 87. 現存の写本のうち Vat. lat. 3883, fol. 1r-11r は一四九六年アレキサンデル六世によって組織された改革委員会のために写しが作られた。それについては Celier の論文をみよ。Vat. lat. 8090, fol. 109r-122v はピウス三世となった Francesco Todeschini-Piccolomini の所有物で、彼は枢機卿時代に委員会のメンバーであった。

(63) D'Amico, *Renaissance Humanism*, p. 217; O'Malley, *Praise and Blame*, p. 200. 更に Nelson Minnich, "Concepts of Reform Proposed at the Fifth Lateran Council," *Archivum Historiae Pontificiae* 7 (1969): 163-251; idem, "The Participation at the Fifth Lateran Council," ibid. 12 (1974): 157-206; idem, "*Incipiat judicium a domo Domini*: The Fifth Lateran Council and the Reform of Rome," in: *Reform and Authority in the Medieval and Reformation Church*, ed. Guy F. Lytle (Washington, D.C., 1981), pp. 127-142 をみよ。

(64) 例えば William E. Lunt, *Papal Revenues in the Middle Ages*, 2 vols. (New York, 1934); Geoffrey Barraclough, *The Medieval Papacy* (London, 1963); J.A.F. Thomson, *Popes and Princes, 1417-1517: Politics and Policy in the Late Medieval Church* (London, 1980); Charles L. Stinger, *The Renaissance in Rome* (Bloomington, Indiana, 1985), pp. 123-140 をみよ。

(65) Vespasiano da Bisticci, *Vite di uomini illustri del secolo* XV (Firenze, 1859), p. 169. また idem, *Renaissance Princes, Popes and Prelates: The Vespasiano Memoirs, Lives of Illustrious Men of the XVth Century*, trans. William George and Emily Waters, intro. Myron P. Gilmore (New York, 1963), p. 156 をみよ。

(66) *Memoirs of a Renaissance Pope: The Commentaries of Pius II—An Abridgement*, trans. Florence A. Gragg, ed. Leona C. Gabel, (New York, 1959), p. 228. 更に Meuthen, *Die letzten Jahre*, pp. 80-81, 108 をみよ。ジョフロイ (Jouffroy) については Angela Lanconelli, "La biblioteca romana di Jean Jouffroy," in: *Scrittura, biblioteche e stampa a Roma nel quattrocento*, ed. Concetta Bianca et al. (Città del Vaticano, 1980), pp. 275-294 を見よ。

第三章　ティロールにおける修道院改革と『神の視について』

ニコラウス・クザーヌスの著書『神の視について』の背景をよく検討するには、ドイツ及び低地地方への一四五一年から一四五二年にかけて行われた彼の有名な教皇特派使節巡察旅行と、一四五二年から一四六〇年のブリクセン司教としての彼の諸活動を研究しなければならないことは明白である。(1) クザーヌスの巡察旅行は多数の学者によって研究されてきたが、最近出版された『クザーヌス関係記録文書集成』第一巻、第三部の準備段階で、E・モイテンが詳細な研究を発表した。(2) ドイツと低地地方の巡察旅行は重要であるが、非常に複雑なものである。この論文では、ブリクセンにおけるクザーヌスの司教職務に関連あるいくつかの事柄についてのみ触れることにし、一四五三年に『神の視について』を完了する以前とその直後のクザーヌスの教会改革活動の一部を考察することにする。『神の視について』の内容についてはここでは触れないであろう。

一四五二年から一四六〇年にかけてのティロールにおけるクザーヌスの司教職務任期を理解するには、なぜ、また、どのようにして彼がブリクセン司教に叙階されたかを短く述べることが必要である。(3) ブリクセン司教ヨハンネス・レッテル（一四四三―五〇）が一四五〇年二月二八日に死亡したとのニュースがローマに到着した時、クザーヌスの親友である教皇ニコラウス五世（一四四七―五五）は、自分が一四四八年一二月二〇日に枢機卿に叙したクザーヌスが、その学者、著者としての名声と、またドイツ人としての背景の故に、レッテルの後継者となるべきであると決定した。

疑いもなく、教皇は、クザーヌスが一四三七年に公会議派を離脱して以来、教皇派支持の活動をしてきたことも考慮に入れたのである。一四五〇年三月二三日に教皇が公布したブリクセン司教任命教書には、ティロール地方教会の特権と権利を擁護できる有徳な人を司教に選ぶのが彼の意図であると明らかに述べられていた。(4)

教皇によるクザーヌスのブリクセン司教への叙階は、直ちに反対にぶつかった。というのは、ブリクセンの司教座聖堂参事会によって設立された三人の委員会は、参事会員でオーストリア大公兼ティロール伯のシギスムント（一四四六—九六）の顧問官であるレオンハルト・ウィースマイエルを一四五〇年三月一四日に既にレッテルの後継者として選んでいたからである。(5) 司教座聖堂参事会が司教を選挙する権利は、古来の慣習に基づいたものであるのみならず、クザーヌス自身が主要交渉者の一人であった一四四八年二月一七日採択のウィーン政教条約にも確認されていたことであった。(6) しかし、ウィースマイエルの選挙は教会法にもとづいたものであるとは言い難い。なぜなら、司教座聖堂参事会員は武装兵に囲まれたシギスムント大公邸で彼を選挙したといわれるからである。(7) 更に、ウィーン政教条約によれば、もしも教皇が、道理にかなう明白な理由から、自分の指命者がより価値のある人間であると判断した場合には、参事会員による選挙が合法的であっても、教皇の指名者を司教として任命できるとしているからである。(8) そのようなわけで、クザーヌスの司教としての職務任期は、初めから、困難で紛争にみちたものになる運命にあったのである。ブリクセンの司教座聖堂参事会員と自尊心の強いティロールの住民は、彼らの世俗的首長であるジギスムント大公に訴えることによって、教皇のドイツ権益への干渉に挑戦しようとしたのであった。

クザーヌスとティロール住民との抗争はたちまち危機に落ちいったのではなかった。なぜならば、教皇ニコラウス五世は、一四五〇年一二月二四日、ブリクセン司教職にあったクザーヌスに教皇派遣特派使節として奉仕することを求め、教会生活を改革し、紛争を調停し、教会大分裂《シスマ》（一三七八—一四一七）後最初の聖年である一四五〇年にローマを訪れることのできなかった人たちに贖宥を頒つという三つの目的のため、前記の如く、彼をドイツと低地地方に派遣したからである。(9)クザーヌスは、巡察旅行の初期にザルツブルクに滞在中、全宗教集団員に対して、教書「クオニアム・ディグヌム」(Quoniam dignum) を発し、一年以内に各集団の戒律を復旧、厳守し、違反すれば集団の権利と特権を喪失すると指令したが、それは一四五一年二月八日のことであった。同教書には何の躊躇もなく「教職者には、自分の霊魂の管理を怠り、品行が悪く、放埒な生活を行っているものが多い」と厳しく書かれている。(10)この教書はクザーヌスのブリクセン司教区内の全宗教集団改革計画の基礎となったものである。旧来の学者は、クザーヌスの巡察旅行・教会改革の努力を大成功と評価したが、現代歴史家による最近の研究は、同旅行についてより現実的でより虚飾の少い実像を提示している。クザーヌスとその同伴者が各地方で喜び迎えられたことも屢々であったが、抵抗と非難に遭遇したこともあったのである。彼は改革方法をきびしく順応性なしに適用しようとしたので、在俗教職者と修道士の間に非常な不安をかもし出し、強い抵抗をもたらすことが多かった。(11)

巡察旅行を終え一四五二年四月初、恐らく四月七日ごろにブリクセンに到着以後のクザーヌスの主な関心事が、彼の司教区内の教職者と特に修道士たちの宗教生活の改革にあったことは疑いない。司教区到着直後、彼は一四五一年二月にザルツブルクで公布した修道院改革に関する教書と、また女子修道院の厳格な禁域制に関する布告を司教座聖堂の戸口に公示した。(12)四月一三日、ブリクセンに到着してまだ一週間もたたないうちに、プスター峡谷にあるゾンネンブルク女子修道院の院長ヴェレナ・フォン・シュトゥーベンに書翰を送り、司教区と同女子修道院の間で長年継続中のアルペ・グリュンワルトの放牧権についての訴訟事件に関して、彼をエンネベルクの守護官とするようにと勧告した。(13)四月一六日、彼はノイシュティフト近在の聖アウグスティヌス律修聖堂参事会の修道院を訪れた。(14)彼と院長ヴェレナ・フォン・シュトゥーベンとの紛争は、彼が一四五二年五月二〇日に同女子修道院を訪問した後に悪化した。(15)

よく知られているように、ゾンネンブルク女子修道院はクザーヌスのブリクセン司教職務期間を通じて厄介者となり、司教としての彼の経歴に影を投げかけるようないろいろな悶着を起こす結果となった。そのために、彼は早くも一四五四年にブリクセン司教を辞職することさえ考慮したのである。[16]

一四五二年五月二三日から二六日にかけて、クザーヌスはインスブルック郊外のウィルテンにあるプレモントレ会修道院を訪ね、五月二九日から三〇日には、シュタムズの裕福なシトー会修道院に滞在した。[17] 彼がテーゲルンゼーのベネディクト会修道院を訪問したのは、五月三一日から六月二日までで、これは六月二二日から二七日まで開かれるレーゲンスブルク帝国議会への途中での出来事であった。[18] 同修道院に滞在中、クザーヌスは修道院長カスパー・アインドルファー（一四〇二―六一）[19]と副院長ベルンハルト・フォン・ワーギンク（約一四〇〇―七二）と親しくなった。クザーヌスの『神の視について』は、アインドルファーとフォン・ワーギンクの管轄下にあるテーゲルンゼーの修道士たちが、クザーヌスに彼の神学・哲学思想を解明してほしいと熱心に需めたのに答えて書かれ、彼らに捧げられたものである。

ここで一寸時代をさかのぼって考察してみよう。テーゲルンゼーのベネディクト会修道院は、一四二〇年前期には修道院長ヒルデブラント・カストネル（一四二四―二六）管轄下にあり、オーストリアや南ドイツにある一五世紀の多くの修道院のように、道義退廃し、大いに改革の必要がある状態であった。[20] コンスタンツ公会議（一四一四―一八）はその有名な教令「ハエック・サンクタ」で「頭首と肢体において神の教会の統一と改革をもたらす」という政策を採択したが、[21] その結果として、フライジンクの司教総代理ヨハンネス・グリュンワルデルと、有名なメルクのベネディクト会修道院のペトルス・フォン・ローゼンハイムによるテーゲルンゼー修道院の第一回巡察が一四二六年七月に行われ、[22] 修道院の最年少者カスパー・アインドルファーが修道院長に任命される結果となった。二四歳の修道院長をその頭首として、テーゲルンゼーは改革、増大、繁栄の時期に入ったが、若い修道院長は、巡察使から与えられた指針に従って改革を遂行するため、襲撃にそなえて、一時は、鏈帳子を着服していなければならなかったといわれる。(23) 彼は修道院の道義的改革をもたらしただけでなく、財政事情をも改善し、また寝室、施療室、外来者宿泊室、修道院長居間、食堂を修復した。(24) 更に、彼は立派な図書室を整備し、有望な若い修道士をウィーン大学に送って修道士たちの文化的レベルの向上に努めた。(25) そのように、彼は精神的分野でも物質的分野でもテーゲルンゼーの進歩に非常に貢献したので、同時代人が言ったように彼を単に「建築好きの修道院長」と呼ぶのは正確でないと言えよう。(26) イタリアのスビヤコやオーストリアのメルクのように、修道院長カスパー・アインドルファー管轄下のテーゲルンゼーは、南独地方の他のベネディクト会修道院の基準を設定するような模範修道院となり、繁栄した文化の中心地となったのである。

当時テーゲルンゼー副修道院長のベルンハルト・フォン・ワーギンクは、一四四六年、インデルスドルフの聖アウグスティヌス律修聖堂参事会修道院からテーゲルンゼーに来たが、それは彼がテーゲルンゼーではインデルスドルフにくらべ、よりすぐれた宗教的雰囲気と平和を見出しうると考えたからである。(27) 副院長フォン・ワーギンクは、内的精神の成長と世俗からの離脱に熱狂的憧れをもった修道士であった。修道院長アインドルファーは本を一冊も著していなかったが、それに比べると、副院長フォン・ワーギンクは二〇冊程書いている。(28) そのうちには『知ある無知讃美』(一四五一／五二)、『神の視について』(一四五九)が含まれている。これらの著作の殆んどはまだ編纂されておらず、ミュンヘンの国立図書館所蔵の四〇の写本に収まっている。(29) けれども、バイエルンやオーストリアの修道院の改革に後になって積極的に関与したのも、このしばしば病に罹った副修道院長であった。

一四五〇年までには、クザーヌスの『知ある無知について』(一四四〇) はテーゲルンゼーの修道士たちに知られていた。前副修道院長ヨハンネス・ケック（一四〇〇—五〇）は、バーゼル公会議（一四三一—四九）に参加し、テーゲルンゼーの共誦祈禱と聖歌讃唱のレベルを向上しようとしたことで有名な人であるが、一四五〇年にはクザーヌスの哲学的、神学的、言語学的知識を称讃している。[30] 彼は『知ある無知について』を読んではいなかったが、それについて聞き及んでいたのである。前述の副修道院長フォン・ワーギンクは、『知ある無知について』を読了後、一四五二年四月に『知ある無知讃美』を書いた。この著作は、一九一五年、エドモンド・ヴァンステーンベルグによって編纂出版された。[31]

第一回の巡察から二六年たった一四五二年四月一四日に、ウィーンのスコットランド修道院の修道院長マルティン、ウィーネルバルトのマリアツェル修道院長ロウレンティウス、メルクの修道院長ヨハン・シュリットパッヘルによる第二回テーゲルンゼー巡察が行われた。[32] 巡察使たちはテーゲルンゼー修道院が非常にすぐれた状態にあったので、巡察帳に下記の如く記入した。

「当修道院は宗教関係事項の履行については称讃すべき程の状態にあり、世俗関係事項についても立派であった。[33]」。

テーゲルンゼーの修道士たちがクザーヌスにむかって精神的指導と助力を求めたのは、このような修道院の更生と、クザーヌスの言う「神への熱中」の結果であった。

一四五二年後、修道士たち、特にアインドルファーとフォン・ワーギンクはクザーヌスと密接な接触を保つことを切に求め、一四五八年に至るまで、神秘神学の本質、方法、目的について書簡を交換した。[34] 彼らの書いた四五四の書簡がミュンヘンの国立図書館所蔵の有名な写本 Clm 19697（Teg. 1697）に保存されてきたが、その写本はしばしばテーゲルンゼー書簡写本と呼ばれる(35)。一九一五年、ヴァンステーンベルグがその書簡のうち三六を出版し(36)、一九八五年には、モリース・デ・ガンディアック教授がクザーヌスの書いた書簡の一七のフランス語訳を上梓した(37)。

修道院長アインドルファーが一四五二年九月二二日に書いた手紙の中でクザーヌスに問いかけた質問は、「知性なしで、予防的や附随的知性さえもなしで、もしくは、愛か多くの人がシンデレシス（synderesis）と呼ぶ最高の知的能力の手段によるだけで、敬虔な魂は神に至れるものであるかどうか(38)」であった。この問題は神秘神学の性質に関する基本問題の一つである「知性」と「愛」の関係を取り扱うものである。クザーヌス、ヴィンゼンツ・フォン・アッグスバッハ、コンラット・フォン・ガイセンフェルト、ヨハン・フォン・ワィルハイムとマーカンド・シュプレンガーの間で、ジャン・ジェルソンの『神秘神学について』の解釈について起った神秘神学論争をこの論文で議論することはできない(39)。いずれにせよ、修道院長アインドルファーの管轄下のテーゲルンゼー修道院についてわれわれが特に注意すべきは、後述のように、同修道院は、その宗教的熱情の高いレベルにもかかわらず、もしくはその故に、ゾンネンブルクやその他のティロールの修道院を改革しようとしたクザーヌスの努力に大いに荷担したということである。

一四五二年の六月末近く、レーゲンスブルク帝国議会から帰った後、クザーヌスは皇帝フリィードリッヒ三世にブリクセン司教として認可してもらうため、一一月と一二月と再度にわたりウィーネル・ノイシュタットを訪れた(40)。一四五三年二月六日にはティロールにおける最初の司教区会議を開催し、そこで、聖職売買の習慣と蓄妾の禁止、ブリクセン、ローマ、サンチャゴ・デ・コンポステラやその他の教会認定の場所以外への巡礼の禁止、トランプ遊びの禁制についての厳重な布告を発表した(41)。その後、彼はローマに行って三月五日から五月二九日まで滞在し(42)、彼の巡察旅行についで教皇ニコラウス五世に報告すると共に、ティロールの修道院改革のための権限を与えられるよう請願したのである。一四五三年五月一二日に公布された教書「インテル・チェテラ」(Inter cetera) で、ニコラウス五世はクザーヌスにブリクセン司教区内のヴィルテン、シュタムズ、ノイシュティフト、ゾンネンブルク、聖ゲオルゲンベルクの宗教集団とフランシスコ会の聖クレア女子修道院を巡察、改革する特別許可を与えた(43)。これらは、一四五一年にザルツブルクで公布されたクザーヌスの布告を無視して来た六つの宗教集団であった。

一四五三年五月二九日、クザーヌスのローマ滞在の最終日、コンスタンチノープルがトルコ人に占領されたが、そのニュースがベネツィアに到着したのは六月二九日であった。当時皇帝顧問官であったエネア・シルヴィオ・ピッコローミニは、七月二一日にグラーツの皇帝官邸からそのニュースをクザーヌスに送ったが(44)、クザーヌスがそのニュースをどこで受けとったかは不明である。六月二六日、ローマからブリクセンにもどったクザーヌスは、七月一一日にヴィルテンに行き、翌日インスブルックを訪れた(45)。八月一日から一五日にはブリクセンにもどり、一五日、ルカ福音書一〇章三八節をテキストに使って「イエスはある村に入られた」と題する説教をしている(46)。八月二四日にはブルネック城に赴いたが、八月二八日にブリクセンに戻り、九月八日までそこに滞在した(47)。九月一四日、聖十字架称賛の祝日、クザーヌスはクラウセンの近くのセーベンのベネディクト会修道院の聖霊教会で「もしわたしが地から挙げられるならば、わたしはすべての人々をわたしのもとに引きよせよう」(ヨハネ一二・三二) の題の下で説教をした(48)。同日よりクラウセン近辺のブランツォル城に短期間滞在中、彼はヴィンゼンツ・フォン・アッグスバッハの神秘神学観を批判し、友人アンブロジウス・トラベルサーリがバーゼル公会議の時に彼のために翻訳してくれたディオニュシオスの『神秘神学』を論評した手紙を修道院長アインドルファーに送っている(49)。明らかに、神秘神学に関する問題は、多忙な生活を送っていたクザーヌスの心を占めていたのである。しかし注意すべきは、上記の手紙にのべられているように、クザーヌスは数学的著作『数学論文補足』の第一巻をブランツォル城で完了していることである(50)。その後九月一八日にはブリクセンにもどり、九月二八日まで滞在した[51]。また、おそらくコンスタンティノープル陥落の驚くべきニュースを受けて以来、真剣に著述してきたに違いない『信仰の平和について』が、九月二一日に完成されたことも注目すべきことである[52]。

今から考えれば、クザーヌスが『神の視について』に展開した思想はその形成・発展に長い時期がかかり、また同書完了直前まで明確に系統立てられていなかったことも可能である。ヴァンステーンベルグの有名なクザーヌス研究書に基づいて、ヘンリー・ベットは「一四五三年はクザーヌスがその司教任期間中に経験した最も平和な年であった。それは彼が『神の視について』を著し、テーゲルンゼーの神秘主義者たちと文通をした時であった[53]」とのべている。しかし、クザーヌスが『神の視について』を書いたのはどのような状態のもとであったかを明らかに理解するためには、一四五三年一一月八日に『神の視について』を完了する以前の二ヶ月間、彼が何をしたかをもうすこし詳細に解明する必要がある。

一四五三年九月二四日、クザーヌスはゾンネンブルク女子修道院長ヴェレナ・フォン・シュトゥーベンに書簡を送り、九月二七日にアーハウゼン修道院長ローレンツとミカエル・フォン・ナッツが巡察使として彼女の修道院に到来することを告げた。その巡察のチームは予定の日にゾンネンブルクを訪れたが、修道院長の頑固な抵抗にあって不成功に終った[54]。その後、クザーヌスは一〇月三日にウィルテンに行って、そこの修道院を改革した[55]。ブリクセン司教区に関連した問題のために、一〇月九日にはフューセンを訪ねたが、一〇月一五日にはブリクセンに帰還して、一〇月二一日まで滞在した[56]。その間、一〇月一九日にもう一つの書簡をテーゲルンゼーの修道院長アインドルファー、ザルツブルクの聖ペトルス修道院長ペトルス、それにシュタムズの修道院長ゲオルクに送り、一一月二九日に行われる第二回目のゾンネンブルク巡察に参加するよう懇願した[57]。一〇月二一日にはノイシュティフトを訪れ、ヨハネ福音書四章五三節をテキストとして「彼も彼の家族も皆イエスを信じた」に基づく説教を行った。(58) 一〇月二二日から一四五四年一月一日まではブリクセンに滞在したが、(59) 一〇月二三日にはテーゲルンゼー修道院長アインドルファーに短い書簡をもう一つ送り、(60) 更に、マタイ福音書五章一二節によって「喜びなさい、雀躍りして喜びなさい、天にあって受けるあなたがたの報いは大きいからである」という説教をブリクセンでした。(61) ヨハネ福音書一一章二五節に関するラザロを取り扱った「わたしを信ずる者は、たとえ死んでも、生きるであろう」という主題のもう一つの説教は、やはりブリクセンで一一月二日に行われた。(62) こうした多忙の中でも、クザーヌスはブリクセン滞在中、『神の視について』を書き続けたに違いない。そして遂に同書は一四五三年一一月八日、ブリクセンにて完了したとギーセン写本695に記されている。(63)

『神の視について』の執筆完了後にクザーヌスが始めた修道院改革について今ここで詳細に議論する必要はない。著者の最近の論文にそのうちの一部が取りあげられている。(64) ただ、長期に及んでクザーヌスを悩ませたゾンネンブルク女子修道院の事件だけにもうすこし注目してみよう。クザーヌスは、テーゲルンゼーの副修道院長フォン・ワーギンク、ウォルフラートハウゼンのエーベルハルト、ミカエル・フォン・ナッツ、ノイシュティフトのヨハンネス・フックスとウェステルナッハのヨハンを従えて、予定通り一四五三年一一月二九日にゾンネンブルクを訪問したが、(65) 強情な修道院長ヴェレナ・フォン・シュトゥーベンはますます非協力的立場をとったので、クザーヌスとの間の紛争は更に悪化した。ヘルマン・ハラウァーが『エンネベルクの交戦』の研究に記述しているところによれば、ガブリエル・プラックに引率されたクザーヌスの傭兵が一四五八年四月五日にアルペ・グリュンワルトにおいて、ヴェレナ・フォン・シュトゥーベンの傭兵群を攻撃し、そのうちの五四人の兵士と隊長ヨプスト・フォン・ホルンシュタインを殺戮する結果となったが、(66) それ程、事態は悪化したのである。たとえ、アルベルト・イェーガーのようなクザーヌスに批判的で敵意ある歴史家の書いたティロールにおけるクザーヌスの司教時代の活動についての記述をそのまま受け取らなくても、[67]一四五二年から一四六〇年ティロール退去にいたるまでに、クザーヌスがティロール地方の在俗教職者とくに修道士改革を殆んど継続的に努力したにも拘らず、ゾンネンブルク女子修道院長のみならず、ティロールの世俗的頭首シギスムント大公の保護と指揮の下に、多くの修道院と多数のティロール住民が彼の改革に強く反対、抵抗したことは明らかである。

それであるから、クザーヌスの友人で一四五六年一二月一八日に枢機卿に任ぜられローマにいたエネア・シルヴィオ・ピッコローミニが同年一二月二七日にクザーヌスに手紙を送り、ティロールの雪とうす暗い谷間にうずもれて思い煩うことを止め、枢機卿クザーヌスは「枢機卿たちの唯一の里であるローマに戻れ」[68]と迫ったのは不思議ではない。ピッコローミニは、一四五七年八月一日に再び手紙をクザーヌスに送り、ローマに帰ることをすすめている。クザーヌスが一四五七年六月にウィルテンのプレモントレ会の修道院を訪れていた際、六月二四―二五日の夜に、大公シギスムントの兵士たちによって生命を脅かされたと感じた。この所謂ウィルテン事件[69]の後、クザーヌスは自分の司教としての都市ブリクセンにいては安全と思えず、七月にティロールの辺鄙な南東地域にあり、そこからは容易にベネツィアに行けるブッヘンシュタインのアンドラス城に逃避した。[70]大公シギスムントによってブリクセンを放棄することを余儀なくされたと信じたクザーヌスは、その後二度とブリクセンにもどらなかったのである。

一四五三年に完了された『神の視について』を、司教区内の困難な改革事業を遂行しようとしていた多忙な司教の書いた著作と見なす時、クザーヌスの一四五二年から一四六〇年にかけての司教職務任期中に書かれた多数の著作の記録を背景にして考えなければならない。軋轢、紛争、脅迫に満ちたこの時期に、彼自身が身をおいた困難、複雑で、また時には生命も脅かされるような状況の中で、クザーヌスが現実から全く隔離しているかに思われる『神の視について』を含む多くの著書をうみ出したことは、まことに注意すべきことである。この時期に書かれた神学と哲学の分野における彼の著作は、『信仰の平和について』（一四五三）、『神学論補足』（一四五三）、『緑柱石について』（一四五七）、『相等性について』（一四五九）、『始源について』（一四五九）、『全面的改革』（一四五九）、『可能現実存在』（一四六〇）であり、また同時期に完了された数学、科学的テーマについてのものは、『数学論文補足、二巻』（一四五二―五四）、『帝王求積法について』（一四五七）、『数学的完全性について』（一四五八）、『数学の黄金前提』（一四五九）である。これにつけ加えるべきことは、一四五三年か一四五四年の或る時、パドヴァ時代からのクザーヌスの友人パオロ・デル・トスカネルリ（一三九七―一四八二）が数学的テーマを議論した書簡をクザーヌスに送ったことである。[71]

多忙で改革に深い関心をもっていた司教が、彼の生涯の最も困難で試練にみちた時期のまっただ中に、どうして『神の視について』のような極めて神秘的で高度に瞑想的な著作をうみ出すことができたのであろうか。クザーヌスの思想の偉大さを認めながらも厳しく彼を批判したカール・ヤスパースは、

「クザーヌスの生活が彼の思想と調和したのは本当に稀なことであった。彼が政治活動に関っている時には、政治家としての堂々たるスタイルを保つことができなかった。彼の生涯の終に近づくにつれ、彼の行動は一層彼の思想と不調和になった。彼の哲学的追求は、現世の人間が時に修道院に隠遁するのに比較されるような、毎日の生活の心配事からの一種の逃避、彼の余暇のための啓発的な気晴らしとなったのであろうか[72]」。

と述べている。これらの言葉はクザーヌスの意図、動機、行動について余りにも辛辣で批判的なものである。

一四五七年六月のウィルテン事件の後、恐怖におびえた司教クザーヌスが、セーベン、グラードナー峡谷、セラ山

丘とポルドイ山丘をへて、同年七月一〇日にたどりついたアンドラス城は、短期間をのぞいて、彼が一四五八年九月一四日に最初にローマにもどるまで彼の住居となったのである。(73) ティロールのブッヘンシュタインの峨々たる山地に孤立して立つアンドラス城を訪れる者は、自分の司教区を放棄することを余儀なくされたブリクセン司教が経験したに違いない不安、懸念と恐らく苦悶に思いやらざるをえないであろう。一四五八年二月に彼が覚書に記したところによれば、彼は大天使ラファエルの援助でアンドラス城にたどりついたので、そのあと、「ドロミティの荒地に三二週間住んできた」というのである。(74) しかし、アンドラス城においてさえ、クザーヌスの思索的、独創的活動は停止しなかった。彼の『緑柱石について』と、多分、『可能現実存在』は、ブッヘンシュタインのコラ・デイ・ラナの近くの小河の岸にたてられた寂寥たる小城で書かれたのである。(75) クザーヌスはまた『帝王求積法について』をアンドラス城で完成した。(76) その学問的生涯をクザーヌスの数学的著作の研究に捧げたジョーゼフ・E・ホフマンは、アンドラスにおけるクザーヌスの数学的著作の完成について、「たった一人で、すべての友人から、彼の愛好した書物からさえ遠く離れて」と批評した。(77) クザーヌスは、その多事多忙な生涯において、いかに悩まされ、苦労をし、重荷を負わされていても、どうにかして、政治活動に関わり、同時に宗教的、形而上学的、数学的思索の分野で多産であることができた。この「実践的生活」(vita activa) と「観想的生活」(vita contemplativa) の対比と調和にこそ、クザーヌスの根本思想の一つである「対立物の一致」(coincidentia oppositorum) の良き例を見ることができると言えるのでなかろうか。

注

（1）この巡察旅行については K. Grube, "Die Legationsreise des Cardinals Nikolaus von Cues durch Norddeutschland im Jahre 1451," *Historisches Jahrbuch* I（1880）, 393-412; J. Uebinger, "Kardinallegat Nikolaus Cusanus in Deutschland 1451 bis 1452," *Historisches Jahrbuch*, 8（1887）, 629-665; I. Zibermayr, *Die Legation des Kardinals Nikolaus Cusanus und die Ordensreform in der Kirchenprovinz Salzburg* [Reformationsgeschichtliche Studien und Texte, 29]（Münster i. W.: Aschendorff, 1914）; J. Koch, *Die deutsche Kardinal in deutschen Landen: Die Legationsreise des Nikolaus von Kues*（*1451/1452*）（Trier: Paulinus Verlag, 1964）; D. Sullivan, "Nicholas of Cusa as Reformer: The Papal Legation to the Germanies, 1451-1452," *Medieval Studies*, 35（1974）, 382-428 を見よ。クザーヌスの旅程については J. Koch, "Das Itinerar des Legationsreise 1451/52" in: *Nikolaus von Cues und seine Umwelt* [Sitzungsberichte der Heidelberger Akademie der Wissenschaften, Philosophisch-historische Klasse（=HSB）, Jhrg. 1944/48, 2. Abh.]（Heidelberg: Carl Winter, 1948）, 111-152 を参照。また、本書、二八一―二八二頁参照。

（2）E. Meuthen, "Die deutsche Legationsreise des Nikolaus von Kues, 1451/1452" in: *Lebenslehren und Weltentwürfe im Übergang vom Mittelalter zur Neuzeit: Politik-Bildung-Naturkunde-Theologie*, hrsg. H. Boockmann, B. Moeller & K. Stackmann [Abhandlungen der Akademie der Wissenschaften in Göttingen, Philologisch-historische Klasse, Dritte Folge, Nr. 179]（Göttingen: Vandenhoeck & Ruprecht, 1989）, S. 421-499.

（3）クザーヌスのブリクセン司教叙階については P. E. Tillinghast, "Nicholas of Cusa vs. Sigmund of Habsburg: An Attempt at Post-Conciliar Church Reform," *Church History*, 35（1967）, 372-375; W. Baum, *Nikolaus Cusanus in Tirol: Das Wirken des Philosophen und Reformators als Fürstbischof von Brixen* [Schriftenreihe des Sudtiroler

Kulturinstitutes, 10]（Bozen: Verlagsanstalt Athesia, 1983), S. 85-91; M. Watanabe, "Nicholas of Cusa and the Tyrolese Monasteries: Reform and Resistance," *History of Political Thought*, 7（1986）, 55. 司教在任中に起こったいろいろな事件については A. Jäger, "Regesten und urkundliche Daten über das Verhältnis des Cardinals Nicolaus von Cusa, als Bischof von Brixen, zum Herzoge Sigmund von Österreich und zu dem Lande Tirol von 1450 bis 1464," *Archiv für Kunde österreichischer Geschichtsquellen*, 4（1850）, 297-329.

（4）彼の任命教書 "Inter solicitudines varias" は *Acta Cusana: Quellen zur Lebensgeschichte des Nikolaus von Kues*, I, ii（Hamburg: Felix Meiner, 1983）, S. 617, Nr. 872 にある。Jäger, "Regesten," S. 299, Nr. 3 参照。

（5）Tillinghast, "Nicholas of Cusa," p. 372. W. Baum, "Nikolaus Cusanus und Leonhard Wiesmair: Der Kardinal und sein Gegenspieler, Kanzler von Tirol und Bischof von Chur," *Der Schlern*, 57（1983）, 433-434.

（6）ウィーン政教条約のテキストは *Church and State Through the Centuries*, ed. & tr. S. Z. Ehler & J. B. Morrall（Westminster, MD: The Newman Press, 1954）, pp. 126-131にあり。また、J.B. Toews, "Pope Eugenius IV and The Concordat of Vienna - an Interpretation," *Church History*, 34（1965）, 178-184を参照。

（7）Baum, *Nikolaus Cusanus*, S. 86-87.

（8）Tillinghast, "Nicholas of Cusa," 374 ; Watanabe, "Nicholas of Cusa," 36.

（9）Tillinghast, "Nicholas of Cusa," 375-376 ; Watanabe, "Nicholas of Cusa," 18; Meuthen, "Die deutsche Legationsreise," 449, 495-497.

（10）テキストは Zibermayr, *Die Legation*, S. 106-108 にあり。Watanabe, "Nicholas of Cusa," 55, 60; Sullivan, "Nicholas of Cusa," 394 も参照。

（11）クザーヌスが一四五一年と一四五二年にマインツとケルンの司教区会議で托鉢修道会の改革を試みた時、托鉢修道会は、クザーヌスの干渉にたいして直接教皇に訴えた。これについては、Koch, *Der deutsche Kardinal*, S. 12-13, 22-24

を見よ。

（12）Watanabe, "Nicholas of Cusa," 57.

（13）H. Hallauer, "Eine Visitation des Nikolaus von Kues in Benediktinerinnenkloster Sonnenburg," *Mitteilungen und Forschungsbeiträge der Cusanus-Gesellschaft*（= MFCG）, 4（Mainz: Matthias Grünewald-Verlag, 1964）, 105; Watanabe, "Nicholas of Cusa," 57.

（14）G. Mutschlechner, "Itinerar des Nikolaus von Kues für den Aufenthalt in Tirol（1452-1460）", in: *Cusanus Gedächtnisschrift*（= CG）hrsg. N. Grass（Innsbruck-München : Universitätsverlag Wagner, 1970）, S. 520; Watanabe, "Nicholas of Cusa," 57.

（15）F. A. Sinnacher（"Beyträge zur Geschichte der bischöflichen Kirche Säben und Brixen in Tirol," 6, 1928, S. 368）とG. Mutschlechner（"Itinerar," S. 526）はクザーヌスは一四五三年五月三日に Sonnenburg を訪れたと述べているが、他の学者はそれを認めていないようである。例えば Jäger, "Regesten," 301; Baum, *Nikolaus Cusanus*, S. 175, 348, 441を見よ。更に、K. Spahr, "Nikolaus von Cues, das Frauenstift Sonnenburg OSB und die mittelalterlichen Nonnenklausur" in: CG, S. 307-326 を参照。

（16）Tillinghast, "Nicholas of Cusa," 388-389 ; Baum, *Nikolaus Cusanus*, S. 310, 331-343; E. Meuthen, "Nikolaus von Kues und die Wittelsbacher" in: *Festschrift für Andreas Kraus*, hrsg. P. Fried und W. Ziegler [Münchener Historische Studien, Abteilung Bayerische Geschichte, 10]（Kallmünz: M. Lassleben, 1982）, S. 105, 107; Watanabe, "Nicholas of Cusa," 68.

（17）Mutschlechner, "Itinerar," 527; Watanabe, "Nicholas of Cusa," 57, 66.

（18）Baum, *Nikolaus Cusanus*, S. 132; Mutschlechner, "Itinerar," 527.

（19）Baum, *Nikolaus Cusanus*, S. 132, 441.

(20) J. Angerer, *Die Bräuche der Abtei Tegernsee unter Abt Kaspar Ayndorffer, 1426–1461, verbunden mit einer textkritischen Edition der Consuetudines Tegernseenses* [Studien und Mitteilungen zur Geschichte des Benediktiner-Ordens und seiner Zweige (=SMGBOZ)], 18 (Ottobeuren: Winfried-Werk GmbH Augsburg, 1968), S. 23. Tegernsee については更に V. Redlich, *Tegernsee und die deutsche Geistesgeschichte im 15. Jahrhundert* [Schriftenreihe zur Bayerischen Landesgeschichte, 4] (München: Verlag der Kommission, 1931; reprt. Aalen: Scientia-Verlag, 1974); P. Acht, *Die Traditionen des Klosters Tegernsee, 1003–1242* [Quellen und Erörterungen der bayerischen Geschichte, N. F., 9, 1] (München: Beck, 1952) を見よ。

(21) 教書「ハエック・サンクタ」(Haec Sancta) のテキストは *Conciliorum Oecumenicorum Decreta*, ed. G. Alberigo (Bologna, 1973), pp. 409–410 にある。

(22) Angerer, *Die Bräuche*, S. 25–26.

(23) Angerer, *Die Bräuche*, S. 18.

(24) Angerer, *Die Bräuche*, S. 15–22.

(25) Angerer, *Die Bräuche*, S. 36. テーゲルンゼー修道院では、クザーヌスの影響で人文主義的研究 (studia humanitatis) が始まったと見る学者もある。W. Müller, "Die Anfänge der Humanismusrezeption in Kloster Tegernsee", SMGBOZ, 92 (1981), 28–90.

(26) Redlich, *Tegernsee*, S. 93.

(27) Redlich, *Tegernsee*, S. 91–92. Bernhard von Waging については M. Grabmann, "Bernhard von Waging (†1472): Prior von Tegernsee, ein bayerischer Benediktiner-mystik des 15. Jahrhunderts," SMGBOZ, 66 (1946), S. 82–96; P. Wilpert, "Bernhard von Waging, Reformator vor der Refomation," in: *Festgabe für Seine Königliche Hoheit Kronprinz Ruprecht von Bayern*, hrsg. Walter Goetz (München, 1954), S. 260–276; *Die deutsche Literatur des*

Mittelalters: *Verfasserlexikon,* hrsg. W. Stammler, erwt. K. Langosch, 2. Aufl., I（Berlin: Walter de Gruyter, 1978), S. 779-789.

(28) *Verfasserlexikon,* I, S. 779-789.

(29) Redlich, *Tegernsee,* S. 94.

(30) Redlich, *Tegernsee,* S. 93; Baum, *Nikolaus Cusanus,* S. 62, 131. H. Rossmann, "Tegernseer Benediktiner Johann Kech über die mystische Theologie," MFCG, 13（1978), S. 330-352 をも参照。

(31) テキストは E. Vansteenberghe, *Auteur de la docte ignorante: une controverse sur la théologie mystique au XVe siècle* [Beiträge zur Geschichte der Philosophie des Mittelalters, XIV, 2-4]（Münster i. W. 1915), S. 163-168 にある。

(32) Angerer, *Die Bräuche,* S. 47.

(33) Angerer, *Die Bräuche,* S. 48.

(34) M. Schmidt, "Nikolaus von Kues im Gespräch mit den Tegernseer Mönchen über Wesen und Sinn der Mystik," MFCG, 18（1989), S. 25-26.

(35) J. Koch, *Briefwechsel des Nikolaus von Cues,* Erste Sammlung [Cusanus-Texte IV, HSB, Jhrg. 1942/43, 2. Abh.]（Heidelberg: Carl Winter, 1944), S. 107-110; Baum, *Nikolaus Cusanus,* S. 142. この写本については C. Halm & G. Laubmann, *Catalogus Codicum Latinorum Bibliothecae Regiae Monacensis,* Editio altera, IV, 3（München 1878), S. 270 を見よ。

(36) Vansteenberghe, *Auteur,* pp. 107-162.

(37) Nicolas de Cues, *Lettres aux moines de Tegernsee sur la docte ignorance*（*1452-1456*), *Du jeu de la boule*（*1463*), avant-propos, traduction et notes par M. de Gandillac [Sagesse chrétienne]（Paris: O.E.I.L., 1983).

（38） Vansteenberghe, *Auteur*, p. 110 (Letter 3).

（39） Vansteenberghe, *Auteur*, pp. 1-105; Rossmann, *Der Tegernseer Benediktiner*, S. 19. 更にE. Vansteenberghe, "Un écrit de Vincent d'Aggsbach contre Gerson," in: *Festgabe zum 60. Geburtstag Clemens Baeumker* (Münster i. W.: Aschendorff, 1913), S. 357-364; W. Hover, *Theologia mystica in altbairischer Übertragung: Bernhard von Clairvaux, Bonaventura, Hugo von Balma, Jean Gerson, Bernhard von Waging und andere: Studien und Übersetzungswerk eines Tegernseer Anonymous aus der Mitte des 15. Jahrhundert* [Münchener Texte und Untersuchungen zur deutschen Literatur des Mittelalters, 36] (München: C. H. Beck, 1971); H. Rossmann, "Der Magister Marquard Sprenger in München und seine Kontroversschriften zum Konzil von Basel und zur Mystischen Theologie," in: *Mysterium der Gnade: Festschrift für Johann Auer*, hrsg. H. Rossmann & J. Ratzinger (Regensburg: Verlag Friedrich Pustet, 1975), S. 350-411.

（40） Mutschlechner, "Itinerar," S. 527. Jäger, "Regesten," S. 301, Nr. 39; 302, Nr. 42. も参照。

（41） Mutschlechner, "Itinerar," S. 527; Baum, *Nikolaus Cusanus*, S. 441. 一四五二年から一四六〇年四月二七日の間にクザーヌスはブリクセンで司教区会議を四度開催した。一四五三、一四五四、一四五五と一四五七である。

（42） Jäger, "Regesten," S. 302, Nr. 49-50; Mutschlechner, "Itinerar," S. 527.

（43） Baum, *Nikolaus Cusanus*, S. 122, 142, 441; Watanabe, "Nicholas of Cusa," 60; Jäger, "Regesten," S. 302, Nr. 50 参照。

（44） Jäger, "*Regesten*," 303, Nr. 57; E. Meuthen, "Der Fall von Konstantinopel und der lateinische *Westen*," MFCG, 16 (1984), S. 35.

（45） Mutschlechner, "Itinerar," S. 527.

（46） Mutschlechner, "Itinerar," S. 528.

(47) Mutschlechner, "Itinerar," S. 528.

(48) Mutschlechner, "Itinerar," S. 528.

(49) Vansteenberghe, *Auteur,* pp. 113-117. Mutschlechner, "Itinerar," S. 528も参照。

(50) Vansteenberghe, *Auteur,* p. 116. その上に Nikolaus von Kues, *Die mathematischen Schriften,* übers. Josepha Hofmann & einl. Joseph E. Hofmann, 2. Aufl. [Philosophische Bibliothek, 231]（Hamburg: Felix Meiner, 1979）, S. 68-92.

(51) Jäger, "Regesten," S. 304, Nr. 63; Mutschlechner, "Itinerar," S. 528.

(52) Baum, *Nikolaus Cusanus,* S. 441.

(53) H. Bett, *Nicholas of Cusa*（London: Methuen & Co., Ltd., 1933）, p. 59.

(54) Baum, *Nikolaus Cusanus,* S. 174, 441. 一四五三年九月二四日の手紙は F. Hausmann, *Briefwechsel des Nikolaus von Cues,* Zweite Sammlung [Cusanus-Texte, IV, HSB, *Brixner Briefbuch des Kardinals Nikolaus von Kues,* Jhrg. 1952, 2. Abh.]（Heidelberg: Carl Winter, 1952）, S. 65-66 に印刷されている。

(55) Mutschlechner, "Itinerar," S. 528.

(56) Jäger, "Regesten," S. 304, Nr. 66; Mutschlechner, "Itinerar," S. 526.

(57) Hausmann, *Briefwechsel,* S. 70.

(58) Mutschlechner, "Itinerar," S. 528.

(59) Mutschlechner, "Itinerar," S. 528.

(60) Vansteenberghe, *Auteur,* p. 118.

(61) Koch, *Briefwechsel,* S. 118-119.

(62) Koch, *Briefwechsel,* S. 119.

(63) Nikolaus von Kues, *Von Gottes Sehen-De Visione Dei,* übers. E. Bohnenstaedt, 2 Aufl. [Philosophische Bibliothek, 219] (Leipzig: Felix Meiner, 1944), S. 222; Koch, *Briefwechsel,* S. 119.

(64) Watanabe, "Nicholas of Cusa," pp. 58–68 を参照。

(65) Baum, *Nikolaus Cusanus,* S. 441. W. Baum, "Bernhard von Waging (†1471): Klagelieder über St. Georgenberg: Das Scheitern einer Klosterreform des Nikolaus Cusanus (1453/54)," *Der Schlern,* 57, 9 (1983), S. 482–494 をも参照。

(66) H. Hallauer, *Die Schlacht in Enneberg: Neue Quellen zur moralischen Wertung des Nikolaus von Kues* [Kleine Schriften der Cusanus-Gesellschaft, 9] (Trier: Paulinus Verlag, 1969). 更に CG, S. 232, 286 n. 4, 263 も見よ。

(67) A. Jäger, *Der Streit des Cardinals Nicolaus von Cusa mit dem Herzoge Sigmund von Österreich als Grafen von Tirol,* 2 Bde. (Innsbruck, 1864).

(68) Jäger, "Regesten," S. 308, Nr. 119; E. Meuthen, *Die letzten Jahre des Nikolaus von Kues: Biographische Untersuchungen nach neuen Quellen* (Köln: Westdeutscher Verlag, 1958), S. 133. 第二の手紙については Jäger, "Regesten," S. 310, Nr. 132; Meuthen, *Die letzten Jahre,* S. 134 と Jäger, *Der Streit,* S. 231 を見よ。

(69) Mutschlechner, "Itinerar," S. 531; Baum, *Nikolaus Cusanus,* S. 190, 336, 445.

(70) Mutschlechner, "Itinerar," S. 531.

(71) Nikolaus von Kues, *Die mathematischen Schriften,* S. 128–131 ("Magister Paulus ad Nicolaum Cusanum Cardinalem").

(72) K. Jaspers, *Anselm and Nicholas of Cusa,* ed. H. Arendt & tr. R. Manheim (New York - London: Harcourt Brace Jovanovich, 1974), p. 178; K. Jaspers, *Nikolaus Cusanus,* neue Ausg. [Serie Piper, 660] (München-Zürich: Piper, 1987), S. 258–259.

（73） Jäger, "Regesten," S. 316, Nr. 209 ; Mutschlechner, "Itinerar," S. 531-532.

（74） J. Koch, "Nikolaus von Kues als Mensch nach dem Briefwechsel und persönliche Aufzeichnungen," in: *Humanismus, Mystik und Kunst in der Welt des Mittelalters*, hrsg. J. Koch [Studien und Texte zur Geistesgeschichte des Mittelalters, III]（Leiden - Köln: E. J. Brill, 1959), S. 64, 75.　更に Jäger, *Der Streit*, I, S. 261-265; CG, 284-287 をも参照。

（75） Nicolai de Cusa *De beryllo*（*Über den Beryll*), hrsg. K. Bormann [Philosophische Bibliothek, 295]（Hamburg: Felix Meiner, 1977), S. 90（"Deo laus 1458, decima octave Augusti in castro sancti Raphaelis."); Nicolai de Cusa *Trialogus de possest (Dreiergespräch über das Können-Ist)*, hrsg. R. Steiger [Philosophische Bibliothek, 285]（Hamburg: Felix Meiner, 1973), S. viii.

（76） Nikolaus von Kues, *Die mathematischen Schriften*, S. 159.

（77） Nikolaus von Kues, *Die mathematischen Schriften*, S. 242（" [...] einsam, fern von allen Freunden und sogar ohne die geliebte Bücher").

第三部　クザーヌスの周辺

聖ニコラウス養老院図書室

第一章　人文主義の影響とクザーヌス
――ハインブルクと比較して――

中世後期に、ボローニア、パドヴァ、パヴィアなどのイタリアの大学で法学を勉強した学生たちが、イタリアの人文主義《ヒューマニズム》をヨーロッパ諸国に伝播するのに貢献したことは周知の事実である。このことは、ドイツからの留学生についても言えることとである。

一三世紀に、イタリアの法学校で勉強したドイツからの学生は殆どが聖職者で、ローマ法の勉強をするのが主な目的であった(1)。ドイツの大学では、一五世紀の半ばに至るまで、教会法の講義しか行われなかったので、多くのドイツ人学生が、ローマ法、教会法の勉強のため、特に北イタリアの大学に入学したのである。この見地からみれば、一三世紀末にはじまった所謂「ドイツにおけるローマ法の継受」という歴史的発展は、ヨーロッパ全体にわたるローマ法の伝播現象の一面と理解することができよう(2)。イタリアの法学校に在学したドイツ人学生の系譜学（prosopography）的研究が最近いろいろ出版されたが(3)、それらの業績によって、中世後期にイタリアで盛んになったローマ法研究がいかにドイツに影響を与えたかが明らかになった。

ドイツにおけるローマ法の継受を検討するにあたって、イタリアに留学したドイツ人学生の多くが、法学の勉強中に吸収した人文主義的概念や思想をドイツに持ち帰ったことを銘記すべきである。中世後期のドイツにおける初期人文主義運動について、最近各種の研究が発表されたが、それらによれば、イタリアの大学で教育をうけたドイツ人学生が、アウグスブルク、バンベルク、アイヒシュテット、ウルムなどのドイツ諸都市において、人文主義サークルを発足または育成したことが明らかである。(4)

ドイツにおけるローマ法の継受と人文主義の摂取の関係を良く理解するためには、中世後期においても特に一五世紀が重要であり、イタリアの法学校に留学したドイツ人学生の出身地、身分、経歴などを十分に研究する必要がある。哲学者、神学者として有名なニコラウス・クザーヌス（Nicolaus Cusanus、一四〇一—一四六四）は、一四三一年、パドヴァ大学から、教会法令博士（Doctor decretorum）の号をえたのち、法律家として活躍をはじめた。(5) 一五世紀におけるドイツ最高の法律家とも呼ばれるグレゴール・ハインブルク（Gregor Heimburg、約一四〇〇—一四七二）も、一四三〇年、パドヴァ大学から教会法令博士の学位を授けられたのであった。(6) 本章の目的は、これらの著名な留学生が、ドイツにおけるローマ法の継受と人文主義の摂取にいかに関わりがあったかを検討することである。パドヴァ大学での修学が、いかに両者の後期の活動を影響したかを理解するために、彼らの生涯の前期に特別の注意を払うことにする。

前述のように、一三世紀以後、イタリアに留学したドイツ人法学生の多くは聖職者であった。一二世紀末、教会裁判所の広範な再編成が始まって、法廷の訴訟手続は、これまでの非組織的な教会法や慣習法への依存にかわり、ローマ法学の復活の結果として発展伸張しつつあった教会法体系に基礎づけられるようになった。そのため、教会裁判所の裁判官は、大学の法学部卒業生であることを要求されるようになった。こういった再編成はドイツにおいても一三世紀に広く行われ、裁判所制度の構造だけでなく、全法律制度の性格にも重大な影響を与えたのである。教会裁判所の裁判官になるためには、大学で法律を学んだ「学識ある」（gelehrte）人であることが必要条件となったのである。(7)

しかし、一三世紀のドイツには、大学は一校も存在しなかった。したがって、教会法、ローマ法を勉強しようとしたドイツ人学生の多数は北イタリアの大学に入学するのが常であった。一二八九年から一五六二年の間に、約四、四〇〇人のドイツ人学生がボローニア大学に在学したといわれ、その大部分は法学生であった。(8) 一五世紀に入ると、ボローニア大学はイタリアの大学間での最高の地位を失い、それにかわって、その派生校で一二二二年創立のパドヴァ大学が次第に最優秀の評判をかちとるにいたった。(9)

一五世紀初期には、パドヴァ大学に在学したドイツ人学生の最多数が法学生であったことが知られている。法学教育を受けたこれらの聖職者たちは、帰国して教会裁判所に勤務したり、諸侯や都市の顧問官になったりしたのである。しかし、一四五〇年頃を境として、パドヴァや他のイタリアの大学で法学の研究をしたドイツ人平信徒学生の数は急に増加するにいたった。ある歴史家はこれを評して、「変化が起り始めたら、その歩調は殆ど駆け出すかのようであった」とのべている。(10) このようにして一五世紀の後半には法曹の「世俗化」が進行していったのである。(11)

学問的法学がイタリアの大学からドイツに導入された結果として、一五世紀中期以降、ローマ法が多くのドイツ大学で「学識」法学として教授されるようになった。例えば、一五世紀後半に創立されたバーゼル大学（一四五九年）やチュービンゲン大学（一四七六年）などは、端緒から、ローマ法講座を開いている。(12) 事実、一五世紀末頃までには、多くのドイツ大学において、教会法はローマ法によって背景に押しやられてしまったのであった。ドイツにおけるローマ法研究勃興のもう一つの結果は、一五世紀末期までに、外国またはドイツの大学で教育をうけた多数の学識法律家が、ドイツ法曹のメンバーとなったことである。世俗裁判所においてもローマ法が広く使用されるに至り、長年に亘り法律制度の基礎をなしてきた慣習、不文法、封建法を次第に駆使するようになった。学識法律家の台頭にともなって、中世を通じて重要な役割を果してきた大学教育のない非法律家であった審判人（陪審員、Schöffe）は、世俗裁判所におけるその立場を次第に失いはじめたのである。(13)

第三の結果として、これらの留学生がドイツ人文主義の発展に与えた影響を考慮しなければならない。イタリアにおいて法学の研究中、貴族もしくは中産階級生れのドイツ人学生たちは、当時発展しつつあったイタリアの人文主義運動に接する機会をえたものが多かった。帰国後、諸侯、都市、あるいは教会に法律顧問や裁判官として仕えて、ローマ法の導入に寄与しただけでなく、新しい人文主義学問の紹介者ともなったことは前述した如くである。

以上、中世後期のイタリアおよびドイツにおける法学上、人文主義上の諸発展を瞥見したので、パドヴァ大学でのクザーヌスとハインブルクの研修が、中世後期のドイツにおける法学と人文主義の発展にどのような関わりをもったかを次に検討したい。

クザーヌスの父親はその地方における審判人として活動していたので、クザーヌスが実際的法律問題について直接に知識をえたのは、その家庭においてであったかと思われる。[14] 一四一六年、クザーヌスはハイデルベルク大学に受講登録した。[15] 一四一四年にはコンスタンツ公会議（一四一四—一四一八）が始まり、ハイデルベルク大学は、ドイツにおける公会議運動支持の有力な大学の一つであった。クザーヌス研究の権威R・ハウプスト教授によれば、クザーヌスは一年在学後、学士号 baccalareus in artibus をえて一四一七年にハイデルベルクを去ったと考えられる[16]が、この点について確証はない。[17]

一四一七年一〇月、クザーヌスはパドヴァ大学で教会法の勉強を開始した。[18] 一四二四年にパドヴァ大学で法律を教えた教授について現存するリストによれば、プロスドキムス・デ・コミティブス（Prosdocimus de Comitibus）、パウルス・デ・ドティス（Paulus de Dotis）、ラファエル・フルゴシウス（Raphael Fulgosius）などが有名な法律家であった。[19] クザーヌスの生涯に関する以前の研究には、バーゼル公会議（一四三一—一四四九）の初期に重要な役割を果したジュリアノ・チェザリーニ（Giuliano Cesarini）が、パドヴァ大学在学中のクザーヌスだけでなく、後にクザーヌスと同様に枢機卿になったドメニコ・カプラニカ（Domenico Capranica）をも非常に影響したとしばしば述べられている。[20] しかし、一九六二年に、A・クルチナックが、クザーヌスはパドヴァ大学在学中、教会法学者コミティブスの感化を特に受けたと立証したし、[21] 一九七九年の論文で、P・サンビンはクザーヌスがコミティブスの家に下宿していたことを明らかにしている。[22]

旧西ドイツのベルンカステル・クースにある聖ニコラウス養老院《ホスピタル》の図書室には、多数の写本と共にクザーヌス写本二二〇（Codex Cusanus 220）が保存されている。その一五二葉裏から二七六葉表にわたって、クザーヌスがコミティブスが行った教皇グレゴリウス九世の『教皇令第二巻』に関する講義に出席してとったノートが含まれている。このノートは、クザーヌスが一四二三年パドヴァ大学在住中に整理したものである。[23] 欄外にかきこまれた多数の傍注から察して、クザーヌスはこの講義ノートを後年にいたるまで法律実務にあたって使用したものと思われるが、傍注にはコミティブスをしばしば "pros" と名ざし、また、「卓越せる博士」doctor egregius とも呼んでいる。教会法学者だけでなく、有名なローマ法学者の名も多く欄外傍注に援用してあることは注目に値しよう。

現在、大英博物館のハーレイ写本三七一〇（Cod. Harl. 3710）として保存されている教皇グレゴリウス九世の教皇令に関する注釈書は、最近、W・クレーマーによって詳細に記述された。[24] これはクザーヌスがパドヴァ滞在中、多分、一四一八年頃に購入した法律写本であって、多数の欄外傍注からみて、クザーヌスはこの写本もしばしば使用したものと思われる。以上の二つの法律写本やその他のベルンカステル・クースに現存する多数の法律写本からもうかがわれるように、クザーヌスは、パドヴァ大学のすぐれた教授陣から当時ヨーロッパで最高の法学教育をうけ、六年たった一四二三年に教会法令博士の称号をうることができたのであった。[25]

クザーヌスのパドヴァ大学在学の主目的は法学研究であったけれども、彼がほかの課目にも興味をもって研究を始めたことは有名である。とくに人文主義の影響のもとに、彼は古代および人文主義著者の著作を蒐集し始めた。そのなかには、キケロ、ポリビオス、リヴィウス、ペトラルカなどが含まれていた。A・マイスターが一八九六年に発表した論文で語った「クザーヌスの人文主義者としての出立」がパドヴァで始まったのである。(26) G・ビラノヴィッチ教授によれば、クザーヌスはパドヴァ滞在中にクザーヌス写本二〇〇（Cod. Cus. 200）を購入したものと思われるが、同写本はペトラルカの諸著作を含んでいる。(27) J・マルクスが一九〇五年に出版したクザーヌス文庫の写本リストには、プラトン、アリストテレス、ペトラルカ、レオナルド・ブルーニなどの古代および人文主義著者の写本がすでに掲載してあったが、(28) クザーヌスが古代および人文主義作家にいかに興味をもっていたかは、ごく最近になって明らかになったものである。現在、大英博物館のハーレイ・コレクションに収蔵されているクザーヌスの古典写本は、一九六三年から一九八二年にわたってドイツのクザーヌス学会の機関誌第三、五、七、八、一〇、一二、一五巻に詳述されたが、それらの写本には、プリニウス、リヴィウス、ホラティウス、ルカヌス、オヴィディウス、サルスティウス、ヴェルギリウス、ポリビオス、プルタルコス、ガレノス、ヒポクラテス、プラトン、アリストテレスなどが含まれている。(29)

これに関連して記憶すべきは、クザーヌスのギリシア語についての知識である。M・オネカーは一九三八年に発表した論文で、クザーヌスのギリシア語の知識は非常に限られていたと論じた。(30) しかし、最近の研究によるとクザーヌスは彼の後半生までには相当なギリシア語の知識をたくわえたことが明らかになった。(31) 更に、パドヴァ滞在中に科学に関心を示したことも興味ぶかい。一四一七年と一四二四年の間に、彼が有名な医者、数学者、天文学者であったP・トスカネルリ（Paolo del Pozzo Toscanelli）と文通したことが知られている。(32) また、彼が一四五三年から翌年にかけて『信仰の平和について』*De pace fidei* を書いた時に、マルコ・ポーロの『旅行記』をくわしく読み、多分、イスラム教とタルムードの勉強もしたことが最近明らかになったが、[33] 東洋に対する関心なども、彼のパドヴァ時代に持つようになったのであろう。

一四二五年の春、クザーヌスは教会法博士としてケルン大学に登録した。教会法の講義も担当したものと思われるが、史料探求蒐集家、法制史家としても知られるようになったことは周知の事実である、[34]「源泉へ帰れ」（ad fontes）の人文主義的精神に従って、クザーヌスはケルンの司教座聖堂の文庫その他を探索し、法制史の研究を継続した。その結果、いろいろ重要な典拠資料を発見したが、それらは、彼の後期の著書に利用されるようになった。[35] それらの発見のために、彼の名はイタリア人文主義者の間にも広く知られるに至り、[35] 一四二七年にクザーヌスがローマに滞在した時には、彼らに歓迎されたのであった。P・O・クリステラー教授は、一九七〇年の論文で、クザーヌスがイタリアの人文主義者たちといかに親しい関係にあり、また、古代の著作にいかに精通していたかを示している。[37] 同教授の指摘するように、ヴェスパシアノ・ダ・ビスティッチ（Vespasiano da Bisticci）が、その有名な『一五世紀の著名人伝』*Uomini illustri* にクザーヌスの小伝を載せたこと自体、クザーヌスがフィレンツェの人文主義者たちに良く知られていたことの善き証拠であるといえよう。[38] 一四二八年に、資料蒐集のためにクザーヌスがパリを訪れたという最近の発見も、その資料がR・ルルス（Raimundus Lullus）の哲学に関するものであったとはいえ、資料尊重、源泉還帰の人文主義精神のあらわれと見ることができよう。[39]

上述のように、クザーヌスは一五世紀初頭、法学勉強のためパドヴァ大学に留学したドイツ人の一人で、帰国後、ケルン大学の法学部教授陣に加わり、教会法学者としてだけでなく、史料蒐集家、法制史家としても知られるにいたった。しかし、法律的なもの、人文主義的なものを求めていたクザーヌスが、ケルン大学に移ってから、特にハイメリクス・デ・カンポ（Heimericus de Campo）の影響のもとに、徐々に哲学的なもの、神学的なものへの志向を強

めていったことは注目に価する。(40)

クザーヌスのパドヴァ大学およびケルン大学における法学研鑽と人文主義的活動に比べて、ハインブルクの法学教育と人文主義的教養には、どのような差異があったであろうか。

一四〇〇年頃、シュヴァインフルト（Schweinfurt）に生まれたハインブルクは一四一三年一〇月一三日、「貧窮学生」（pauper）として、一三〇五年創立のウィーン大学人文学部に入学した。(41) その後、同大学で法学をも勉強したかは、資料不足のため未解決の問題である。現存する確実な記録によれば、ハインブルクは一四三〇年二月七日にパドヴァ大学から教会法学博士の学位を受けたが、そのために同年一月一三日に試験を受けた時の記録には、すでに、「有名な法学博士」（Legum doctor famosus）と呼ばれている。(42)

ハインブルクが何年にパドヴァ大学に入学したかについては確証がない。おそらく、一四二一年か一四二二年に入学し、一四二八年までにはローマ法の勉強を修了したものと思われる。当時のパドヴァ大学の規則によれば、その後二年間で教会法学博士の学位を得ることができた。(43) ハインブルクが博士号取得演説で、プロスドキムス・デ・コミティブス、ヘンリクス・デ・アラノ（Henricus de Alano）、パウルス・デ・ドティス、ヤコブス・デ・ゾキス・デ・フェラリア（Jacobus de Zocchis de Ferraria）を彼の教授として指名しているが、(44) これらの教授たちは、いずれも、一四二一年から一四三〇年の間パドヴァ大学で教鞭をとっていた。

パドヴァ大学の記録には、ドイツからきたハインブルクの友人のことについて、いろいろなことが記載されている。ハインブルクが一四三〇年に教会法学博士号を受けた時には、彼の同国人、すなわちアイヒシュテット（Eichstätt）の司教座聖堂参事会員であったヨハンネス・フォン・アイク（Johannes von Eych）とコンラット・シェンク（Conrad Schenck）や、またウェルナー・フォン・アウフセス（Werner von Aufsess）、ハインリッヒ・フォン・コーブルク（Heinrich von Coburg）、マトイス・ナイトハルト（Mattäus Neithart）のような他のドイツ人学生が、大学総長テオドリクス・フォルスト（Theodoricus Forst）が司式するのを補助した。そのほか数人のドイツ人学生が式に列席したと記録されている。(45)

ハインブルクは、クザーヌスと違って、平信徒であり、聖職者にならなかったけれども、当時の事情から考えて、ローマ法学博士だけでなく教会法学博士の学位をも得た方が有利であることを知っていたのであろう。イタリアの有名な大学から両法学博士（Doctor utriusque iuris）の学位を受けた者は、帰国後、就職条件が良かったことは明らかである。ハインブルクは、一五世紀半ば以後にドイツ人平信徒の留学生が急増する直前に、有名なイタリアの大学に在学して、ローマ法と教会法を勉強した平信徒学生の一人であった。

ハインブルクも、クザーヌスと同様に、パドヴァ大学で法学を学ぶうちに人文主義の影響をうけるにいたった。ローマ法、教会法を研究しながら、古典作家の著作をも一生懸命に勉強したようである。彼が後になって書いた演説やその他の著作には、プラトン、アリストテレス、ディオゲネス、セネカ、キケロ、クィンティリアヌス、プルタルコスなどの古代作家の名前がしばしば引用されている。(46) しかし、ここで注意すべきことは、イタリアの大学で法学研究を始め、後に人文主義的活動に転換した多くのドイツ人学生と違って、ハインブルクは最後まで法学第一の立場を堅持したことである。

クザーヌスだけでなくハインブルクをも影響した人文主義思想が、パドヴァ大学留学中の他のドイツ人学生にも影響を与えたことは疑いない。その一例は、ヨハンネス・フォン・アイクである。彼は一四三二年にパドヴァ大学の法学部長となり、一四三五年から一四三七年まではウィーン大学にあってその法学部長を務めた。後に、一四四五年から一四六四年までアイヒシュテットの司教をしていた期間、アルブレヒト・フォン・アイブ（Albrecht von Eyb、一四二〇—一四七五）などと協力して人文主義研究の促進をはかったことが知られている。その結果、アイヒシュテットの町は、バイエルンとフランケン地方の人文主義者たちの会合所となった。[47] もう一つの例はウルム（Ulm）出身のマトイス・ナイトハルトである。マトイスは、ハインリッヒ、ペーター、ルドヴィクスなど、一四世紀から一五世紀にかけて多数のメンバーをパドヴァ大学へ法学研究のため入学させ、ウルム市書記職を殆んど独占した有名な都市貴族一家の一員であった。ウルム大聖堂には一四五〇年に奉献されたナイトハルト附属礼拝堂があり、そこには文庫Libereiが収められていた。同文庫は、マトイスがイタリアから持って帰った法律写本や人文主義的著作と、その上に、ハインリッヒなど他のナイトハルト家のイタリア留学生が所有した写本をもとにして開設されたものと思われる。後年、ウルムで、有名な医者ハインリッヒ・シュタインヘェーベル（Heinrich Steinhöwel、一四一二—一四八二）が人文主義的活動をすることができたのも、ナイトハルト一家の基礎づけによるところが多い。[48]

現存の記録によれば、ハインブルクは博士号を受けたあと、マインツの大司教コンラット三世によって、同大司教区の宗教事務総代理者に任命された。[49] 彼が平信徒であったのにこの地位をえたのは注目に値する。ドイツの有力な選帝侯が、有名なイタリアの法学校の卒業生を、自分の管轄権内の重要な地位に任命した良い一例である。このようにして、しばしば自分の意見を顰蹙をかう程に大胆にのべ、その法律意見を人文主義風に書いたドイツ一五世紀の最も有名な法律家の生涯が始まったのである。

クザーヌスとハインブルクがパドヴァ大学を去った後にも、多数のドイツ人学生が一五世紀半ばから一六世紀にいたるまで、同大学法学部に入学したことを忘れてはならない。それを詳述することは本章の目的外であるが、これまであげた例から、パドヴァ大学が法学のまた人文主義の研究中心地として、ドイツにおいて非常な名声を博していたことは知られるであろう。[50]

以上、クザーヌスとハインブルクのパドヴァ大学での法学研修とその後の活動をローマ法の継受と人文主義の伝播という観点から考察したが、重要な点は次のように要約できるであろう。

第一に、クザーヌスとハインブルクは、ドイツにおける法学研究が一四五〇年以後、「世俗化」されるすこし以前に、イタリアの著名な大学で法学を勉強したドイツ人学生であった。クザーヌスは、イタリアにいって法学を学んだ多数の聖職者たちの最後陣に加わっていた一人と思われる。それに比べ、ハインブルクは、自国で長年間法学を勉強した後、イタリアで法学研究を完了した初期のドイツ人平信徒であった。教会法の知識を深めることが、自分自身のためにも、雇傭者の観点から見ても有利と思われたために、ハインブルクはローマ法の学位の上に更に教会法の博士号をも受けたものと考えられる。

クザーヌスが、ドイツにおけるローマ法の継受に殆んど貢献することがなかったのは、特に驚くにたらない。当時代の多くの教会法学者のように、彼がローマ法について十分な教育を受けたことはたしかである。しかし、彼の主な関心事は、学術的なことでなく、教会・信仰関係のことで[51]、特に一四三七年以後は、ケルン大学に移ってから徐々に台頭しつつあった哲学と神学への志向が一層強化したものと思われる。ハインブルクが、ドイツにおけるローマ法、学識法学の発展に殆んど寄与しなかった理由も、彼の最大の関心事がなんであったかによって説明できよう。パドヴァ大学卒業後、一度も大学や学術機関のメンバーにならなかったハインブルクは、本質的に実務法律家で、教会、領邦君主や都市に仕えた顧問や官房長として多忙な生涯を過ごしたのである。

第二に、クザーヌスもハインブルクも、パドヴァ大学に在学して法学を勉強中に、人文主義思想と人文主義信奉者の影響を受けたことは明瞭である。クザーヌスの古文書探求者・蒐集家としての評判は、イタリアの人文主義者たちによっていくばくか誇張されたといえよう[52]。しかし、彼の古代作家、著作に対する興味は正真正銘で、歴史研究にあたって第一次資料を尊重する学問態度は、彼がパドヴァ時代に学びとったものであった。他方、ハインブルクも、相当な古典研究家であったといえる。その一つの現れとして、一四三五年以降、ニュルンベルク市の法律顧問をしていた際に、彼は人文主義者のサークルを組織し、そのメンバーには、ハインリッヒ・ロイビンク（Heinrich Leubing、亡一四七二）、ニクラス・フォン・ワイル（Niclas von Wyle、亡一四七八）、ハインリッヒ・シュルッセルフェルダー（Heinrich Schlüsselfelder、約一四四五―一四七〇）、マーティン・マイアー（Martin Mair、約一四二〇―一四八〇）などがあった。[53] マイアーは、一四七二年のインゴルシュタット（Ingolstadt）大学の建学式に、人文主義の影響のもとに書かれた祝辞を読んだ有名な法律家であった。[54]

しかし、クザーヌスを、古代文化に熱狂していた人文主義者と解するのは正確ではない。パドヴァ時代に、古典作家の影響のもとに法学を研究し、イタリアの人文主義者たちと接触をもったというものの、クザーヌスは、すくなくとも彼の生涯の初期には、教会法と教会史に主として関心をもっていた教会法学者であった。[55] 一方、ハインブルクにとっても、人文主義は、彼の主目的である法律学のための一手段に過ぎなかった。彼自身の言葉によれば、法律学こそが真のフィロソフィアであったのである。エネア・シルヴィオ・ピッコローミニ（Enea Silvio Piccolomini、一四〇五―一四六四）に代表されるような人文主義的博学と文体に対して、ハインブルクはむしろ批判的態度をもっていたといえる。[56]

従って、クザーヌスもハインブルクも共に、人文主義の影響を受けたけれども、彼らのドイツ人文主義への貢献はあまり大きくなく、後代におけるその発展の途を拓くことにあったといえよう。前記のように、彼らの生涯の中期以後、すなわち、一四五〇年以降になってはじめて、他の人文主義者たちの努力と貢献の結果、人文主義がドイツにおいて広くみとめられるようになったのである。従って、イタリアの人文主義のドイツへの伝播という点からみても、一四五〇年前後は重要な境界線をなしたと見れよう。

第三に、クザーヌスとハインブルクが、結局袂を分かつようになったのは、彼らがパドヴァ大学で受けた教育によるものでなく、彼らが「キリスト教社会」(Respublica Christiana) のうちで占めたそれぞれの地位によるものであった。彼らがパドヴァ大学で受けた法学教育は、根本的には同類のものであった。ハインブルクの方がクザーヌスよりローマ法の研究において進歩していたというものの、両者とも、パドヴァ大学法学部を一五世紀において最も有名な法学研究の中心地の一つとして育てあげた同法学部の優れた法学者たちによって教育をうけたのである。

両者が次第に意見を異にし、最後は宿敵とも言うべき関係になったのは、一つには彼らの性格とスタイルの違いにもよったが、それ以上に、彼らがヨーロッパ社会におけるローマ教会の地位について非常に異なった見解をもっていたからであった。聖職者となったクザーヌスは、教会の諸問題に対する法律的なアプローチから、次第に歴史的なものに移り、最後には、ローマ教会の意義とその地位の哲学的、神学的な理解を強調するようになった。一方、平信徒であったハインブルクにとっては、パドヴァで学んだ法律的アプローチが、生涯を通して大切なものであり、不可欠であった。シュヴァインフルト生れの才気換発な法律家は、非常に有名になったので、依頼者である多くの王侯や都市参事会に高額の報酬を請求することができた。しかし、彼が次第に情熱をかたむけそのために奔走するようになったのは、ローマ教会の弁護ではなく、神聖ローマ帝国に対する教皇庁の干渉にさからって、ドイツの独立性と自主性を擁護することであった。(57) その目的を果すために、彼のローマ法と教会法の知識が有用であったことは言うまでもない。一四三七年には公会議首位説を放棄して教皇陣に加わったクザーヌスと違って、(58) ハインブルクは破門されながらも、殆んど生涯の終りまで公会議首位説を支持した。その理由は、そのことによってローマ教会内の諸問題を解決しようと慾したからでなく、同説を強調することによって、教皇の権限を抑制拘束しようと企てたからである。クザーヌスのように法律的アプローチから神学的見地に移ったのと違って、ハインブルクは教会的宗教的見地から反教会的世俗的なものへと移行したのであった。彼ら二人の立場がいかに相違し、敵対的関係ともいうべき状態におちいったことは、クザーヌスを「蟹」(Cancer)と攻撃したハインブルクの一四六一年の罵詈からもうかがわれる。[59]

E・カッシーラーはその有名な著書『ルネサンス哲学における個人と宇宙』において、クザーヌスを「最初の近代思想家」と呼んだが、[60] 本章の見地から言えば、クザーヌスは「半スコラ的」で、ハインブルクは「半人文主義的」であったとも思われる。[61] いずれにせよ、両者のパドヴァ大学での法学研究が、彼らの生涯と職歴に大きな影響を与えたことは明らかである。

注

(1) 中世紀に法学研究のためイタリアに留学したドイツ聖職者については、Theodor Muther, *Römisches und kanonisches Recht im Mittelalter* (Rostock, 1871), S. 5-8; Erich Genzmer, "Kleriker als Berufsjuristen im späten Mittelalter," in *Études d'histoire du droit canonique dediées à Galbriel Le Bras*, II (Paris, 1965), 1207-1236 などを参照。

(2) 「ローマ法の継受」については尨大な文献があるが、ここには、Paul Koschaker, *Europa und das römische Recht*, 4. Aufl. (München, 1996); R.C. Van Caenegem, "The Reception of Roman Law" in M.G. Verbecke & J. Ijsewijn, eds., *The Late Middle Ages and the Dawn of Humanism Outside Italy: A Meeting of Northern and Mediterranean Traditions* (Leuven 1972), 195-201 のみをあげる。

(3) 二、三の例をあげれば、Heinz Lieberich, "Die gelehrten Räte: Staat und Juristen in Baiern in der Frühzeit der

Rezeption," *Zeitschrift für bayerische Landesgeschichte*, 27 (1946), 120-189; Gerhard Gänszlen, *Die Ratsadvokaten und Ratskonsulenten der Reichsstadt Ulm*, (Ulm, 1966); Helmut Wachuf, *Nürnberger Bürger als Juristen* (Erlangen, 1972).

（4）古い研究としては、Paul Joachimsohn, "Frühhumanismus in Schwaben," *Württembergische Vierteljahrsschrift für Landesgeschichte*, N.F., V (1896), 63-126; 257-288 を、割に新しいものとしては、Hans Rupprich, *Die Frühzeit des Humanismus und der Renaissance in Deutschland* (Leipzig, 1938); Theodor Neuhofer, "Die ältere Pirckheimer und Eichstätt," *Sammelblatt des Historischen Vereins Eichstätt*, 64 (1971), 85-91 などを見よ。

（5）法律家としてのクザーヌスを特にあつかったものとしては、Nikolaus Grass, "Cusanus als Rechtshistoriker, Quellenkritiker und Jurist: Skizzen und Fragmente," in: N. Grass, hrsg., *Cusanus Gedächtnisschrift* (Innsbruck/München, 1970), S. 101-210.

（6）ハインブルクについては、依然として Paul Joachimsohn, *Gregor Heimburg* (Bamberg, 1891: 再版 Aalen, 1983) が基礎研究である。そのほかに、M. Watanabe, "Humanism in the Tyrol: Aeneas Sylvius, Duke Sigmund and Gregor Heimburg," *Journal of Medieval and Renaissance Studies*, 4 (1974), 177-202; M. Watanabe, "Gregor Heimburg and Early Humanism in Germany," in: *Philosophy and Humanism: Renaissance Essays in Honor of Paul Oskar Kristeller*, ed. Edward P. Mahoney (Leiden, 1976), pp. 406-422.

（7）この点については、Adolf Stölzel, *Die Entwicklung des gelehrten Richtertums in deutschen Territorien*, I (Stuttgart, 1872), 176-179; Winfried Trusen, *Anfänge des gelehrten Rechts in Deutschland* (Wiesbaden, 1962); Helmut Coing, "Römisches Recht in Deutschland," in: *Ius Romanum Medii Aevi*, V, 6 (Milano, 1974), 3-95. 更に、H・コーイング『近代法への歩み』久保・村上訳（東京大学出版会、一九六九年）六五―八一頁をみよ。

（8）Arnold Luschin von Ebengreuth, "Quellen zur Geschichte der deutschen Rechtshörer in Italien," *Sitzungsberichte der phil.-hist. Klasse der kaiserlichen Akademie der Wissenschaften* (Wien), 124 (1892), 1–30.

(9) Coing, "Römisches Recht," 47: "Im Laufe des 15. Jahrhunderts überflügelten Siena und Padua Bologna. Padua hat für die Deutschen auch in der Folgezeit besondere Bedeutung gehabt." 中世後期のパドヴァ大学についての手頃な研究はなく，主としてN.C. Papadopoli, *Historia gymmasii Patavini,* 2 vols. (Venezia, 1726); J. Facciolati, *Fasti gymnasii Patavini,* 2 vols. (Padova, 1757) が用いられるが，近年，*Contributi alla storia dell'Università di Padova* (1964–); *Fonti per la storia dell'Università di Padova* (1967–); *Quaderni per la storia dell'Università di Padova* (1968–) の刊行にともなって，新資料にもとづくパドヴァ大学史が発刊される基礎が固められつつある。

(10) Wolfgang Kunkel, "The Reception of Roman Law in Germany: An Interpretation," in: *Pre-Reformation Germany,* ed. Gerald Strauss (New York, 1972), p. 269.

(11) James H. Overfield, "Nobles and Paupers at German Universities to 1600," *Societas,* IV (1974), 175–210.

(12) Kunkel, "The Reception," p. 269. 一五世紀のドイツにおける大学創立については，Ernst Schubert, "Motive und Probleme deutscher Universitätsgründungen des 15. Jahrhunderts," in: *Beiträge zu Problemen deutscher Universitätsgründungen der frühen Neuzeit,* hrsg. Peter Baumgart und Notker Hammerstein (Nendeln, 1978), S. 13–74.

(13) Wolfgang Kunkel, *An Introduction to Roman Legal and Constitutional History* (Oxford, 1973), p. 185.

(14) Erich Meuthen, "Obödienz- und Absolutionslisten aus dem Trierer Bistumsstreit (1430–1435)," *Quellen und Forschungen aus italienischen Archiven und Bibliotheken,* 40 (1960), 43–64; E. Meuthen, *Nikolaus von Kues, 1401–1464: Skizze einer Biographie,* 7. Aufl. (München, 1992), S. 10.

(15) M. Watanabe, *The Political Ideas of Nicholes of Cusa* (Genève, 1963), p. 12; Meuthen, *Nikolaus,* S. 14; *Acta Cusana: Quellen zur Lebensgeschichte des Nikolaus von Kues,* Band I, Lieferung 1; 1401–1437 Mai 17, hrsg. E. Meuthen (Hamburg, 1976), S. 3–4 Nr. 11.

（16） Rccdolf Haubst, *Studien zu Nikolaus von Kues und Johannes Wenck aus Handschriften der Vatikanischen Bibliothek*（Münster, 1955）, S. 98 Anm. 17.

（17） Meuthen, *Nikolaus,* S. 15; *Acta Cusana,* I, 1, S. 4 Anm. 2.

（18） Watanabe, *The Political Ideas,* p.13; Meuthen, *Nikolaus,* S. 15.

（19） Antonio Favaro, "Intorno alla vita ed alle opere di Prosdocimo de' Beldomandi matematico Padovano del secolo XV," *Bulletino di Bibliografia e di storia delle scienze mathematiche e fisiche,* XII（1879）, 31, in: Lynn Thorndike, *University Records and Life in the Middle Ages*（New York, 1944）, pp. 301-302.

（20） チェザリーニに関しての新しい研究としては Gerald Christianson, *Cesarini: The Conciliar Cardinal - The Basel Years, 1431-1438*（St. Ottilien, 1979）がある。クザーヌスはチェザリーニに *De concordantia catholica*（1433/34）, *De docta ignorantia*（1440）と *De coniecturis*（1441-1442）を捧げている。

（21） Alois Krchňák, "Die kanonistischen Aufzeichnungen des Nikolaus von Kues in Cod. Cus. 220 als Mitschrift einer Vorlesung seines Paduaner Lehrers Prosdocimus de Comitibus," *Mitteilungen und Forschungsbeiträge des Cusanus-Gesellschaft*〔以下 MFCG と引用する〕, 2（1962）, 67-84; *Acta Cusana*, I, 1, S. 5 Nr. 15.

（22） Paolo Sambin, "Nicolò da Cusa, studente a Padova e abitante nella casa di Prosdocimo Conti suo maestro," *Quaderni per la storia dell' Università di Padova,* 12（1979）, 141-145.

（23） 同写本については上記のクルチナック論文のほかに Jakob Marx, *Verzeichnis der Handschriften-Sammlung des Hospitals zu Cues bei Bernkastel a./Mosel*（Trier, 1905）, S. 217-218; MFCG, 1, S. 21; MFCG, 7, S. 15-66; MFCG, 12, S. 45, 54; MFCG, 13, S. 3-4 Anm. 4; MFCG, 14, S. 184 を参照。

（24） Werner Krämer, "Cod. Harl. 3710（Kommentar zu den Dekretalen Gregors IX)," MFCG, 12（1977）, S. 44-58.　更に、*Acta Cusana*, I, 1, S. 4 Nr. 12 を見よ。

（25）*Acta Cusana*, I, 1, S. 6 Nr. 18. クザーヌスの他の法律写本についてはMarx, *Verzeichnis*, S. 220-281に記載されている。

（26）Aloys Meister, "Die humanistischen Anfänge des Nikolaus von Cues," *Annalen des Historischen Vereins für den Niederrhein*, 63（1896), 1-21. 人文主義《ヒューマニズム》の意味、その解釈については彪大な文献がある。邦語で入手できる、二、三のわりに新しい著作をあげれば、P・O・クリステラー『ルネサンスの思想』渡邉守道訳（東京大学出版会、一九七七年）、中森義宗・岩重政敏編『ルネサンスの人間像』（近藤出版社、一九八一年）、佐藤三夫『イタリア・ルネサンスにおける人間の尊厳』（有信堂、一九八一年）。

（27）Giovanni Santinello, "Nikolaus von Kues und Petrarca," MFCG, 4（1964), S. 182 Anm. 16.

（28）Marx, *Verzeichnis*, S. 143, 160, 164-166, 167-172, 173-176, 184-186, 196, 281, 285-292.

（29）MFCG, 3, S. 16-100; 101-108; MFCG, 5, S. 137-161; MFCG, 7, S. 146-157; MFCG, 8, S. 199-237; MFCG, 10, S. 58-103; MFCG, 12, S. 15-71; MFCG, 15, S. 43-56. 大英博物館所在のクザーヌスの人文主義写本については、更に、Robert Danzer, "Nikolaus von Kues in der Überlieferungsgeschichte der lateinischen Literatur nach Ausweis der Londoner Handschriften aus seinem Besitz," MFCG, 4（1964), S. 384-394. ブラッセルの王立図書館所在のクザーヌス所有人文主義写本については、MFCG, 4, S. 328-332; MFCG, 7, S. 144.

（30）Martin Honecker, "Nikolaus von Cues und die griechische Sprache," *Sitzungsberichte der Heidelberger Akademie der Wissenschaften, philosoph.-histor. Klasse*, 1937/38, 2. Abh. 更に、*Acta Cusana*, I, 1, S. 161 Nr. 233; S. 196-197 Nr. 292を参照。

（31）MFCG, 3, S. 30-31; 105-106; MFCG, 8, S. 226; MFCG, 10, S. 73-93; Martin Sicherl, *Johannes Cuno: Ein Wegbereiter des Griechischen in Deutschland*（Heidelberg, 1978), S. 26-27. Walter Berschin, *Griechisch-Lateinisches Mittelalter: Von Hieronymus zu Nikolaus von Kues*（Bern/München, 1980), S. 314-318はクザーヌスのギリシア語の知識を余り

評価せず "unbedeutend"（S. 316）にとどまったとし、ラテン語翻訳に頼ったものと推定している。この問題についての最近の要約については、*Acta Cusana*, Band I, Lieferung 2: 1437 Mai 17-1450 Dezember 31, hrsg. E. Meuthen（Hamburg, 1983）, S. 202-204 Nr. 297; S. 221 Anm. 13; S. 223-224 Nr. 333; S. 227 Nr. 344を見よ。クザーヌスのギリシア著作家に関する知識については、Paul Oskar Kristeller, "A Latin Translation of Gemistos Plethon's De fato by Johannes Sophianos dedicated to Nicholas of Cusa," in: *Nicolo' Cusano agli inizi del mondo moderno*（Firenze, 1970）, pp. 190-192を参照。クザーヌスのヘブル語写本についてはMarx, *Verzeichnis*, S. 305-307; MFCG, 3, S. 101; MFCG, 8, S. 59, 227-237を見よ。

（32）*Acta Cusana*, I, 1, S. 6 Nr. 19. クザーヌスは一四四五年九月二五日に完成した彼の著 *De geometricis transmutationibus* と、同年の暮までに完了した *De arithmeticis complementis* をトスカネルリに捧げている。彼らの親交が一生続き、トスカネルリが一四六四年八月一一日、トーディにおけるクザーヌスの臨終にたちあったことは有名である。パドヴァ大学在学中のクザーヌスに影響を及ぼしたもう一人の科学者プロスドキムス・デ・ベルドマンディ（Prosdocimus de Beldomandi）についてはHans Gerhard Senger, *Die Philosophie des Nikolaus von Kues vor dem Jahre 1440*（Münster, 1971）, S. 150-153を参照。

（33）MFCG, 12, S. 13-14; 63-71. マルコ・ポーロの『旅行記』は、一四四五年、Johannes de Cusza が筆写完了したものである。クザーヌスが当時タルムードも研究した確証はない。

（34）クザーヌスのケルン大学登録については、Watanabe, *The Political Ideas*, p. 14; *Acta Cusana*, I, 1, S. 9 Nr. 25: "Nycolaus de Cusa doctor in iure canonico Treuerensis dyocesis. Nihil dedit ob reverenciam persone, sed iuravit complete." クザーヌスがケルン大学法学部に在籍中に関係した最も有名なバッハラッハ（Bacharach）の訴訟事件については、M. Watanabe, "Nikolaus von Kues - Richard Fleming - Thomas Livingston," MFCG, 6, S. 168-173; Aloys Schmidt und Hermann Heimpel, *Winand von Steeg*（*1371-1453*）, *ein mittelrheinischer Gelehrter und Künstler und die Bildhandschrift über Zollfreiheit des Bacharacher Pfarrweins auf dem Rhein aus dem Jahr 1426* (*Handschrift 12 des Bayerischen Geheimen Hausarchivs zu München*) (München, 1977); *Acta Cusana*, I, 1, S. 11-12 Nr. 33 を見よ。

(35) Meuthen, *Nikolaus*, S. 25-27.

(36) これについては、Meister, "Die humanistische Anfänge," S. 5; *Two Renaissance Book Hunters: The Letters of Poggius Bracciolini to Nicolaus de Nicolis*, tr. Phyllis W.G. Gordan (New York, 1974), pp. 113-117; 135-137; *Acta Cusana*, I, 1, S. 12-13 Nr. 34, 35; S. 18 Nr. 48; S. 22Nr. 62, 63; S. 23-25 Nr. 66, 67; S. 26 Nr. 70; S. 27-28 Nr. 73 を参照。

(37) Kristeller, "A Latin Translation," pp. 175-193.

(38) Kristeller, "A Latin Translation," p. 185.

(39) Rudolf Haubst, "Der junge Cusanus war im Jahre 1428 zu Handschriften-Studien in Paris," MFCG, 14, S. 198-204; Eusebio Colomer, "Zu dem Aufsatz von Rudolf Haubst 'Der junge Cusanus war im Jahre 1428 zu Handschriften-Studien in Paris'," MFCG, 15, S. 57-70.　更に *Acta Cusana*, I, 1, S. 21 Nr. 59 参照。

(40) この点については、Meuthen, *Nikolaus*, S. 27-30; Eusebio Colomer, "Nikolaus von Kues und Heimeric van den Velde," MFCG, 4, S. 198-213; *Acta Cusana*, I, 1, S. 9 Nr. 26; S. 21 Nr. 59 を見よ。

(41) *Die Matrikel der Universität Wien*, hrsg. Willy Szaivert und Franz Gall, I (Graz/Köln, 1956), 99.　Joachimsohn, *Gregor Heimburg* はハインブルクのウィーン大学在学にふれていないがこれについては、Watanabe, "Humanism in the Tyrol," p. 194; M. Watanabe, "Duke Sigmund and Gregor Heimburg," in: *Festschrift Nikolaus Grass*, hrsg. Louis Carlen und Fritz Steinegger, I (Innsbruck, 1974/75), 564; Watanabe, "Gregor Heimburg and Early Humanism," pp. 411-412 をみよ。

(42) Luschin von Ebengreuth, "Quellen zur Geschichte," 23; *Acta graduum academicorum Gymnasii Patavini ab anno MCCCVI ad annum MCCCCL*, ed. C. Zonta and I. Brotto (Padova, 1922), pp. 166-167.

(43) Watanabe, "Gregor Heimburg and Early Humanism," p. 413.

(44) Joachimsohn. *Gregor Heimburg*, S. 302-303.

(45) Agostino Sottili, *Studenti tedeschi e umanesimo italiano nell'Università di Padova durante il quattrocento*; I, *Pietro del Monti nella societa accademica padovana*（*1430-1433*）(Padova, 1971), p. 1.

(46) Watanabe, "Gregor Heimburg and Early Humanism," p. 417.

(47) Julius Sax, *Die Bischöfe und Reichsfürsten von Eichstätt 745-1860*, I（Landshut, 1884), 302-329; Romuald Bauerreisz, *Kirchengeschichte Bayerns*, V（St. Ottilien, 1955), 118; Neuhofer, "Die älteren Pirkheimer," 85-91を参照。クザーヌスと交渉のあったトーマス、有名な人文主義者になったウィリバルトなどを出したピルクハイマー家のアイヒシュテットの文化生活への貢献についてはより研究されるべきである。後注（50）をみよ。

(48) ウルムの文化、法律生活においてナイトハルト家がしめた地位については、Gottfried Geiger, *Die Reichsstadt Ulm vor der Reformation: Städtisches und kirchliches Leben am Ausgang des Mittelalters*（Stuttgart, 1971）にのべてある。マトイスが一四四〇年、パドヴァ大学で行った法学博士号取得演説は、Sottili, *Studenti tedeschi*, pp. 61-63に印刷されている。現在は、ウルム市立図書館の一部となっているLibereiについては、Hans Greiner, *Ulms Bibliothekswesen*（Stuttgart, 1917), pp. 67-72を参照。同文庫所蔵のパドヴァのマルシリオ『平和の擁護者』二写本Mss. 6692と6705は本章の見地からも興味ふかい。

(49) Joachimsohn, *Gregor Heimburg*, S. 6-7.

(50) パドヴァ大学に在学した他の有名なドイツ人学生の例をあげれば、Peter Luder（c. 1415-1474?), Albrecht von Eyb（1420-1475), Thomas Pirkheimer（d. 1473), Johann Pirkheimer（1441-1501), Willibald Pirkheimer（1470-1530).

（51）ルーヴァン大学は、一四二八年と一四三五年に、教会法学の教授になるようにとの招待状をクザーヌスに出しているが、彼は二度とも辞退している。Watanabe, *The Political Ideas*, p. 16 n. 26; Meuthen, *Nikolaus*, S. 27; *Acta Cusana*, I, 1, S. 23 Nr. 64; S. 161 Nr. 232, Nr. 235.

（52）クザーヌスがキケロの『共和国』の写本を発見したというのは噂にとどまり、実際には、マクロビウスの『スキピオの夢』（*Somnium Scipionis*）の注解であった。Meuthen, *Nikolaus*, S. 31; Gordan, *Two Renaissance Book Hunters*, pp. 114-117. しかし、彼が、プラウトゥス（Plautus）のこれまで知られていなかった喜劇一二篇を発見したのは手柄といえよう。Frank Baron, "Plautus und die deutschen Frühhumanismus," in: *Studia Humanitatis: Ernesto Grassi zum 70. Geburtstag*（München, 1973）, S. 89-90.

（53）Joachimsohn, *Gregor Heimburg*, S. 34; Max Herrmann, *Die Rezeption des Humanismus in Nürnberg*（Berlin, 1898）, S. 5-30; Watanabe, "Gregor Heimburg and Early Humanism," pp. 414-415.

（54）Gustav Bauch, *Die Anfänge des Humanismus in Ingolstadt: Eine literarische Studie zur deutschen Universitäts-Geschichte*（München, 1901）, S. 2-3. 演説のテクストは Karl von Prantl, *Geschichte der Ludwig-Maximilians-Universität in Ingolstadt, Landshut, München*, II（1872）, 7-10; Helmut Wolff, *Geschichte der Ingolstadter Juristenfakultät 1472-1625*（Berlin, 1975）.

（55）Kristeller, "A Latin Translation," pp. 181-182. クザーヌスのロレンツォ・ヴァルラ（Lorenzo Valla）に対する尊敬の念は彼の二通の手紙にうかがわれる。*Acta Cusana*, I, 2, S. 644-645 Nr. 932; S. 665-666 Nr. 960.

（56）Ludwig Geiger, "Neue Schriften zur Geschichte des Humanismus," *Historische Zeitschrift*, 33（1875）88; L. Geiger, *Renaissance und Humanismus in Italien und Deutschland*（Berlin, 1882）, S. 330-331; Watanabe, "Gregor Heimburg and Early Humanism," pp. 418-421.

（57）Watanabe, "Gregor Heimburg and Early Humanism," pp. 418-419. 弱力な皇帝フリードリッヒ三世を退位させて、

神聖ローマ帝国を強化しようとしたハインブルクの案については、Watanabe, "Duke Sigmund and Gregor Heimburg," pp. 572-573; M. Watanabe, "Imperial Reform in the Mid-Fifteenth Century: Gregor Heimburg and Martin Mair," *Journal of Medieval and Renaissance Studies*, 9 (1979), 209-235 参照。

(58) クザーヌスの「転向」については多数の学者によって議論されてきた。Watanabe, *The Political Ideas*, pp. 97-98 n. 2; James E. Biechler, "Nicholas of Cusa and the End of the Conciliar Movement: A Humanist Crisis of Identity," *Church History*, 34 (1975), 5-21 などを参照。

(59) Marquard Freher, *Rerum germanicarum scriptores*, II (Strasbourg, 1717), 255-265: "Invectiva Gregorii Heimburg Vtrivsque ivris doctoris, in reverendissimum Patrem, Dominum Nicolam de Cusa, Sanctae Romanae Ecclesiae Tituli S. Petri ad Vincula Presbyterum Cardinalem, et Episcopvm Brixinensem." 更に、Watanabe, "Gregor Heimburg and Early Humanism," p. 417; *Acta Cusana*, I, 1, S. 157 Nr. 227 を見よ。

(60) Ernst Cassirer, *Individuum und Kosmos in der Philosophie der Renaissance*, 2. unveränderte Aufl. (Darmstadt, 1963), S. 10; E. Cassirer, *The Individual and the Cosmos in Renaissance Philosophy*, tr. Mario Domandi (New York, 1964), p. 10.

(61) Lewis Spitz, "The Course of German Humanism," in: *Itinerarium Italicum: The Profile of the Italian Renaissance in the Mirror of Its European Transformations*, ed. Heiko A. Oberman and Thomas A. Brady, Jr. (Leiden, 1975), pp. 375-376.

第二章　混迷の一五世紀における法律家

——パノルミターヌス、ハインブルク、クザーヌス

序説　教会大分裂と公会議主義運動

西ヨーロッパの一五世紀前半は、いろいろな分野において危機と動乱にはらんだ時代であった。一三三八年に始まった百年戦争は依然として進行中であり、それに関連してジャンヌ・ダルクが出現したのもこの時期に他ならない。一三世紀末に勃興したオスマン・トルコが勢力を拡大し、ついに一四五三年にコンスタンティノープルを陥落させて、東ヨーロッパのみならず、西ヨーロッパの各地の人々に危機感を高めるに至ったのも見逃しがたい事実である。(1) けれども、それ以上に長期にわたり、且に政治的のみならず、宗教的、精神的にも重大な影響を及ぼしたのは、一三〇九年から一三七七年まで続いた、いわゆるカトリック教会の「アヴィニョンの捕囚」と、その結果としてそのあとに起った「教会大分裂《シスマ》」（一三七八―一四一七）であったと言えよう。(2)

通常、ローマにその座を構える教皇庁が、フランス人教皇クレメンス五世（一三〇五―一三一四）の選挙の結果として一三〇九年にフランス南部のアヴィニョンに移り、それ以後一三七七年にローマに帰還するまでの約七〇年間に選ばれた教皇七人がすべてフランス人であり、しかも、彼らがフランス王国のかなりの影響の下にあったという事実

は、教皇権力の弱化を示すと共に、新興国家、とくにフランス国王権力の増大を現すもので、カトリック教会が強力な支配を全ヨーロッパに亘って及ぼした中世が終焉に近づきつつあった事を示すものといえる。

アヴィニヨン在位最後の教皇であったグレゴリウス一一世（一三七〇―一三七八）は、一三七七年に教皇庁をローマに戻したが、翌年死亡し、その結果、新教皇としてイタリア南部のバリの大司教が選出され、ウルバヌス六世（一三七八―一三八九）となった。しかし、枢機卿団の多数を占めるフランス人枢機卿たちは、新教皇との折り合いも悪く、ついに不満をいだいた一三人は、ウルバヌス六世の選挙は脅迫のもとになされたために無効であると宣言し、(3)一三七八年九月三〇日、枢機卿ロベールを対抗教皇として選挙した。彼はクレメンス七世（一三七八―一三九四）の称号の下にアヴィニヨンに戻り、フランス王権の保護下に入った。このようにして、二人の教皇が対立し、一四一七年まで教会分裂の状態が続いたが、これが西方教会の大分裂である。

四〇年に及んだ教会大分裂は、教皇権の弱化に貢献し、西方教会の精神的混乱を齎らしただけでなく、ヨーロッパの政治的分裂を発生させた。いずれが正統の教皇であるかについてヨーロッパ諸国は対立し、イギリス、アイルランド、ドイツ、北イタリア、東欧などはローマのウルバヌス六世を、フランス、スコットランド、スペイン、南イタリアなどはアヴィニヨンのクレメンス七世を支持した。天国の鍵を持ったというペトロの後継者が二人いて競ったのであるから、この時代に「天国に入った者はなかった」といわれたのも、いかに宗教的、精神的混乱が激しかったかを示しているものである。

こういった教会大分裂の危機に際して、公会議を召集してその解決をはかれという動きが高まったが、その当初の主唱者は、パリ大学のドイツ人教授コンラート・フォン・ゲルンハウゼン（歿一三九〇）とハインリッヒ・フォン・ランゲンシュタイン（一三二五―一三九七）であった。一一世紀後半以来のローマ法研究の発展の結果として広く理解されるようになった「万人に関するものは万人によって承認されなければならない」(Quod omnes tangit ab omnibus approbetur) という民意尊重の原則や、「必要は法を知らない」(Necessitas non habet legem) といった危機の原則などに従って[4]、教会の危機の場合には、教皇一人よりも教会全体を代表する公会議の方が優位であるという公会議首位説を根拠として公会議運動が始まったのである。

教皇だけが公会議召集権を持つという教会法に従えばその合法性も疑われるが、一四〇九年三月、八人のローマ派枢機卿と五人のアヴィニョン派の枢機卿によってピサに公会議が開かれ、同公会議は対立するローマのグレゴリウス一二世とアヴィニョンのベネディクトゥス一三世を廃位し、新教皇としてアレクサンデル五世(一四〇九―一四一〇)を六月に選出した。しかし、二人の教皇たちが廃位を拒否したため、同公会議は「憎むべき対立」に代って「呪われた鼎立」を齎らす結果となった[5]。

ピサ公会議に続いて、一四一四年一一月、コンスタンツ公会議が開かれた。参加者の人数によらず、フランス、ドイツ、イタリア、スペインおよびイングランドの各Natio《ナチオ》が等しく一票をもつという投票方法が採用されたが、同公会議は、一四一五年四月六日に採択された教令「ハエック・サンクタ」(Haec sancta) において公会議首位説を確認し、ついで一四一七年一〇月九日の教令「フレクェンス」(Frequens) は、以後公会議を定期的に召集すべきことを規定した。その一ヶ月後、新教皇マルティン五世(一四一七―一四三一)を選出して、一三八八年以来の教会大分裂に終止符をうったのである[6]。

「フレクェンス」にもとづいて一四三一年に開かれたバーゼル公会議は、教会の改革と異端の撲滅の二大目標をかかげたが、当初から教皇エウゲニウス四世(一四三一―一四四九)との葛藤が絶えず、下級聖職者の勢力の強化とともに、一連の反教皇的措置がとられ、そのあげく、ギリシア教会との再合同の問題をめぐって同公会議は多数派と少数派に分裂した。バーゼルに残存した下級聖職者よりなる多数派は、公会議首位説を固持して一四三九年に対立教皇フェリックス五世（一四三九―一四四九）を選出、再び教会に重大な危機を齎らすにいたった。(7)

このような危機に孕んだ一五世紀の前半に、パノルミターヌス（Panormitanus）、ハインブルク（Gregor Heimburg）、クザーヌス（Nicolaus Cusanus）という三人の有名な法律家が、(8) どのような行動をとったかを理解するため、彼らの背景を瞥見し、活動を比較叙述し、それに関連しておこった二、三の問題を考慮するのが本章の目的である。

1　一五世紀の三法律家

a　パノルミターヌス

ニコラス・デ・トゥデスキス（Nicolas de Tudeschis）、あるいは通称パノルミターヌス（Panormitanus）は、シチリアのカタニアに一三八六年に生れた。(9) 一四〇〇年、ドメニコ会に入会し、一四〇五年か一四〇六年、ボローニア大学の法学校に法律の勉強の目的で送られた。彼の教授のうちには、名声たかきフランシスクス・ザバレラ（Franciscus Zabarella、一三六〇―一四一七）とアントニウス・デ・ブトリオ（Antonius de Butrio、一三三八―一四〇八）などがいた。両法博士号（doctor utriusque iuris）を獲得したのち、パノルミターヌスは一四一一年にはボローニア大学、一四一二年から一四一八年までパルマ大学、一四一八年から一四三〇年までシエナ大学、一四三一年から一四三二年までは再びボローニア大学、そして最後に一四三二年にはフィレンツェ大学で法律学を教えた。

その間、教皇マルティン五世（一四一七―一四三一）は一四二一年にパノルミターヌスを教皇庁会計院（Camera

Apostolica）の総調査官に任命し、また一四二五年には、シチリアのタオルミナの西方にあるマニアチェの聖マリア修道院長とした[10]。一四三三年三月には、教皇エウゲニウス四世の代表としてバーゼル公会議に参加し、教皇の権利を擁護したが、同年暮にはシチリアに戻った。しかし、翌年、一四三四年には、一四一六年以来シチリアを統治していたアラゴンのアルフォンソ五世（在位一四一六—一四五八）に仕え、アルフォンソ五世はパノルミターヌスをパレルモの大司教に推薦したが、翌一四三五年三月には、教皇エウゲニウス四世もそれを認可するにいたった。しかし、一四三六年にバーゼル公会議に戻ったパノルミターヌスは、アルフォンソ五世の利益を代表して明らかに反教皇の立場をとり、一四三九年、パレルモに帰還するまでその活動を続けた。「当代第一の法律学者」という評判を得るにいたったパノルミターヌスが、一四四〇年、三度目にバーゼル公会議に参加するため旅行中、対立教皇フェリックス五世は彼を枢機卿に昇進した。

パノルミターヌスは枢機卿として一四四一年にバーゼル公会議に参加しただけでなく、一四四二年にはバーゼル公会議を支持するために、フランクフルトで開かれた拡大帝国国会にも枢機卿として出席した。しかし、教皇エウゲニウス四世がアルファンソ五世をナポリ王と承認してからは、アルフォンソ五世も公会議主義運動に興味を失い、パノルミターヌスは一四四三年八月八日、バーゼルを去ってパレルモに帰還し、そこで一四四五年二月二四日死去した[11]。

b　ハインブルク

イタリア生れの大法律家パノルミターヌスに比べ、「中世後期ドイツ最大の法律家」といわれたグレゴール・ハインブルク（Gregor Heimburg、約一四〇〇—一四七二）とはどのような人であったであろうか[12]。

ハインブルクは、一四〇〇年頃、ヴュルツブルクに近いシュヴァインフルトの市長を四回もつとめたことのある市民《ビュルガー》のハンス・ハインブルクの息子として生れた。恐らく地方の学校で小・中等教育をうけ、その後一四一三年一〇月一三日、「貧窮学生」(pauper)として、一三〇五年に創立されたウィーン大学の人文学部に入学した。(13) 同大学で法学をも勉強したかどうかは明らかでない。現存の記録によれば、ハインブルクは一四三〇年二月七日にイタリアのパドヴァ大学から教会法学博士の学位をうけたが、そのために同年一月一三日に試験を受けた際の記録には既に「有名な法学博士」(Legum doctor famosus)と呼ばれている。(14) しかし、ハインブルクが何年にパドヴァ大学に入学したかについては確証がない。博士号取得演説で、プロスドキムス・デ・コミティブス、ヘンリクス・デ・アラノ、パウルス・デ・ドティス、ヤコブス・デ・ゾキス・デ・フェラリアを彼の習った教授としてあげている。(15)

一四三〇年、パドヴァ大学から博士号をうけたあと、ハインブルクは帰国し、一時ニュルンベルクに滞在したが、同年六月二一日、マインツの大司教コンラット三世から、同大司教区の宗教事務総代理者に任命された。(16) 彼が平信徒で聖職者でなかったのにこの地位をえたのは注目に値する。一四三一年に始まったバーゼル公会議にコンラット三世の代表として一四三二年から出席したが、一四三四年には神聖ローマ皇帝シギスムント(在位一四一〇―一四三七)の弁護士となり、翌一四三五年にニュルンベルク市法律顧問の職を兼ね、一四六一年に至るまで殆んど継続して同市のために活躍した。しかしその間、サクソン侯、ブランデンブルク辺境伯、ハンガリー王、ボヘミヤ王、マインツ大司教、トリーア大司教、ヴュルツブルク司教など多数の依頼者を持ち、彼らの弁護士としても多忙な生活を送った。

ハインブルクは一四五八年以後、オーストリア大公、ティロール伯のシギスムント(Sigismund、一四二七―一四九六)に仕え、一四五九年に開かれたマントア会議には同大公の代表として出席した。ハインブルクは一四六六年以後の生涯をボヘミア王ポデブラディのジョージの下ですごし、一四七二年八月、ドレスデンのちかくヴェーレンで死去した。(17)

c　クザーヌス

パノルミターヌスやハインブルクのように一生を法律家として過した人びとに比べると、第三人目のニコラウス・クザーヌス（Nicolaus Cusanus、一四〇一—一四六四）は法律家としてよりは神学者、哲学者、教会政治家、もしくは、科学の実験をし、天文学上にも地動説に似た考えをのべて科学史にも登場する人物としてより有名である。しかし、クザーヌスの法律家としての活動を理解しないでは、彼の業績を十分に理解することはできない。

クザーヌスは一四〇一年にドイツのモーゼル河畔にあるクース［現在はベルンカステル・クース（Bernkastl-Kues）と呼ばれる］の船主（nauta）の子供として生れた。[18] 父のヨハン・クリフツは地方ではかなり有力で、割に裕福な生活をしていたと思われるが、学問、読書に熱中するクザーヌスと折あいがあわず、クザーヌスは幼年の時に家を出て、近くのマンデルシャイトにある貴族マンデルシャイト家に仕えるようになったと言い伝えられている。多くの本には依然として、クザーヌスはその後オランダのデヴェンテル（Deventer）にある敬虔な一般信徒のグループである「共同生活兄弟団」の学校に入った、と書かれているが、伝説であって確証はない。

一四一六年、「トリーア大司教区の聖職者」としてハイデルベルク大学に登録受講し、[19] 自由七学科の学生として一年ばかり勉強したが、一四一七年には、イタリアにおもむき、法律を勉強するためにパドヴァ大学に入学した。一四二三年にクザーヌスは教会法令博士（decretorum doctor）の学位をえて勉学を終えたが、[20] その後帰国し、一四二五年、トリーア大司教オットー・フォン・ツィーゲンハイン（Otto von Ziegenhain、在位一四一八—一四三〇）からアルトリッヒの教会の聖堂と相当な額の年金を受けた。[21] 一四二五年の春、クザーヌスはケルン大学に「トリーアの教会法博士」（doctor in iure canonico Treverensis）として学籍登録した。[22] ケルン在住中に、恐らく法律学の講義をし、また法律学、法律史の研究を継続したが、とくにハイメリクス・デ・カンポ（Heymericus de Campo）などの影響もあって、法学より神学、哲学の方に傾倒していった。

しかし、一四三二年二月には、トリーア大司教候補に選ばれた旧友のマンデルシャイト家のウルリッヒを支持するためにバーゼル公会議に参加し、フスの異端問題の審議にも関与したけれど、反教皇の立場に立ったウルリッヒの官房長、秘書として活動し、教会法、ローマ法、神学、教会史の蘊蓄を傾けた『普遍的和合について』（*De concordantia catholica*）という大著を一四三三年末か一四三四年のはじめにバーゼル公会議に提出した。[23] その中では明らかに公会議首位説を唱えている。

バーゼル公会議が過激化し、前にのべたように、多数派と小数派に分裂すると、クザーヌスは一四三七年に教皇支持の小数派に立場を変え、その代表の一人として、東西両教会合同に尽力するため、教皇使節団の一員としてコンスタンティノープルを訪れた。その後、教皇と公会議の葛藤に対して一四三八年に中立宣言をしたドイツ選帝侯たちを教皇側に説き伏せるべく、一〇年に亘りドイツ各地で行われた帝国国会や諸侯会議に出席し、教皇支持の演説活動を行ったため、「教皇エウゲニウス派のヘラクレス」と呼ばれたほどであった。

教皇ニコラウス五世は、一四四八年一二月二〇日、恩賞としてクザーヌスを枢機卿に昇任させ、聖年である一四五〇年の大晦日から一四五二年の四月初にわたり、オーストリア、ドイツ、オランダ、ベルギー各地の教会改革の旅行にクザーヌスを教皇派遣特使として遣わした。[24] 大旅行終了後、ティロールのブリクセンの司教として着任したクザーヌスは、後年ハインブルクも仕えたオーストリア大公・ティロール伯のシギスムントと司教区改革再建、修道院改革について正面衝突し、一四五八年に教皇となってピウス二世（一四五八—一四六四）を称した友人のエネア・シルヴィオ・ピッコローミニが彼をティロールの「雪と暗黒の谷間」から救い出して教皇特使兼臨時司教総代理に任命し、ローマ及びアペニン山脈西部の首都大司教管区を彼の支配下におくまで葛藤はつづいた。(25) トルコ軍の拡大に抗して十字軍を進発すべくアンコナにあったピウス二世に協力するために途上にあったクザーヌスは、一四六四年八月一一日、ウンブリアのトーディ（Todi）で生涯を閉じた。(26)

2　三法律家の経歴と活動に関する諸問題

それでは、これら三人の法律家のもった共通の、または独自の問題は何であったろうか。その二、三を検討してみたい。

a　法学教育

まず第一に、法学教育の問題である。イタリア人のパノルミターヌスがドメニコ会に入ったのち、その援助のもとにヨーロッパ最古の、有名なボローニア大学の法学校に一四〇五年か一四〇六年に入学したのは理解にかたくない。六年ないし七年の勉学の後、ローマ法のみならず教会法も学んで両法学博士（Doctor utriusque iuris）の学位を得たのも、当時の最高の法学教育の課程を比較的速かに終了したものといえよう。彼が優秀な法学者であったことは、その後、ボローニア、パルマ、フィレンツェの大学で法学教育にたずさわったことが実証している。

パノルミターヌスに比べると、ハインブルクのケースは幾分不明な点が多い。そもそも、神聖ローマ帝国内の大学の設立はおそく、一三世紀には一校も存在しなかった。一四世紀に入って当初に設立されたのがプラハ大学で一三四七年、それについで一三五六年にウィーン大学、一三七九年のエルフルト大学、一三八五年のハイデルベルク大学、一三八八年にケルン大学が開学した。一五世紀初頭には、一四〇九年にライプツィッヒ、一四一九年にロシュトックに大学が設立された(27)。しかし、これらの大学では一五世紀の半ばまで教会法の講義しか行われなかったので、一三世紀以降、多くのドイツ人学生がローマ法の勉学のため、イタリアやフランスの大学、特に北イタリアの大学に入学したのである(28)。一二八九年から一五六二年の間に約四、四〇〇人のドイツ人学生がボローニア大学に在学したといわれ、その大部分は法学生であった(29)。

更に注目すべきは、イタリア留学のドイツ人学生の多くが聖職者であったことである(30)。一二世紀末、教会裁判所の広範な再編成が始まり、ローマ法研究復興の結果として、訴訟手続もこれまでの非組織的な教会法や慣習法への依存にかわり、より体系化されていったので、教会裁判所の裁判官は大学で法学教育をうけた「学識ある」(gelehrte)法律家であることが必要条件となったからである(31)。一五世紀に入ると、ボローニア大学はイタリアの大学間で最高の地位を失い、それにかわって、一二二二年創立で、ボローニア大学の派出校であったパドヴァ大学が最優秀の評判をかちとるにいたった(32)。

ハインブルクは一四二一年か一四二二年にパドヴァ大学の法学校に入学し、一四二八年までにはローマ法の勉強を修了したものと思われる。当時のパドヴァ大学の規則によれば、その後二年間の勉強で教会法学博士の学位を得ることができた(33)。上記のように、パドヴァ入学以前に他の大学で法学を勉強して「有名な法学博士」(Legum doctor famosus)と呼ばれていた彼は、パドヴァ大学から事実上両法学博士(Doctor utriusqe iuris)の学位を得たといえよう。一生、平信徒であったハインブルクでもローマ法だけでなく教会法の勉強をもしたのは、当時の事情から考えてその方が有利であったからで、よくある例であった。

パノルミターヌス、ハインブルクに比べると、クザーヌスの法学教育はすこし違った経過をたどっている。父親の職業は船主であったけれども、その地方における審判人［陪審員］（Schöffe）として活躍していたので、クザーヌスが法律実務についての知識をえたのはその家庭においてであった可能性がある。[34] 一四一六年、クザーヌスはハイデルベルク大学に登録受講し、一年近く在学して自由七学科を学び、一四一七年に学士号（baccalareus in artibus）をえたといわれるけれど、確証はない。[35] 一四一七年一〇月から一四二三年に教会法令博士の称号をうるまでパドヴァ大学で教会法の勉学をしたクザーヌスの法学教育の詳細については知られていないが、一四二四年に同大学で法律を教えた教授に関する現存する記録によれば、プロスドキムス・デ・コミティブス、パウルス・デ・ドティス、ラファエル・フルゴシウスなどがあった。[36] 最近の研究によれば、クザーヌスはプロスドキムスの家に下宿していたことが明らかになった。[37] 後にバーゼル公会議の初期に重要な役割を果したジュリアノ・チェザリーニ（Giuliano Cesarini）（一三八九?―一四四四）が、パドヴァ大学の法学教授としてクザーヌスのみならず、後にクザーヌスと同様に枢機卿になったドメニコ・カプラニカ（Domenico Capranica、一四〇〇―一四五八）にも非常な影響を与えたとしばしば述べられてきた。[38] クザーヌスはその著作のうちでも重要な *De concordantia catholica*（1433/34），*De docta ignorantia*（1440）と *De coniecturis*（1441/42）をチェザリーニに捧げているから学恩を感じていたことは間違いないが、法学上の影響については余り明らかでない。

ベルンカステル・クースにある聖ニコラウス養老院の図書室には、多数のクザーヌス所有の写本の中にクザーヌス写本二二〇（Codex Cusanus 220）が保存されているが、その一五二葉から二七六葉にわたり、コミティブスが教皇グレゴリウス九世の『教皇令第二巻』について講義を行ったときにクザーヌスがとったノートが含まれている。これはクザーヌスが一四二三年、パドヴァで整理したもので、欄外に書きこまれた多数の傍注から察して、クザーヌスはこの講義ノートを後年に至るまで実務にあたって使用したものと思われる。コミティブスをしばしば「pros」と名ざし、また「卓越せる博士」(doctor egregius) と呼んでいる。教会法学者だけでなく、他の有名なローマ法学者の名前も欄外傍注に援用していることは注目に値する。[39]

そのほか、現在、大英博物館のハーレイ写本3710 (Codex Harleiana 3710) として保存されている教皇グレゴリウス九世の教皇令に関する注釈書は、クザーヌスがパドヴァ滞在中、多分一四一八年頃に購入した法律写本で、多数の欄外傍注から察して、この写本もクザーヌスがしばしば使用したものと思われる。[40] 以上の二写本や、ベルンカステル・クースに現存するその他の多数の法律写本からみても、クザーヌスはパドヴァ大学ですぐれた教授陣から、当時ヨーロッパ最高というべき法学教育をうけたといえよう。

b　カトリック教会との関係

以上のような法学教育を受けた三人が、その後どのような活躍をするようになったのであろうか。

法学教育を受けた大学卒業生が、一三世紀に頂点に達し、西ヨーロッパの全体にわたる一大組織をなしていたカトリック教会内の各分野で活動しはじめたのは理解にかたくない。事実、W・ウルマンは一二、一三世紀の強力な教皇、例えばアレクサンデル三世（一一五九―一一八一）、インノケンティウス三世（一一九八―一二一六）、グレゴリウス九世（一二二七―一二四一）、インノケンティウス四世（一二四三―一二五四）、ボニファティウス八世（一二九四―一三〇三）などは、いずれも有名な教会法学者であったと指摘している。[41]

その後、一四世紀、一五世紀になって、教会の権威を弱化させた教会大分裂、公会議主義運動などが発生したにも拘らず、また他の観点からいえば、そういった事件が発生したからこそ、教会内における法律家の地位は一層重要になっていった。父親の宿願に従って法学の勉学を始めたM・ルターが、『教会法大全』(*Corpus iuris canonici*) を火に投じて焼きすて、宗教改革者になったという事実も、中世後期のカトリック教会の法律万能的な性格を反影したものと見ることができよう。(42)

パノルミターヌスの法律実務家としての活動は、教皇庁会計院の総調査官として開始された。その地位にあって彼が実際に何をなしとげたかは知られていないが、その後、教皇エウゲニウス四世が教皇権の擁護のためにパノルミターヌスをバーゼル公会議に送ったのは、彼の大法律家としての評判からいってもっともな事と考えられる。教皇側の弁護士、法律顧問として活躍したパノルミターヌスが、一四三四年にはナポリ王国の王位をめぐっての問題に関連して反教皇側の立場にあり、公会議主義支持者であったアラゴン王アルフォンソ五世を依頼者として持つようになった(43)ことは、やはり彼の高名と専門知識をアルフォンソ五世が評価したものと見ることができよう。

一四四二年の五月末から八月中旬にかけてフランクフルトで開かれた拡大帝国国会において、パノルミターヌスがアルフォンソ五世の代表として六月一四日から一六日にわたって行ったバーゼル公会議支持の、彼の最も有名な演説"Quoniam veritas verborum"をはじめとして多くの演説が記録保存されている。(44)教皇側と反教皇的立場の公会議主義支持者たちとの間の葛藤に直面して、ドイツの諸侯が中立政策を採択し、それは当時の西ヨーロッパに重大な影響を与えたが、その際に、教皇側と公会議主義支持派が共に法律家の協力と援助を必要とし、パノルミターヌスもその中の最も著名な弁護士として活躍したのである。

少年時代、ドメニコ会に入りその支持で法学教育を受け、その後教会側に近かったパノルミターヌスのことを考えると、ハインブルクが貧窮学生としてウィーン大学に入り、パドヴァ大学卒業後、平信徒であったにも拘らずマインツ大司教コンラット三世の宗教事務総代理者に任命されたのは注目すべき事柄といえる。それは、いかにドイツの聖俗両分野の指導者たちが、イタリアの有名な法律学校卒業の新進法律家を歓迎、優遇したかのよき一例である。(45)

一四五〇年頃を境として、パドヴァや他のイタリアの大学で法学を研究したドイツ人平信徒の数は急に増加するに至った。ある歴史家はこれを批判して、「変化が起り始めたら、その歩調は殆んど駆け出すかのようであった」とのべている。[46] このようにして、一五世紀の後半には、ドイツの法曹の「世俗化」が進行したのであるが、[47] ハインブルクはその急変化の始まる直前にイタリアで法学教育をうけた平信徒で、世俗化の先駆者ともいえよう。前述のように、ハインブルクのその後の法律家としての活躍は多彩なものがあった。単に教会関係の仕事だけでなく、世俗の地位、すなわち都市の法律顧問、世俗諸侯の弁護士などの役割を果し、「世俗法曹」として活躍し、その上特に注目すべきことは、同時にいくつもの地位を持って、種々の面に影響を及ぼしたことであろう。王侯や都市参事会に高額の報酬を請求することができたハインブルクに関して、金銭上の面で改善が望ましいという風評がたつに至ったことも、古来、非常に有名で成功している法律家に屢々もたらされた批判のあらわれの一例とみられよう。

ハインブルクはカトリック教会支持のために活動したというよりは、神聖ローマ帝国に対する教皇庁の干渉にさからって、ドイツの独立性、自主性を擁護することのために精力をかたむけたといえる。[48]

聖職者となることを考え、教会法令博士の学位をパドヴァ大学からえたクザーヌスが、卒業後一四二三年に帰国した時に、トリーア大司教オットー・フォン・ツィーゲンハインが彼を生地クースの近くのアルトリッヒの教会に遣し、その聖職禄と年金を与えたのは自明のことこととさえ思われる。一四二五年の春、クザーヌスは教会法令博士としてケルン大学に登録したが、アルトリッヒ及びその他の教会の聖職録がその経済的基礎となっていたと思われる。

以前より歴史と史料に興味の深かったクザーヌスが、史料の探求蒐集家、法制史研究家としても知られるようになったことは有名で、その結果、イタリアの有名な人文主義者たちとも親交が深まった。[49] ケルン在住中における彼の法律家としての活動についてはいろいろな記録が現存するが、もっとも周知の事実は、バッハラッハ（Bacharach）のワインに対する課税権に関する係争であろう。ライン河畔のバッハラッハにある聖ニコラウス教会の葡萄畑から産出された葡萄酒を船で下流のケルンにある母教会聖アンドレアス教会に送る際に、その途中に関税所をもつ諸侯がその葡萄酒に課税できるか、という問題であった。それに関して、ハイデルベルク大学とケルン大学の六九人の神学、法学教授に加わって、クザーヌスも法律意見を書き、課税さるべきでないと述べている。(50) いずれにせよ、ケルン滞在中にクザーヌスの法律家としての名声がたかまった事は間違いない。一四二五年に設立されたルーヴァン大学は、一四二八年と一四三五年の再度にわたって同学の教会法学の教授に就任するよう要請したが、クザーヌスはいずれも辞退している。(51)

ケルン在住中に、クザーヌスの関心が法学より哲学、神学に漸次移ったにも拘らず、その後、教会の内部における法律家としての活動が増加し、はじめはバーゼル公会議でウルリッヒ・フォン・マンデルシャイトの弁護士として活躍し、ついで、教皇庁擁護のためにドイツの帝国国会や諸侯会議における活動、教皇派遣特使としての教会改革旅行、更に、ティロールのブリクセン司教としての司牧、改革事業にあたったが、常にクザーヌスの法律家としての物の考え方が問題処理の方法に影響を及ぼしたことが明らかである。

単にひとつの例をとっただけでも、ティロールのゾンネンブルク（Sonnenburg）の女子修道院の改革にあたっては、同修道院に関する古文書、史料を探求研究し、いかに現在の女子修道院が創立当時のあるべき姿と違なるかを指摘して改革案を推進しようとしたのであった。(52)

ライン地方生れのクザーヌスがティロール地方の教会改革を企て、また市民出身の彼が、貴族出身者によって支配されていたティロールの修道院や教会を改革しようと挑戦したということの他に、彼の改革案が、しばしば形式拘泥、ないしは過度に法律尊重主義的で復古調が強かったことも、失敗にみちびく結果となった一つの理由と思われる。(53)

これら三人の法律家は、宗教的にも政治的にも波瀾にとんだ時代にあって、幾多の事件に関与しながら困難な決断を迫られた際に、どのような行動をとったのであろうか。

c　法律家と良心

古来、いろいろの文明や国家において、法律家の地位は必ずしも高いものでなかった。イギリスの「良き法律家は悪しき隣人」("A good lawyer is a bad neighbour")とか、ルターが標語に使ったというドイツの古い法諺「法律家、悪しきクリスチャン」("Juristen-schlechte Christen")などは、民衆の法律家に対する態度を反映するものであろう。(54) R・ボナーなども示しているように、古代においても法律家に対する不信はかなり広いものであった。(55) その後、一二世紀にいたるまで法曹というべきものが殆んど存在しなかった西ヨーロッパの中世には、あまり法律家の批判は聞かれなかった。しかし、一一世紀末のローマ法研究の再生と、それに従った教会法の発展に伴なって、(56) 金儲けになる職業につこうとする人々の数も増え、それに従って法律家の行動、倫理、慣習が一二世紀から特に批判の的となるようになった。中世後期を通じて、法曹界は諷刺、嘲笑、または糾弾の目標となったのである。

一二世紀以後、ローマ法の研究が再び盛んになった時、教会自体が法律の研究を当初は奨励しなかったことを忘れてはならない。一二一九年、教皇オノリウス三世（一二一六―一二二七）は、神学の研究を盛んにするために、パリ大学におけるローマ法の研究を禁止している。(57) それにも拘らず、聖職者の多くがローマ法の研究に走ったので、一三世紀になると法律家批判の声はいっそう高まったのである。有名な中世学者M・グラープマンによれば、一四世紀には教会が法律家と神学者のどちらによって統治された方がよいかが、しばしば議論されたと言われる。(58)

法律家、特に弁護士に対する批判の一つの理由として、正義、公正のためにたたかうべき重要な職業にありながら、結局のところ、依頼者の利益を保護、支持することが最重要な目的となり、その目的の達成のためには、白を黒、黒を白であると弁論することもよしとする、ということがあげられてきた。英語の表現をかりるならば、法律家は「雇われ鉄砲」“A hired gun”であって、良心の声などは殆んど問題にならない、というのである。

この法律と良心の問題は、パノルミターヌスのような一五世紀をきっての大法律家をも悩ましたものであった。聖職者出の彼は、最初は教皇側にたってその弁護にあたったが、後にアラゴン王に仕えるようになってからは、反教皇の立場をとり、その目的の為に彼の才能と法律知識を傾むけて働かなければならなかった。(59) エネア・シルヴィオ・ピッコローミニは、その『バーゼル公会議議事注釈』で、夜になって寝室にしりぞいたパノルミターヌスは、真理に逆らった議論をすることを強いるアルフォンソ五世に苦情をいい、そのために自分の名声を損じ、自分の魂も傷つけられると号泣し、あまりの疲労の結果睡りにつくことがしばしばであった、と伝えている。(60) 良心のある法律家の弁護士としての苦悶を表わしたものといえよう。

この問題に関しては、最初は公会議主義運動を支持しながら、後になって教皇側にまわり、教皇庁の擁護のために母国で開かれた帝国国会などで活躍するだけでなく、教皇派遣特使として教会改革の大旅行をしたクザーヌスについても同様で、彼の行動については、いろいろな批判がなげられてきた。「節操がない」、「日和見主義者だ」、「自己の利益を中心に考える」などというのである。(61) 特にクザーヌスの場合は、イタリアに教皇庁をおく教会を母国のドイツで擁護したので、宗教改革の熱心な支持者であるJ・キュモイスが一五三八年に書いた著作に示したように、折から国家意識の高まりつつあったドイツ人の間で、クザーヌスは「ドイツ人に叛逆する教皇側のヘラクレス」（“Des Babsts Hercules wider die Deudschen”）だとさえ非難されたのである。(62)

聖職者であったクザーヌスが、余りにも過激化したバーゼル公会議がつぎつぎと反教皇的処置をとったため、教会の重要な問題を解決してその安定にむかうよりは事態の悪化をもたらすと判断し、多数派を放棄して少数派に転向したのは、自己中心的、利益追究一本の方針にもとづいた完全に無節操な考え方によったものではないにしても、その行動のゆえに自己を批判の的としたのは当然ともいえよう。転向をしたのはクザーヌスに限らず、幾多の教会の有名な指導者が立場を変えているのであるが、自己の行動の弁明ないしは釈明をあとになって書いた人などに比べると、(63)そういった自己弁護を行わなかったクザーヌスは、この法律と良心ないしは倫理の葛藤の問題を意識していたにしても、すくなくとも自分自身としては、その問題をより高い観点から解決していたと考えていたのであろうか。

三人のうちただ一人の平信徒であったハインブルクの立場は、この問題の観点からみて特に興味ぶかい。彼は公会議主義運動の支持者としてバーゼル公会議に参加し、そのご一四四九年にバーゼル公会議が終了し、公会議主義運動の影響が弱化し、教皇庁の勢力の台頭が始まっても依然として公会議思想を固持し、その立場を貫き通したのである。激動の時代に聖職者出の法律家が転向をよぎなくされたのに、ハインブルクのような平信徒がその立場を継続しえたというのは何を意味するのであろうか。彼の信念がより固かったためであるのか、あるいは平信徒として、聖職者などに比べれば、道徳的、倫理的、または政治的により圧力が少なかったのであろうか。

いずれにせよ、ハインブルクは、教皇側にまわって活躍していたクザーヌスを批判し、ブリクセンにおけるクザーヌスの改革運動を猛烈に攻撃したため、クザーヌスの友人で一四五八年に教皇ピウス二世となったエネア・シルヴィオ・ピッコローミニによって一四六一年「悪魔の子」と非難され、破門された。(64)その年に、ハインブルクはその『誹謗』（*Invectiva*）でクザーヌスを「蟹」（*Cancer*）と罵しり、クザーヌスはマインツでのある遺産相継の訴訟事件で弁護士をつとめ、その時に自分に打ち負かされたので、法律学をうちすてて神学に走ったのだと嘲笑したが、(65)これはいかに両人の関係が悪化していたかを示すものである。

同じパドヴァ大学の法学校の卒業生が、聖職者と平信徒の差はあるとはいえ、宿敵のような関係になったのはいかなる理由によるのであろうか。クザーヌスが節操に欠けたのに対し、信念を貫いたと思ったハインブルクが優越感にひたったからであろうか。法律家としてどちらが法律と良心、または倫理の問題を実践上正しく解決しようと努めたといえることができるであろうか。

やはりこの問題の基礎には、二人の性格とスタイルの違いということもあったであろうが、それ以上に、彼らがヨーロッパの「キリスト教社会」("Respublica Christiana") におけるカトリック教会の地位をどのように考えていたかによると思われる。クザーヌスは法律家ではあったが、次第に神学的、哲学的思考に傾くようになり、その結果教皇庁の擁護の活動をすることが自分の良心にもとづくものと考えるに至ったが、ハインブルクは、諸問題の法律的解決を生涯を通じて遂行し、しかも、ローマ教会の弁護ではなく、神聖ローマ帝国への教皇庁の干渉を批判し、ドイツの自主独立性を擁護し、教皇の権限を制限拘束することに彼の望みをかけていたのである。(66) そこに二人のドイツ人の法律家の違いの根本があったと思われる。イタリア人の法律家であったパノルミターヌスも、根本的にはキリスト教社会のうちにおける教会への奉仕からはずれて、一時的ながら明瞭に反教皇立場をとっていた世俗君主に仕えていた時に、「真理に逆らった」活動をしていると感じて良心の呵責をおぼえ苦悶したのである。

結　語

一五世紀西ヨーロッパのボローニア、パドヴァという有名な両大学で最高の法律教育を受けたパノルミターヌス、ハインブルクとクザーヌスは、当時の多くの法律家のように、教会関係の仕事に従事したり、あるいは世俗君主、都市などの法律顧問として活躍した。しかし、特に教会大分裂と公会議主義運動の発展によって宗教的、精神的、政治的に混乱の継続した同時代にあって、彼等が行動の決断を迫られた際には、異常な精神的、職業的圧力が加わり、自己の良心の問題として苦悶したり、また立場転向の結果として他人の批判、攻撃の的になることもまぬかれなかった。ヨーロッパ法曹の世俗化の初期にあって、聖職者であったパノルミターヌスとクザーヌス、また平信徒であったハインブルクがいかに判断し行動したかを理解することは、当時のすぐれた法律家がそれぞれ自己の歩むべき途を真面目に追求した過程を結ぶことであり、興味ぶかい。

注

（1）一五世紀一般については、Hans Baron, "Fifteenth-Century Civilization and the Renaissanca" in: *New Cambridge Modern History* I（Cambridge, 1957）, pp. 50-75; Denys Hay, *Europe in the Fourteenth and Fifteenth Centuries*（London, 1966）; Margaret Aston, *The Fifteenth Century*（New York, 1968）; Erich Meuthen, *Das 15. Jahrhundert*（Müünchen, 1980, 3rd ed., 1996）などを参照。

（2）教会の大分裂については多数の文献があげられるが、ここには Noel Valois, *La France et le grand schisme d'Occident*, 2 vols.（Paris, 1896-1902）; L. Salembier, *Le grand schisme d'Occident*（Paris, 1900）; Walter Ullmann, *The Origins of the Great Schism*（London, 1948）; E. Dellaruelle et al., *L'Église au temps du Grand Schisme et de la crise conciliare*（1378-1449）（Paris, 1964）; John H. Smith, *The Great Schism 1378: the Disintegration of the Papacy*（London, 1970）; *Genèse et débuts du Grand Schisme d'Occident —Avignon, 25-28 septembre 1978*（Paris, 1980）を代表的なものとして記す。

（3）ウルバヌス六世の選挙の前に聖ペトロ教会前広場に集った群集は、「われわれにローマ人の教皇を与えよ!」と叫んで、一部は教会内になだれこんだと伝えられる。（Ullmann, *The Origins*, p. 19).

（4）この二つのローマ法の原則についてはいろいろな研究があるが、特にGaines Post, "A Romano-Canonical maxim, 'Quod Omnes Tangit' in Bracton," *Traditio* IV（1946）: 197-251; Gaines Post, *Studies in Medieval Legal Thought; Public Law and the State 1100-1322*（Princeton, 1964）を参照。

（5）ピサの公会議については比較的に文献が少いが Marzieh Gail, *The Three Popes*（New York, 1969); Remigius Bäumer, "Die Reformkonzilien des 15. Jahrhunderts in der neueren Forschung," *Annuarium Historiae Conciliorum* I/1（1969）: 153-164; C. M. D. Crowder, *Unity, Heresy and Reform, 1378-1460: The Conciliar Response to the Great Schism*（London, 1977）などがある。

（6）コンスタンツ公会議についてドイツ人 Ulrich Richental、フランス人枢機卿 Guillaume Fillastre とイタリア人 Jacob Corretano によって書かれた記録が翻訳され *The Council of Constance: The Unification of the Church*, tr. Louise Ropes Loomis & ed. and annot. John Hine Mundy & Kennerly M. Woody（New York, 1961）にまとめられている。同公会議についてはそのほかに August Leidl, *Die Einheit der Kirchen auf den spätmittelalterlichen Konzilien von Konstanz bis Florenz*（Paderborn, 1966); Joseph Gill, *Constance et Bâle-Florence*（Paris, 1965); Remigius Bäumer, "Die Bedeutung des Konstanzer Konzils für die Geschichte der Kirche," *Annuarium Historiae Conciliorum* 4（1972）: 26-45 などがあげられる。

（7）バーゼル公会議の記録は、*Concilium Basileense*, 8 vols., ed. Johannes Haller（Basel, 1896-1936）として出版された。同公会議に関する研究は非常に多いが、その目ぼしいものだけをとると、Paul Lazarus, *Das Basler Konzil*（Berlin, 1912); Uta Fromherz, *Johannes von Segovia als Geschichtsschreiber des Konzils von Basel*（Basel, 1960); Joachim W. Stieber, *Pope Eugenius IV, the Council of Basel and the Secular and Ecclesiastical Authorities in the*

Empire（Leiden, 1978); Erich Meuthen, "Das Basler Konzil in römisch-katholischer Sicht," *Theologische Zeitschrift* 38（1982): 274-308; Johannes Helmrath, *Das Basler Konzil 1431-1449: Forschungsstand und Probleme*（Köln, 1987）などがある。

（8）潮見俊隆教授はその『法律家』〔岩波新書七五二〕（岩波書店、一九七〇）で、裁判官、検察官、弁護士を総括して法律家と呼んでいる。本章で取扱われる三人は、弁護士的役割を果したことが多いが、法学者としての活動もなしたので、「法律家」と称することにする。

（9）パノルミターヌスの生涯については、Riniero Zeno, "Nicolò Tudisco ed un nuovo contributo alla storia del Concilio di Basilea," *Archivio storico per la Sicilia Orientale* 5（1908): 258-267; 350-374; J. Schweizer, *Nicolaus de' Tudeschi, Archiepiscopus Panormitanus et S. R. E. Cardinalis: Seine Tätigkeit am Basler Konzil*（Strassburg, 1924); Jean Fleury, Le conciliarisme des canonistes au concile de Bâle d'après le Panormitain," *Mélanges Roger Secrétan*（Montreux, 1964): 47-65; Knut Wolfgang Nörr, *Kirche und Konzil bei Nicolaus de Tudeschis*（*Panormitanus*）（Köln, 1964）など参照。

（10）この修道院長の地位のゆえに、パノルミターヌスはまた Abbas Siculus や Abbas modernus ともよばれた。

（11）パノルミターヌスの著作については、Nörr, *Kirche und Konzil*, S. 181; Antony J. Black, "Panormitanus on the Decretum," *Traditio* 2（1970): 440-444.をみよ。

（12）ハインブルクの生涯と業績については、依然として Paul Joachimsohn, *Gregor Heimburg*（Bamberg, 1891; reprint, Aalen, 1983）が重要である。そのほか参照すべきは、Johann A. Ballenstadius, *Vitae Gregorii de Heimburg...brevis narratio*（Helmstadii, 1737); Clemens Brockhaus, *Gregor von Heimburg: ein Beitrag zur deutschen Geschichte des 15. Jahrhundert*（Leipzig, 1861); Alfred Wendehorst, "Gregor Heimburg," *Fränkische Lebensbilder* 4（1971): 112-129; Morimichi Watanabe, "Humanism in the Tyrol: Aeneas Sylvius, Duke Sigmund and Gregor Heimburg,"

Journal of Medieval & Renaissance Studies 4 (1974): 177–202; M. Watanabe, “Gregor Heimburg and Early Humanism in Germany” in: *Philosophy and Humanism: Renaissance Essays in Honor of Paul Oskar Kristeller*, ed. Edward P. Mahoney (Leiden, 1972), pp. 406–422 などがある。

(13) *Die Matrikel der Universität Wien*, hrsg. Willy Szaivert & Franz Gall I (Graz/Köln, 1956), pp. 99. Joachimsohn はハインブルクのウィーン大学在学についてふれてない。これについては、M. Watanabe, “Duke Sigmund and Gregor Heimburg” in: *Festschrift Nikolaus Grass*, hrsg. Louis Carlen & Fritz Steinegger, I (Innsbruck, 1974/75), p. 564; M. Watanabe, “Humanism in the Tyrol,” 94 ; M. Watanabe, “Gregor Heimburg & Early Humanism” pp. 411–412 を参照。比較的裕富な家庭に育ったハインブルクが何故 pauper として入学登録したかは明らかでない。中世大学における貧窮学生については、James H. Overfield, “Nobles and Paupers at German Universities to 1600,” *Societas* IV (1974): 175–210; ジャック・ヴェルジェ『中世の大学』大高順雄訳（みすず書房、一九七七）一九四―一九六頁などをみよ。

(14) Arnold Luschin von Ebengreuth, “Quellen zur Geschichte der deutschen Rechtshörer in Italien,” *Sitzungsberichte der phil.-hist. Klasse der kaiserlichen Akademie der Wissenschaften* (*Wien*) 124 (1842): 23.

(15) ハインブルクの演説 “Oratio pro petendis insigniis doctoratus canonici” は Joachimsohn, *Gregor Heimburg*, S. 302–303 にあり。

(16) Joachimsohn, *Gregor Heimburg*, S. 6–7.

(17) ハインブルクの後年については不明の点もあるが、かなり詳細な研究がある。Constantin Höfler, “Böhmische Studien: Gregor Heimburg, Georg Podiebrad und Ludwig XI. von Frankreich,” *Archiv für österreichische Geschichte* 12 (1854): 317–355; Adolf Bachmann, “Über König Georg von Böhmen und Gregor Heimburg,” *Mitteilungen des Vereins für Geschichte der Deutschen im Böhmen* XXXV (1897): 144–152; Otto Richter, “Gregor Heimburgs Grab,”

Dresdner Geschichtsblätter VI, 4（1897）: 69-70; Albert Gumbel, "Ein päpstliches Breve wider Gregor Heimburg vom Jahre 1461," *Mitteilungen des Vereins für Geschichte der Stadt Nürnberg* 15（1902）: 183-185; Erich Maschke, "Gregor Heimburg und die deutsche Orden," *Prussia, Zeitschrift des Altertums Gesellschaft Prussia* 29（1931）: 269-278; Gustay Sommerfeldt, "Aus Doktor Gregor Heimburgs letzten Lebensjahren," *Mitteilungen des Vereins für Geschichte der Deutschen in Böhmen* LXIX（1931）: 46-56. ハインブルクに関する資料及び書簡については、Joachimsohn, *Gregor Heimburg*, S. 292-324 をみよ。

（18）クザーヌスの生涯については依然として重要な研究書である Edmond Vansteenberghe, *Le cardinal Nicolas de Cues（1401-1464）: L'action - la pensée*（Paris, 1920: reprint, Frankfurt a. M., 1963）や Erich Meuthen, *Nikolaus von Kues, 1401-1464: Skizze einer Biographie*, 7. Aufl.（Münster, 1992）を参照。後者の第一版はE・モイテン『ニコラウス・クザーヌス』酒井修訳（法律文化社、一九七三）として出版された。クザーヌスのことに言及するすべての資料、文書を編集するという野心的事業が進行中で、これまで *Acta Cusana: Quellen zur Lebensgeschichte des Nikolaus von Kues*, Band I, Lieferung 1: 1401-1437 Mai 17, hrsg. E.Meuthen（Hamburg, 1976）; Baad I, Lieferung 2: 1437 Mai 17-1450 Dezember 31, hrsg. E. Meuthen（Hamburg, 1983）が刊行されている。第三分冊は一九九六年にでた。

（19）Gustav Toepke, *Die Matrikel der Universität Heidelberg von 1386 bis 1662*, I（Heidelberg, 1884）, S. 128. クザーヌスは "Nycolaus Cancer de Coesze cler[icus] Treuer[ensis] dyoc[esis]" として登録している。

（20）Morimichi Watanabe, *The Political Ideas of Nicholas of Cusa, with Special Reference to hia De concordantia catholica*（Genève, 1963）: 13; *Acta Cusana*, I, 1, S. 6 Nr. 18.

（21）*Acta Cusana*, I, 1, S. 7-8 Nr. 21, 22. クザーヌスがアルトリッヒのほかに多数の聖職録をえたことについては Meuthen, *Nikolaus von Kues*, S. 20-21 を見よ。

（22）クザーヌスのケルン大学登録については、Watanabe, *The Political Ideas*, p. 14; *Acta Cusana*, I, 1, S. 9 Nr. 25:

"Nycolaus de Cusa doctor in iure canonico Treuerensis dyocesis. Nihil dedit ob reverenciam persone, sed iuravit complete"; 渡邉守道、「クザーヌス、ローマ法、人文主義」日本クザーヌス学会編『クザーヌス研究序説』（国文社、一九八六）、三〇七頁、本書一一五—一一七、一八四頁、を参照。

（23）ウルリッヒのための弁護活動及び *De concordantia catholica* については、Watanabe, *The Political Ideas*; Paul E. Sigmund, *Nicholas of Cusa and Medieval Political Thought*（Cambridge, Mass., 1963）; Hermann J. Sieben, "Der Konzilstrakt des Nikolaus von Kues: De concordantia catholica," *Annuarium Historiae Conciliorum* XIV（1982）: 171-226 などに詳しい。

（24）教会改革の大旅行については多数の研究があるが、最も新しく権威のあるものは、Erich Meuthen, "Die deutsche Legationsreise des Nikolaus von Kues, 1451/1452" in: *Lebenslehren und Weltentwürfe im Übergang vom Mittelalter zur Neuzeit: Politik-Bildung-Naturkunde-Theologie*, hrsg. Hartmut Boockmann et al.（Göttingen, 1989）, S. 421-499 がある。

（25）クザーヌスのティロール時代は悲劇の連続であったが、幾多の研究が古くから発表されてきた。それらに基づいてティロール時代の意義を考慮したものに、Morimichi Watanabe, "Nicholas of Cusa and the Tyrolese Monasteries: Reform and Resistance," *History of Political Thought* VII, 1（Spring, 1986）: 53-72; also in: *The Politics of Fallen Man: Essays presented to Herbert A. Deane*, ed. Maurice M. Goldsmith et al.（[London], 1986）, pp. 53-72 がある。

（26）クザーヌスの死体はローマのサン・ピエトロ・イン・ヴィンコリ（S. Pietro in Vincoli）教会に埋葬されたが、心臓は故郷のクースに彼が私財を投じて一四六一年に建設し、今も存在する聖ニコラウス養老院（St. Nikolaus-Hospital）のチャペルの祭壇の近くにうめられた。

（27）一五世紀におけるドイツ各大学の創立については、Ernst Schubert, "Motive und Probleme deutscher Universitätsgründungen des 15. Jahrhunderts" in: *Beiträge zu Problemen deutscher Universitätsgründungen der frühen Neuzeit*, hrsg. Peter Baumgart & Notker Hammerstein (Nedelin, 1978), S. 13-74.

（28）渡邉「クザーヌス、ローマ法、人文主義」二九〇頁、本書一七八―一八〇頁参照。Karl Heinz Burmeister, *Das Studium der Rechte im Zeitalter des Humanismus*（Wiesbaden, 1974）は一四世紀から一六世紀間の法律教育に関する研究として便利である。

（29）Luschin von Ebengreuth, "Quellen zu Geschichte": 1-30.

（30）中世紀に法学研究のためイタリアに留学したドイツ聖職者については、Theodore Muther, *Römisches und kanonisches Recht im Mittelalter*（Rostock, 1871）, S. 5-8; Hermann Kantorowicz, "Political Sermon of Medieval Jurist," *Journal of the Warburg Institute* II（1938）: 22-45; Erich Genzmer, "Kleriker als Berufsjuristen im späten Mittelalter" in: *Études d'histoire du droit canonique dediées à Gabriel Le Bras* II（Paris' 1965）: 1207-1236 などの研究がある。

（31）この問題については、Adolf Stölzel, *Die Entwicklung des gelehrten Richterthums in deutschen Territorien* I（Stuttgart, 1872）, 176-179; Winfried Trusen, *Anfänge des gelehrten Rechts in Deutschland*（Wiesbaden, 1962）; Helmut Coing, "Römisches Recht in Deutschland" in: *Ius Romanum Medii Aevi* V. 6（Milano, 1974）, 3-95; H・コーイング『近代法への歩み』久保・村上訳（東京大学出版会、一九六九）六五―八一頁、勝田有恒「ヨーロッパ近世法史上の法律家」日本の法律家［ジェリスト一九七九年九月一五日号―No.七〇〇号］三三八―三九三頁などを参照。

（32）Coing, "Römisches Recht," 47.

（33）Watanabe, "Gregor Heimburg and Early Humanism," p. 413.

（34）Meuthen, *Nikolaus*, p. 10; モイテン『ニコラウス・クザーヌス』六頁。法律家としてのクザーヌスを特に取扱ったものとして、Hans Liermann, "Nikolaus von Cues und das deutsche Recht," *Zeitschrift für deutsche Geisteswissenschaft*（Jena）I（1938）: 385-397; Nikolaus Grass, "Cusanus als Rechtstheoretiker, Quellenkritiker und Jurist: Skizze und

Fragmente" in: *Cusanus Gedächtnisschrift*, hrsg. N. Grass (Innsbruck/München, 1970), S. 101-210 がある。

(35) 渡邉「クザーヌス、ローマ法、人文主義」二九二頁、三〇五頁、本書一九、一八一頁参照。Meuthen, *Nikolaus*, S. 51; *Acta Cusana*, I, 1, p. 4 note 2.

(36) Antonio Favaro, "Intorno alla vita ed alle opere di Prosdocimo de Beldomandi matematico Padovano del secolo XV," *Bulletino di Bibliografia e di storia delle scienze mathematiche e fisiche* XII (1879): 31, in: Lynn Thorndike, *University Records and Life in the Middle Ages* (New York, 1944), pp. 301-302.

(37) これについては、Paolo Sambin, "Nicolò da Cusa, studente a Padova e abitante nella casa di Prosdocimo Conti suo maestro," *Quaderni per la storia dell' Università di Padova* 12 (1979): 141-145 を参照。

(38) チェザリーについての新しい研究として Gerald Christianson, *Cesarini: The Conciliar Cardinal - The Basel Years, 1431-1438* (St. Ottilien, 1979) がある。

(39) Codex Cusanus 220 については、Alois Krchňák, "Die kanonistischen Aufzeichnungen des Nikolaus von Kues in Cod. Cus. 220 als Mitschrift einer Vortrag seines Paduaner Lehrers Prosdocimus de Comitibus," *Mitteilungen und Forschungsbeiträge des Cusanus-Gesellschaft* 2 (1962): 67-84; *Acta Cusana* I, 1, S. 5 Nr. 15. 聖ニコラウス養老院図書室現存の全写本のリストは、Jakob Marx, *Verzeichnis der Handschriften-Sammlung des Hospitals zu Cues bei Bernkastel a./Mosel* (Trier, 1905) として出版された。

(40) Werner Krämer, "Cod. Harl. 3710 (Kommentar zu den Dekretalen Gregors IX)", *Mitteilungen und Forschungsbeiträge der Cusanus-Gesellschaft* 12 (1977): 44-58; *Acta Cusana* I, 1, S. 4 Nr. 12.

(41) Walter Ullmann, *Medievel Papalism: The Political Theories of the Medieval Canonists* (London, 1949), pp. 2-3. なお、この問題については、ジャック・ヴェルジェ『中世の大学』大高順雄訳（みすず書房、一九七九）一三六頁以下の「教会の法学者」を参照。

(42) ルターは法学教育を一五〇五年四月から六月までしか受けなかったけれど、彼の『全条項の弁明と根拠』*Grund und ursach aller Artikel*（1521）の中でパノルミターヌスの著述を引用している。WA 7, 430-431; 渡邉守道「イタリア人文主義のルターに与えた影響について」『ルター研究』第二巻（聖文舎、一九八六）六三、七九頁参照。

(43) ナポリ王国の王位継承をめぐり、教皇エウゲニウス四世と葛藤のあったアルフォンソ五世については、Alan Ryder, *The Kingdom of Naples Under Alfonso the Magnanimous: The Making of a Modern State*（Oxford, 1976）をみよ。

(44) *Quoniam veritas verborum* は、*Monumenta Conciliorum Generalium Saeculi* XV, III, 1022-1125 と *Deutsche Reichstagsakten*, XVI, 246-248, 439-538 に印刷されている。その他の重要な演説については、Morimichi Watanabe, "Authority and Consent in Church Government: Panormitanus, Aeneas Sylvius, Cusanus," *Journal of the History of Ideas* XXXIII, 2（April-June 1972）: 225, n. 33; Nörr, *Kirche und Konzil*, S. 6-8 をみよ。

(45) Joachimsohn, *Gregor Heimburg*, S. 6-7; 渡邉「クザーヌス、ローマ法、人文主義」二九八頁、本書一八四頁参照。

(46) Wolfgang Kunkel, "The Reception of Roman Law in Germany: An Interpretation" in: *Pre-Reformation Germany*, ed. Gerald Strauss（New York, 1972）, p. 269.

(47) Overfield, "Nobles and Paupers": 175-210.

(48) Watanabe, "Gregor Heimburg and Early Humanism": 418-419; 渡邉「クザーヌス、ローマ法、人文主義」三一〇頁注（57）、本書一九九—二〇〇頁。

(49) クザーヌスと人文主義、またイタリアの人文主義者との関係については以前から議論されてきたが、複雑な問題である。ここに若干をあげるとAloys Meister, "Die humanistischen Anfänge des Nikolaus von Cues," *Annalen des Historischen Vereins für den Niederrhein* 63（1896）: 1-21; Martin Honecker, "Nikolaus von Cues und die griechische Sprache," *Sitzungsberichte der Heidelberger Akademie der Wissenschaften, Philosophisch-historische Klasse* 1937/38, 2. Abh.; Giovanni Santinello, "Nikolaus von Kues und Petrarca," *Mitteilungen und Forschungsbeiträge der*

Cusanus-Gesellschaft 4（1964）: 174–197.

（50）バッハラッハ事件については、Morimichi Watanabe, "Nikolaus von Kues - Richard Fleming - Thomas Livingston", *Mitteilungen und Forschungsbeiträge der Cusanus-Gesellschaft* 6（1967）: 168–173; Aloys Schmitt und Hermann Heimpel, *Winand von Steeg*（*1371–1453*）, *ein mittelrheinischer Gelehrter und Künstler und die Bildhand-schrift über Zollfreiheit des Bacharacher Pfarrweins auf dem Rhein aus dem Jahr 1426*（*Handschrift 12 des Bayerischen Geheimen Hausarchiv zu München*）（München, 1977）をみよ。

（51）Watanabe, *The Political Ideas*, p. 16 n. 26; Meuthen, *Nikolaus*, S. 27; *Acta Cusana*, I, 1, S. 23 Nr. 64; S. 161 Nr. 232, Nr. 235.

（52）ゾンネンブルク女子修道院改革については多数の研究が発表されて来た。Watanabe, "Nicholas of Cusa and the Tyrolese Monasteries"を参照。

（53）Watanabe, "Nicholas of Cusa and the Tyrolese Monasteries": 68–72.

（54）法律、法律家などに関する法諺、定義、諷刺文などを集めたものとして、Gustav Radbruch, *Kleines Rechts-Brever: Spruchbuch für Anselm*, hrsg. Fritz von Hippel（Göttingen, 1954）; Eduard Stemplinger, *Vom Jus und von Juristen*（München, 1963）; Max Arnold Nentwig, *Rechtsanwälte in Karikatur und Anekdote*（Köln, 1977）などがある。仏人諷刺画家 Honoré Daumier（1808–1879）の法律家に関する多くの諷刺画は有名である。穂積陳重はその『法窓夜話』河出書房、昭和二六年、二一一―二一八頁に「法諺」を論じ、「法律に関する諺は、西洋には其数非常に多く有るけれども、日本などには殊に少いようである」とし、その理由として、「東洋に於ては、法は神または君の作ったもので、人民は彼れ是れ喙を容れるべきものでないと為って居ったから」であろうとしている。

（55）Robert J. Bonner, *Lawyers and Litigants in Ancient Athens*（Chicago 1927; rept., New York, 1969）. 日本の弁護士が「三百代言」と呼ばれた時期があったのは有名である。潮見『法律家』一八二頁。

（56）ローマ法学の復活とそれにともなった教会法の発展、整備についての新しい研究として、Harold J. Berman, *Law and Revolution: The Formation of the Western Legal Tradition*（Cambridge, Mass., 1983）がある。法学復活をも論じたC・H・ハスキンズの一九二七年出版の名著の邦訳が、C・H・ハスキンズ『十二世紀のルネサンス』別宮・朝倉訳（みすず書房、一九八九年）として出版されたのは喜ばしい。

（57）Walter Ullmann, "Honorius III and the Prohibition of Legal Studies", *The Juridical Review* 60（1948）: 177-186.

（58）Martin Grabmann, "Die Erörterung der Frage, ob die Kirche besser durch einen guten Juristen oder durch einen Theologen regiert werde, bei Gottfried von Fontaines（nach 1306）und Augustinus Triumphus von Ancona（1328）" in: *Festschrift Eduard Eichmann zum 70. Geburtstag,* hrsg. Martin Grabmann & Karl Hofmann（Paderborn, 1940）: 1-19. J・ヴェルジェ（Jacques Verger）はその著『中世の大学』一一六頁に「しかし、托鉢修道会を別にするならば、中世末期の教会は神学者の教会というよりも法学者の教会であった」とのべている。

（59）アルフォンソ五世とバーゼル公会議については、Eduard Preiswerk, *Der Einfluss Aragons auf den Prozess des Basler Konzils gegen Papst Eugen* IV（Basel, 1902）; W. Küchler, "Alfons V. von Aragon und das Basler Konzil", *Spanische Forschungen der Görresgesellschaft* 1. Reihe, 23（1967）: 131-146を参照。

（60）Aeneas Sylvius Piccolominus（Pius II）, *De Gestis Concilii Basiliensis Commentariorum,* Libri II, ed. & tr. Denys Hay & W. K. Smith（Oxford, 1967）, p. 150とpp. 162-173. パノルミターヌス研究者たちは、彼が法律学者として書いた著作と、法律実務家として論争、弁護のために書いた著作とを明瞭に区別すべきであるとする。Nörr, *Kirche und Konzil,* S. 5-7; Watanabe, "Authority and Cand onsent": 226. この問題についての詳細な研究は、Arnulf Vagades, *Das Konzil über dem Papst? Die Stellungnahme des Nikolaus von Kues und des Panormitanus zum Streit zwischen dem Konzil von Basel und Eugen IV.,* 2 Bände（Paderborn, 1981）である。

（61）クザーヌスの転向に関する諸説については、Watanabe, *The Political Ideas,* pp. 97-98; James E. Biechler, "Nicholas of Cusa and the End of the Conciliar Movement: A Humanist Crisis of Identity", *Church History* 34（1975）: 5-21を見よ。

（62）Ottokar Menzel, *Johannes Kymeus, Des Babsts Hercules wider die Deudschen,* Wittenberg 1538," *Sitzungsberichte der Heidelberger Akademie der Wissenschaften, philosphisch-historische Klasse,* Jhrg. 1940/41 6. Abh.（Heidelberg, 1941）.

（63）クザーヌスのほかにも、有名な人だけをとっても、クザーヌスの師ジュリアノ・チェザリーニ（Giuliano Cesarini）、法律家として名声の高かったロドヴィコ・ポンタノ（Lodovico Pontano）、クザーヌスの友人で後に教皇ピウス二世として保護者になったエネア・シルヴィオ・ピッコローミニ（Enea Silvio Piccolomini）など転向した人がかなりあった。エネアは一四五八年に教皇になり、一四六三年に、*Bulla retractionum* をかいて釈明している。

（64）Joachimsohn, *Gregor Heimburg* S. 196. また、Gumbel, "Ein päpstlichen Breve", 183-185を参照。

（65）有名な『誹謗』は、Marquard Freher, *Rerum germanicarum scriptores* II（Strasbourg, 1717）, 225-265: "Invectiva Gregorii Heimburg Vtrivsque ivris doctoris, in reverendissimum Patrem, Dominum Nicolaum de Cusa, Sanctae Romanae Ecclesiae Tituli S. Petri ad Vincula presbyterum Cardinalem, et Episcopvm Brixinensem"として出版されている。更に、Watanabe, "Gregor Heimburg and Early Humanism," p. 417; *Acta Cusana,* I, 1, S. 157 Nr. 227を見よ。また、Harald Zimmermann, "Der Cancer Cusa und sein Gegner Gregor Errorius: Der Streit des Nikolaus Cusanus mit Gregor Heimburg bei Thomas Ebendorfer," *Österreichisches Archiv für Kirchenrecht* 84（1983/84）: 10-28も参照さるべきである。

（66）渡邉「クザーヌス、ローマ法、人文主義」三〇一―三〇二頁、本書一九〇―一九一頁参照。

第三章　宗教改革直前のドイツ教会
——ニコラウス・クザーヌスとヴィルスナックの聖なる血の崇拝——

緒　言

一九九六年は、宗教改革者M・ルターが亡くなって四五〇年目で、母国ドイツでは多くの記念の催しがあり、ルター関係の土地の多い旧東ドイツを訪れる旅行者の数も増加しているとのことである。プロテスタントの伝統を継ぐ教育を目標とする聖学院も、この「ルター記念の年」を記憶すべきであろう。

何故、宗教改革がヨーロッパの国々のうちでもドイツに始まり、他の国でなかったか、という問題は複雑なものであるが、依然として考慮の価値のあるものと思う。ドイツの有名な宗教改革史学者のB・メラーは、中世後期時代のドイツを「とくに中世的な国[1]」と理解しているが、より中世的でなかった国より、もっと中世的であったからドイツに宗教改革が始まったのだと言うならば、やはりこの論理は点検の要があるといえよう。ドイツの最も著名な中世史家の一人のH・ハインペルは、彼の有名な論文「ドイツ中世後期の本質」において、ドイツを「とくに中世的な国家」と規定している[2]。メラーの解釈はハインペルの見解を継承したものである。

本章では、一五世紀の生んだ最も独創的な哲学者・神学者・思想家と広く見なされているニコラウス・クザーヌス

〔Nicolaus Cusanus、一四〇一―一四六四〕が、一四五一年から一四五二年にわたってドイツと低地地方の各地を教皇ニコラウス五世（一四四七―一四五五）の命によって巡察して教会改革の努力をした際に、マクデブルク大司教区内のヴィルスナック〔Wilsnack〕で遭遇した「聖なる血」の崇拝の問題に対して、どのような立場をとったかを検討することによって、宗教改革直前のドイツ教会、またその直面した諸問題の一部を理解する助けとなることをめざすものである。

1　クザーヌスの巡察旅行

バーゼル公会議（一四三一―一四四九）の初頭に、マンデルシャイトのウルリッヒの法律顧問として『普遍的和合について』〔*De concordantia catholica*, 1433/34〕を提出し、同意理論に基づいて公会議が教皇より上位にあるという公会議首位説を支持したクザーヌスであったが、(3) ローマ教会とギリシア正教会の合同の問題に関して公会議が多数派と少数派に分裂するや、クザーヌスは、一四三七年、公会議支援の多数派から教皇支持の少数派側に移った。そのご、教皇エウゲニウス四世（一四三一―一四四七）の代表の一人としてコンスタンティノープルに赴き、また、一四四〇年代には、教皇と公会議の葛藤に関して中立の立場をとったドイツの諸侯を説得して、教皇陣に引きよせようと種々の帝国議会に参加して大いに活躍したので、後年、教皇ピウス二世（一四五九―一四六四）となった友人エネア・シルヴィオ・ピッコローミニは、彼を「エウゲニウス派のヘラクレス」と呼んだ程であった。

一四四八年、クザーヌスは枢機卿に任命され、二年後、ティロール地方のブリクセンの司教にも叙せられた。同年、新教皇ニコラウス五世は、一四五〇年の聖年を記念して、贖宥符〔免償符〕を分配し、教会と修道院の改革を遂行するためにクザーヌスを教皇派遣特使《レガートゥス》としてドイツ各地に派遣した。多くの枢機卿が数百人にのぼる随員を伴って旅行をした時代に、クザーヌスはわずか三〇人の同伴をつれて一四五〇年一二月三一日にローマを去って真冬の旅にでかけた。(4) 彼は驢馬にのって行ったといわれる。一四五一年一月から一四五二年四月までの一五ヶ月間、出発点のローマから終点のブリクセンに至る約四、五〇〇キロメートルにわたる大旅行は、まさにクザーヌス研究の権威J・コッホの述べた如く、クザーヌスの生涯の「頂点」(5) をなすものであったといえる。クザーヌスの巡察旅行研究の第一人者E・モイテンも、最近の講演で、巡察旅行は、「その反響と同時代人の記憶からみて、常にドイツ史の一大事件と見なされてきた」(6) と結論している。

ローマを去ったクザーヌスとその一行は、ごく最近の発見によると、これまで想像されていたようにベロナからブリクセンを通ってではなく、トレヴィゾからアルプスを越えシュピタールに達した。(7) その後ザルツブルク、ウィーンなどのオーストリアの各地を訪れ、ドイツに入ってからは、ミュンヘンから北上し、幾多の歴史的都市をへてマクデブルクに至り、そこで西転して一四五一年七月三〇日にミンデンに到着した。ついでオランダ・ベルギー地方に入った一行は、アムステルダム、ライデン、レールモント、マーストリヒトなどの諸都市を通り、その後ドイツとベルギーの土地をアーヘン、リェージュ、マルメディ、トリーア、クース、マインツと廻り、ついでおりかえしてケルン、アーヘン、ルーヴァン、ブルージュ、コブレンツ、フランクフルト、アシャッフェンブルクと恰かも蹴まわされた球のように順回し、一四五二年の聖金曜日ごろに最終点であるブリクセンに到着したのである。(8)

この旅行中に、クザーヌスはザルツブルク、マクデブルク、マインツ、ケルンの大司教区庁所在地において管区教会会議を開いて司会し、バンベルクでも教区会議を催した。そして八〇以上に及ぶ教会と修道院を数日から二週間にわたって巡察・改革し、数多の所でラテン語かドイツ語で説教を行ったが、そのうちの四八の説教が現存している。

E・モイテンが示したように、全旅程がドイツ教会の改革と再建を目的として組まれたものであったことは明らかである。[9] 旅行終了後四〇年たったあと、有名なベネディクト派のスポンハイム修道院長J・トリテミウス（一四六二—一五一六）は、「クザーヌスは暗黒と混乱のまっただ中にあるドイツに光と平和の天使の如く現われ、教会の調和を回復し、その頭首の威厳を再興し、新しい生活の種を十分に播きちらした」[10] と書いて非常に楽観的な巡察旅行評価の基礎をおいたが、最近の研究では、クザーヌスが経験したかなりの困難と抵抗を浮彫りさせるようになった。[11] ケルンでの管区教会会議中には、クザーヌスを毒殺しようとする企てがあった程である。[12] その理由としては、一つにはクザーヌスがかつて公会議首位説をたてて教皇権力の制限を企てたにも拘らず、教皇陣に加わって裏切り者になったという批判があったのである。更に、ドイツ人の枢機卿は白い鳥のような稀な存在と思われていた時代に、ドイツ生れの枢機卿クザーヌスが教皇の命令でドイツに来て教会の改革を説き、贖宥符を頒布するのは、どうみても、反ドイツ人的活動であると考えられていたからである。クザーヌスに対するこういうドイツ人の態度は、後年、J・キュモイスがその著『反ドイツ人的教皇のヘラクレス』〔*Des Babsts Hercules wider die Deutschen*, 1538〕に明らかに示したことである。[13]

クザーヌスがこの巡察旅行上の最初の管区教会会議の行われたザルツブルクで、広汎にわたる教会改革案を提出したことが数年前明らかになった。[14] 該書類は無記名であるが、内容からいって、ドイツ教会の改革を目指すクザーヌスが、その野心にみちた巡察旅行の端緒において発表した宣言とも見られるものである。非常に詳細にわたるこの改革案は、管区教会会議によって受け入れられず、ザルツブルクの聖ペトルス修道院の書庫に眠っていたもののようである。後年、ピウス二世時代に教皇庁に移ったクザーヌスは、一四五九年に『全面的改革』〔*Reformatio generalis*〕を書いたが、[15] 巡察旅行中もその後になっても、教会改革が彼の最大の関心事の一つであったことは明らかである。

四五六日におよんだ長期旅行中に起った種々の事件の意義を検討することはこの小論では不可能であるから、そのなかでも特異な、当時は非常に有名であったが現在は殆んど知られてないヴィルスナックの聖なる血の崇拝に焦点をあててみよう。一体、それは何を意味し、どうして起ったのであろうか。

2　ヴィルスナックの聖なる血の崇拝

一三八三年、マクデブルク大司教区の一部のハベルベルク〔Havelberg〕司教区にあったヴィルスナック村が騎士ハインリッヒ・フォン・ビューロー〔Heinrich von Bülow〕とその郎党によって灰燼に帰せられた時、村教会の司祭ヨハンネス・カブーツ〔Johannes Kabuz〕は、焼け残った祭壇にあった三つの聖餅が毀損されていないだけでなく血がにじんでいるのを発見したと主張し始めた。[16] その報が広まるや、ヴィルスナックには群衆がおしかけ、あっという間に巡礼地が誕生したのである。巡礼者の数は急増し、その結果、教会の収入もふえた。一三八四年には、教皇ウルバヌス六世（一三七八—一三八九）は教会堂再建の目的のためとして、巡礼者に贖宥符を販売する許可を与え、[17] 一四世紀末までには、ヴィルスナックの聖なる血の崇拝は確立するに至った。一般に、中世後期のヨーロッパにおいては、キリストの血の崇拝が非常に増加したといわれる。[18] ドイツだけをとっても、一〇〇ヶ所以上に及ぶ巡礼地があり、その中でも有名なのは、アンデックス〔Andechs〕、ヴァルドュルン〔Walldürn〕、アウグスブルク〔Augsburg〕などであった。[19]「善男善女」が巡礼としてそれらの地を訪れた宗教的、心理的要因をここで詳細に論ずることはできないが、教会大分裂（一三六八—一四一七）開始以来の宗教的、政治的混乱、神聖ローマ帝国の弱体化による社会的不安の増大が寄与したことは明らかである。世紀末接近への恐怖もあったようである。[20] L・マイヤーも論ずるように、巡礼の現象には、参加して経験した人にしか理解しがたい、合理的精神では把握できない面があるのはたしかである。[21]

このようにしてヴィルスナックは一五世紀に入ってもますます「発展」したが、一四〇三年、自分の大司教区からヴィルスナックに出かける巡礼者の数の増大に気づいたプラハ大司教スビンコ〔Sbinko〕は同年に調査委員会を設立し、ヴィルスナック巡礼の妥当性を調査することになった。[22] その委員の一人が、J・フス（c. 1370 - 1415）である。委員会の審議の結果は一四〇五年に発表された司教会議布告で、すべての司祭にヴィルスナック巡礼禁止の説教をすべきことを命じたものであった。[23] そして同年にはフスの『キリストの血について』〔*De sanguine Christi*〕が著わされて、[24] ヴィルスナックや同種の聖なる血の崇拝反対の立場を明らかにしたのである。このような大司教やフスからの批判にもかかわらず、ヴィルスナック巡礼は増加をつづけ、巡礼はドイツとボヘミアのみならず、スイス、オランダ、ベルギーやスカンディナヴィアの国々からも来て、イエルサレム、ローマ、サンチアゴ・デ・コンポステラ、アーヘンにつぐ一大巡礼地となった。[25]

しかし、そのヴィルスナックも、一四四三年から一四五三年にかけて、はげしい論争の対象となった。その一つの理由はH・トーケ〔Heinrich Tocke〕の活動があったからである。彼は一四〇六年からエルフルト大学に神学を学び、一四一八年、神学教授になり、一四二六年にはマクデブルクの司教座聖堂参事会員になったが、その平民出身の背景と、神学的教養の故に、参事会でも教会批判的な少数派に属した一人であった。一四三二年から一四三七年までバーゼル公会議に参加したが、その間にクザーヌスに会ったことも考えられる。著作年は明確でないが、彼が一五世紀半ばに書いた『ラプラリウス』〔*Rapularius*〕は、クザーヌスの『普遍的和合について』と同じように、著者の高き教養と深き学問を反映している。[26]

トーケにとって基本的な問題は、聖餅に血がそもそも見られるかであり、あったとしてもそれがキリストの血であるとどうして立証できるか、であった。クザーヌスが一四五一年にマクデブルクで開催した管区教会会議においてトーケは有名な演説をしたが、その中で、一四四三年にヴィルスナックを訪れ、三つの聖餅をくわしく調べたが、血らしき赤さなどはなく、万が一あっても、キリストのそれであると必ずしも言いがたい、と彼は結論した。(27) したがって、ヴィルスナック巡礼を司祭が勧めるのは欺瞞と迷信に基づき、クザーヌスのようにマクデブルクで贖宥符を売るのは「外国人から金をまきあげる巧みな方法」(subtilis modus extorquendi pecunias a barbaris) であると主張したのである。(28) このことに関しては、プラハ大学、エルフルト大学、ライプチッヒ大学の各神学部も類似の立場をとったことに注目すべきである。(29)

以上のような神学者・教会改革者トーケや大学神学部の意見の背後に、ドメニコ会とフランシスコ会という当時の教会の最も重要な托鉢修道会の立場が関連していることを理解する必要がある。ヴィルスナックの聖なる血について、ドメニコ会は否定的な立場をとった。それは、トマス・アクィナス（一二二五―一二七四）が『神学大全』三 a、五四、二―三に述べたように、キリストは彼の輝く身体と共にすべての血を持って昇天したから、地上での聖なる血の崇拝などは神学的にありえないとしたからである。それに反して、フランシスコ会は、ボナヴェントゥラ（一二一七／二一―一二七四）とヨハネス・ドゥンス・スコトゥス（一二六五／六六―一三〇八）の説に従って、キリストの血滴の一部は位格的融同（ウニオ・ヒポスタティカ）から分離して地上に留まったとして聖なる血の崇拝を肯定する立場をとった。(30) ヴィルスナック論争に関してその意見を明らかにのべたドメニコ会員は少ないのに反し、フランシスコ会の立場は、M・デーリンク（Matthias Döring）、J・カンネマン（Johannes Kannemann）、J・ブレーメル（Johannes Bremer）とG・カピストラノ（Giovanni Capistrano）などのフランシスコ会員によって擁護された。デューリンクはトーケの反対者として名をあげ、カンネマンはトーケのようにエルフルト大学の神学者であり(31)、カピストラノは一五世紀最大の説教者として広く知られていた(32)。

ヴィルスナック論争を理解するためにもう一つ注目しなければならない側面は、その当時の政治及び教会政治状況である。ヴィルスナックの所在するハベルベルク司教区の司教コンラット・フォン・リントルフ（Konrad von Lintorff）がヴィルスナックの支持・保護者であったのは理解しやすいが、同司教区を包含するマクデブルク大司教区の大司教フリードリッヒ・フォン・バイヒリンゲン（Friedrich von Beichlingen）は教会改革者で、ヴィルスナックについても批判的であった。ところが、同地方の世俗的頭首であったブランデンブルクの選帝侯フリードリッヒは、ヴィルスナック巡礼に好意的であって、ハベルベルク司教のコンラットとも友好的関係にあったのである。政治的権力の拡大を望み、ヴィルスナック巡礼による収入の増加を歓迎した選帝侯が、自分の司祭であったコンラット司教と提携してマクデブルク大司教を牽制しようとしたのは理解に難くない。フランシスコ会のM・デーリンクが恐らく一四四三年から選帝侯の相談役となったのも極めて論理的といえよう(33)。教会改革を目指すフリードリッヒ大司教は、ヴィルスナックからの収入にたよって財政的にも政治的にも独立をはかったコンラット司教を束縛し、大司教区内の托鉢修道会、特にフランシスコ会を統御しようとしていたのである。

上述のように、ヴィルスナック論争の本質を理解する為には、巡礼の動向だけでなく、教理史上の発展に留意し、政治・教会政治上の勢力争いにも注目することが大切である。そして、更に、コンスタンツ公会議（一四一四―一四一八）とバーゼル公会議によって促進され、メルク〔Melk〕、ブルスフェルデ〔Bursfelde〕などのベネディクト派修道会や、ウィンデスハイム（Windesheim）などのアウグスティヌス派修道会に広まりつつあった修道院改革運動をも考慮に入れることが重要である。ヴィルスナック巡礼は、宗教的慣習と行事が教会改革と領土拡大の二重の圧力の下にいかに影響を受けるかを明らかに示した良い例であった。[34]

3　クザーヌスとヴィルスナック巡礼

それでは、クザーヌスはヴィルスナックに対して、どのような態度をとったのであろうか。一四四六年、教皇エウゲニウス四世は教書を発布し、ヴィルスナックの聖なる血の崇拝を認可したが、翌年九月、新教皇ニコラウス五世は同じく彼の教書で、前任者の判決を支持すると表明した。クザーヌスのヴィルスナック巡礼との遭遇は、このような背景に照らして考察されるべきである。

一四五一年六月一八日に開始されたマクデブルクでの管区教会会議では、前述のように、トーケが有名な演説をして、その中で論理整然とヴィルスナックの聖なる血の崇拝は詐欺であると議論したが、クザーヌスはどのような思いでそれを聴取したのであろうか。これまでは、同教会会議は、クザーヌスがマクデブルクを出発して次の訪問地ハルベルシュタットにむかった六月二八日直前まで続いたと考えられ、またクザーヌスがマクデブルク滞在中にヴィルスナックに行ったことはなかったと信じられてきた。しかし、モイテンは最近の論文で、六月二二日から二四日に至る間についてのクザーヌスに関する資料がないことに注目し、二人のオランダ歴史家によるクザーヌスのヴィルスナック訪問についての証言を発見したと報じている。[35] モイテンの指摘するように、マクデブルクからエルベ河を下って一三〇キロメートル位しかないヴィルスナックに、クザーヌスが六月二一日に出発したのは可能なことである。[36]

けれども、クザーヌスはマクデブルクに帰還し、六月二五日には七つの、二六日と二八日には一つずつの布告を出したが、それらはいずれもヴィルスナックの巡礼とは関係のないものであった。しかし、次の町のハルベルシュタットに到着したすこしあとの七月五日になってはじめて、ヴィルスナックを直接に指名せず、聖なる血の崇拝一般を禁止した布告を出している[37]。教皇派遣特使として、ニコラウス五世の一四四七年の布告に直接反対するのを憚ったことも考えられる。けれども、クザーヌスの布告は、ドイツのすべての大司教と高位聖職者にむけて、血のにじんだという聖餅を配列するものは破門され、その土地は聖務禁止となると警告した。聖職者は金銭欲のために聖なる血の崇拝を許容しているだけでなく奨励さえしているが、教養のない信者を欺くあらゆる機会は除去されるべきであるというのが彼のあげた理由であった[38]。同じ趣旨の布告をクザーヌスは七月一二日にヒルデスハイムで、八月四日にミンデンで、また一一月二〇日にはマインツで出している[39]が、彼の意図と決断を示すものといえよう。しかしながら、ヴィルスナック巡礼は一層盛んになるばかりであったので、マクデブルク大司教は一四五二年一月八日にハベルベルク司教を破門し、ヴィルスナックを聖務禁止の下においたが、ハベルベルク司教は反対に大司教を破門に付すという事態にいたった[40]。そのあとに続いた両者間の軋轢状態はクザーヌスの教会改革案にとって不利なことは明らかである。一方、ブランデンブルク選帝侯フリードリッヒは翌年ローマに赴き、ニコラウス五世に直接工作をし、カピストラノも教皇に書状を送ってヴィルスナック支持を慫慂したので、同年三月六日、教皇は教書を発表し、一四四七年の布告を再確認し、クザーヌスの意図に基づくマクデブルク大司教の破門・聖務禁止布告を廃棄すると共に、ヴィルスナック巡礼の継続を正式に許可した[41]。共に人文主義者で仲の良い間柄であったのであるが、ヴィルスナック巡礼の問題に関してクザーヌスは教皇の決定の前に後退を余儀なくされたのであった。

ヴィルスナックは一五世紀の後半にその最盛期に達し、ある研究によれば、キリスト教世界で最大数の巡礼者をひきつけたという[42]。けれども、宗教改革後、ルターは一五二〇年に出版した『ドイツ国のキリスト者貴族に与える書』の中で、巡礼者たちが導かれていくヴィルスナック、シュテルンベルクその他の田舎の教会堂は破壊されるべきだと第一番目にヴィルスナックをあげて攻撃した(43)。一五五二年、ルター派の牧師J・エレフェルト（Joachim Ellefeldt）がヴィルスナックの聖餅を火中に投じたあとヴィルスナックは衰退し(44)、今日では、ヴィルスナック温泉（Bad Wilsnack）という小さな町が存在するにすぎない。

結び

一年三ヶ月にわたる巡察旅行で、クザーヌスは宗教改革直前のドイツ教会の実状をつぶさにみ、その多くの問題の解決に努力した。七〇年程前から始まったヴィルスナックの聖なる血の崇拝は最大の問題の一つで、トーケのような反対者や、諸大学神学部の批判にも拘らず、繁栄こそすれ、衰退の様子はなかった。極めて中世的な、信心深い民衆の宗教的無知と心理的不安につけこんだ一部聖職者の策謀と貪欲によるだけでなく、それを契機として、地域的、経済的勢力を拡大しようとした政治的・宗教的指導者の権力争いにも深く関連していた。

教会改革は中世後期において広くその必要が認められ、そのために種々の改革運動が教会・修道院内でおこったことは周知の事実である。そういった気運と発展が、教会大分裂の結果としておこった幾多の問題を解決するために始まった公会議主義運動によって一層強化されたことは明らかである。宗教改革以前にも多数の改革者が存在していたのであった。初めは公会議首位説の支持者としてバーゼル公会議に参加し、後年、教皇側に移ったクザーヌスにとっても、教会改革は最も重要な課題であって、そのことは、彼の教皇派遣特使としての巡察旅行が明確に示している。また、彼がブリクセン到着以後にティロールで(45)、のちにはイタリアのオルヴィエト（Orvieto）とローマで遂行しようとした教会・修道院改革案も、彼がいかにこの問題に真摯に取りくんだかを証明するものである。

けれども、他の中世後期の教会改革者のようにクザーヌスが中世教会の機構の中で企てた教会改革は、その本質上、限度のあるものであった。クザーヌスの余りにも法律家的なアプローチとか、彼の柔軟性を欠く態度とかが改革案挫折の理由としてあげられてきたが、彼の企画した教会改革は協力をおしむ教皇権力の前には殆んど無力であったことは、ヴィルスナック崇拝禁止の例によって明らかである。中世後期の教会改革と一六世紀の宗教改革はやはり次元の違ったもので、機構からとび出ることをきらったルター自身の初期の願望はどうあろうとも、彼の信仰の結果として起った宗教改革は、やはり一つの飛躍を意味していたのである。[47] そこにルターの史的意義があるといえよう。

注

（1）Bernd Moeller, "Frömmigkeit in Deutschland um 1500," *Archiv für Reformationsgeschichte*, 56, 1（1965）, 29-30.

（2）Hermann Heimpel, "Das Wesen des deutschen Spätmittelalters," *Archiv für Kulturgeschichte*, 35, 1（1953）, 38.

（3）クザーヌスの生涯と思想についてのすぐれた手引きとしては、Edmond Vansteenberghe, *Le cardinal Nicolas de Cues*（*1401-1464*）: *L'action-la pensée*（Paris, 1920）; Erich Meuthen, *Nikolaus von Kues 1401-1464: Skizze einer Biographie*, 7. Aufl.（Münster, 1992）があげられる。後著第一版の邦訳として、E・モイテン『ニコラウス・クザーヌス、一四〇一―一四六四――その生涯の素描』酒井修訳（法律文化社、一九七三）がある。彼の『普遍的和合について』に関しては、Paul E. Sigmund, *Nicholas of Cusa and Medieval Political Thought*（Cambridge, Mass., 1963）; Morimichi Watanabe, *The Political Ideas of Nicholas of Cusa, with Special Reference to his De concordantia catholica*（Geneva, 1963）; Claudia Lücking-Michel, *Konkordanz und Konsens-Zur Gesellschaftstheorie in der Schrift 'De concordantia catholica' des Nicolaus von Cues*（Würzburg, 1994）をみよ。

（4）Josef Koch, *Der deutsche Kardinal in deutschen Landen: Die Legationsreise des Nikolaus von Kues*（1451/52）（Trier, 1964), S. 11.

（5）Koch, *Der deutsche Kardinal*, S. 3.

（6）Erich Meuthen, *Nikolaus von Kues: Profile einer geschichtlichen Persönlichkeit*〔Trierer Cusanus Lecture, Heft 1〕（Trier, 1994), S. 15.

（7）Erich Meuthen, "Das Itinerar der deutschen Legationsreise des Nikolaus von Kues 1451/1452" in: *Papstgeschichte und Landesgeschichte: Festschrift für Hermann Jacobs zum 65. Geburtstag*, hrsg. Joachim Dalhaus et al.（Köln, 1995), S. 476.

（8）クザーヌスの巡察旅行については、一九世紀から、かなりの数の研究があるが、最近のものとしては注（6）にあげたモイテンの講演のほかに、Erich Meuthen, "Die deutsche Legationsreise des Nikolaus von Kues 1451/1452" in: *Lebenslehren und Weltentwürfe im Übergang vom Mittelalter zur Neuzeit: Politik-Bildung-Naturkunde-Theologie*, hrsg. Hartmut Boockmann et al.（Göttingen, 1989), S. 421-499 があげられる。両論文とも、モイテンがクザーヌスの『全集』（*Opera Omnia*）と平行して出版されている *Acta Cusana* の第一部第三分冊として長年にわたって準備してきたクザーヌスの巡察旅行関係文書・資料蒐集の副産物として発表されたものである。同蒐集には一六〇〇以上の資料がふくまれており一九九六年に出版された。旅程については、二八〇―二八一頁を参照。

（9）Erich Meuthen, "Die Synode im Kirchenverständnis des Nikolaus von Kues" in: *Stadt, Kultur, Politik - Beiträge zur Geschichte Bayerns und des Katholizismus: Festschrift zum 65. Geburtstag von Dieter Albrecht*（Kalmünz, 1992), S. 17.

（10）Donald Sullivan, "Nicholas of Cusa as Reformer: The Papal Legation to the Germanies, 1451-1452," *Medieval Studies*, 36（1974), 383 をみよ。

（11）例えば、Koch, *Der deutsche Kardinal*, S. 14、モイテン『ニコラウス・クザーヌス』一二三—一二六頁。

（12）モイテン『ニコラウス・クザーヌス』一一三頁。

（13）Johannes Kymeus, *Des Babsts Hercules wider die Deutschen*, *Wittenberg 1538*, hrsg. Ottokar Menzel〔Cusanus-Studien, VI〕（Sitzungsberichte der Heidelberger Akademie der Wissenschaften, Philosophisch-historische Klasse, Jhrg. 1940/41. 6. Abh.）（Heidelberg, 1941）.

（14）ザルツブルクの聖ペトルス修道院に発見されたこの原案（HsA 203f. 51'-59'）の記述と評価については、Meuthen, *Die Synode*, S. 17-22 をみよ。

（15）*Reformatio generalis* のテキストは、Stephan Ehses, "Der Reformentwurf des Kardinals Nikolaus Cusanus," *Historisches Jahrbuch*, 32（1911）, 281-299 にある。それへの序説と英訳とが Morimichi Watanabe and Thomas M. Izbicki, "Nicholas of Cusa, A General Reform of the Church" in: *Nicholas of Cusa on Christ and the Church; Essays in Memory of Chandler McCuskey Brooks for the American Cusanus Society*, eds. Gerald Christianson and Thomas M. Izbicki（Leiden, 1996）, pp. 175-202 に最近出た。

（16）ヴィルスナックの聖なる血の崇拝については、一六世紀から多数の記述と研究があるが、最近の主要なものだけをあげると、Ludger Meier OFM, "Wilsnack als Spiegel deutscher Vorreformation," *Zeitschrift für Religions- und Geistesgeschichte*, 3, 1（1951）, S. 53-69; Otto-Frierich Gandert, "Das Heilige Blut von Wilsnack und seine Pilgerzeichern," *Brandenburgische Jahrhunderte: Festgabe Johannes Schultze*（Berlin, 1971）, S. 72-90; Hartmut Boockmann, "Der Streit um das Wilsnacker Blut: Zur Situation des deutschen Klerus in der Mitte des 15. Jahrhunderts," *Zeitschrift für Historische Forschung*, 9, 4（1982）, S. 385-408; Charles Zika, "Hosts, Processions and Pilgrimages: Controlling the Sacred in Fifteenth-Century Germany," *Past and Present*, 118（1983）, 24-64.『キリスト教大事典』〔改訂新版〕（一九六三）一一一頁には、ヴィルスナックの「鉄性泥泉浴による病気治療・治癒の奇跡を目的とする巡

礼」とあるが、温泉（Bad）は一九〇六年になって発見されたものである。

（17） Meier, "Wilsnack als Spiegel," S. 54; Boockmann, "Der Streit um das Wilsnacker Blut," S. 389; Zika, "Hosts, Processions and Pilgrimages," p. 50.

（18） Meier, "Wilsnack als Spiegel," S. 53; Zika, "Hosts, Processions and Pilgrimages," p. 49.

（19） Boockmann, "Der Streit um das Wilsnacker Blut," S. 389; Zika, "Hosts, Processions and Pilgrimages," p. 49 n. 76.

（20） 世紀末に対する恐れについては、Norman Cohn, *The Pursuit of the Millennium*（London, 1957）〔『千年王国の追求』江河徹訳（紀伊国屋書店、一九七八）〕を参照。

（21） Meier, "Wilsnack als Spiegel," S. 65–69.

（22） Peter Browe, S.J., *Die eucharistischen Wunder des Mittelalters*（Breslau, 1938）, S. 168; Meier, "Wilsnack als Spiegel," S. 54-55; Boockmann, "Der Streit um das Wilsnacker Blut," S. 391.

（23） Browe, *Die eucharistischen Wunder*, S. 168-169; J. Fliege, "Nikolaus von Kues und der Kampf gegen das Wilsnacker Wunderblut" in: *Das Buch als Quelle historischer Forschung: Fritz Juntke anlässlich seines 90. Geburtstages gewidmet*（Leipzig, 1977）, S. 63; Zika, "Hosts, Processions and Pilgrimages," p. 50.

（24） Meier, "Wilsnack als Spiegel," S. 55; Boockmann, "Der Streit um das Wilsnacker Blut," S. 387.

（25） Browe, *Die eucharistischen Wunder*, S. 168; Boockmann, "Der Streit um das Wilsnacker Blut," S. 385.

（26） Paul Lehmann, "Aus dem Rapularius des Hinricus Token" in his *Erforschung des Mittelalters*, 4（1961）, 187–205を参照。

（27） Boockmann, "Der Streit um das Wilsnacker Blut," S. 393-394; Zika, "Hosts, Processions and Pilgrimages," p. 55.

（28） Lehmann, "Aus dem Rapularius," S. 192.

（29）Boockmann, "Der Streit um das Wilsnacker Blut," S. 401-402. 諸大学のこの問題についての立場に関しては、更に、Zika, "Hosts, Processions and Pilgrimages," p. 50 ; Rudolf Damerau, *Das Gutachten der Theologischen Fakultät Erfurt 1452 über 'Das heilige Blut von Wilsnak'*（Marburg, 1976）をみよ。

（30）トマスの立場については、*Thomas Aquinatis Opera Omnia*, V（Paris, 1872）, 278-280〔Art. 2: *Utrum Christi corpus resurrexit integrum*, 278-79 ; Art. 3: *Utrum Christi corpus resurrexit gloriosum*, 279-80.〕また、Meier, "Wilnack als Spiegel," S. 61-62; Zika, "Hosts, Processions and Pilgrimages," pp. 52-53 をみよ。

（31）Boockmann, "Der Streit um das Wilsnacker Blut," S. 398; Zika, "Hosts, Processions and Pilgrimages," p. 50. 更に、Livarius Oliger, "Johannes Kannemann, ein deutscher Franziskaner des 15. Jahrhunderts," *Franziskanische Studien*, V（1918）, 44-50; Ludger Meier, "Der Erfurter Franziskaner-theologe J. Bremer und der Streit um das Wilsnacker Wunderblut" in: *Aus der Geisteswelt des Mittelalters: Festschrift M. Grabmann*（Münster, 1935）S. 53-69 も参照。

（32）J. Hofer, *Johannes von Capestrano*（Innsbruck, 1936）.

（33）選帝侯については、Bruno Hennig, "Kurfürst Friedrich und das Wunderblut zu Wilsnack," *Forschungen zu Brandenburgischen und Preussischen Geschichte*, 19（1906）, S. 73-104（391-422）. 更に、Boockmann, "Der Streit un das Wilsnacker Blut," S. 399; Zika, "Hosts, Processions and Pilgrimages," p. 51 をみよ。

（34）Zika, "Hosts, Processions and Pilgrimages," p. 52.

（35）Meuthen, "Das Itinerar," S. 484-485. Cornelius von Zandvliet と Adriaan von Oudenbosch がその二人の歴史家である。Sullivan はクザーヌスはヴィルスナックにいかなかった（p. 403）と書いている。

（36）Meuthen, "Das Itinerar," S. 484-485.

（37）Hennig, "Kurfürst Friedrich," S. 101（419）; Meier, "Wilsnack als Spiegel," S. 51; Sullivan, "Nicholas of Cusa as

"Reformer," p. 403; Meuthen, "Die deutsche Legationsreise," S. 486. コッホによれば、この布告は巡察旅行中にクザーヌスが出したものの一三番目であった。Josef Koch, *Nikolaus von Cues und seine Umwelt*〔Cusanus-Texte IV. Briefe〕（Sitzungsberichte der Heidelberger Akademie der Wissenschaften, Philosophisch-historische Klasse. Jhrg. 1944/48. 2. Abh.）（Heidelberg, 1942）, S. 112, 125.

（38） Hennig, "Kurfürst Friedrich," S. 101; Sullivan, "Nicholas of Cusa as Reformer," pp. 403-404.

（39） Fliege, "Nikolaus von Kues," S. 63; Meuthen, "Der deutsche Legationsreise," S. 486.

（40） Meier, "Wilsnack als Spiegel," S. 58; Sullivan, "Nicholas of Cusa as Reformer," p. 404.

（41） Sullivan, "Nicholas of Cusa as Reformer," p. 404; Zika, "Hosts, Processions and Pilgrimages," p. 52.

（42） Hennig, "Kurfürst Friedrich," S. 102; Meier, "Wilsnack als Spiegel," S. 59.

（43） *D. Martin Luthers Werke*, 6（Weimar, 1888）, 447.

（44） Hennig, "Kurfürst Friedrich," S. 96; Meier, "Wilsnack als Spiegel," S. 61; Boockmann, "Der Streit um das Wilsnacker Blut," S. 405; Zika, "Hosts, Processions and Pilgrimages," p. 50.

（45） ティロールにおける改革については、Nikolaus Grass, *Cusanus und das Volkstum der Berge*（Innsbruck, 1972）と Morimichi Watanabe, "Nicholas of Cusa and the Tyrolese Monasteries: Reform and Resistance", *History of Political Thought*, VII, 1（Spring 1986）, 53-72 をみよ。

（46） オルヴィエトについては、Erich Meuthen, *Die letzten Jahre des Nikolaus von Kues: Biographische Untersuchungen nach neuen Quellen*（Köln, 1958）, S. 110-125, 249-300 を参照。

（47） クザーヌスにおける教会改革の問題については、渡邉守道「教会改革者としてのクザーヌス研究に関する諸問題」『クザーヌス研究』第一号（一九九一）、三二―五〇、本書、一一二―一三一頁、八巻和彦「ニコラウス・クザーヌスと『近代』」『クザーヌス研究』、第三号（一九九五）、九九―一〇一を参照。

結語
クザーヌスと現代

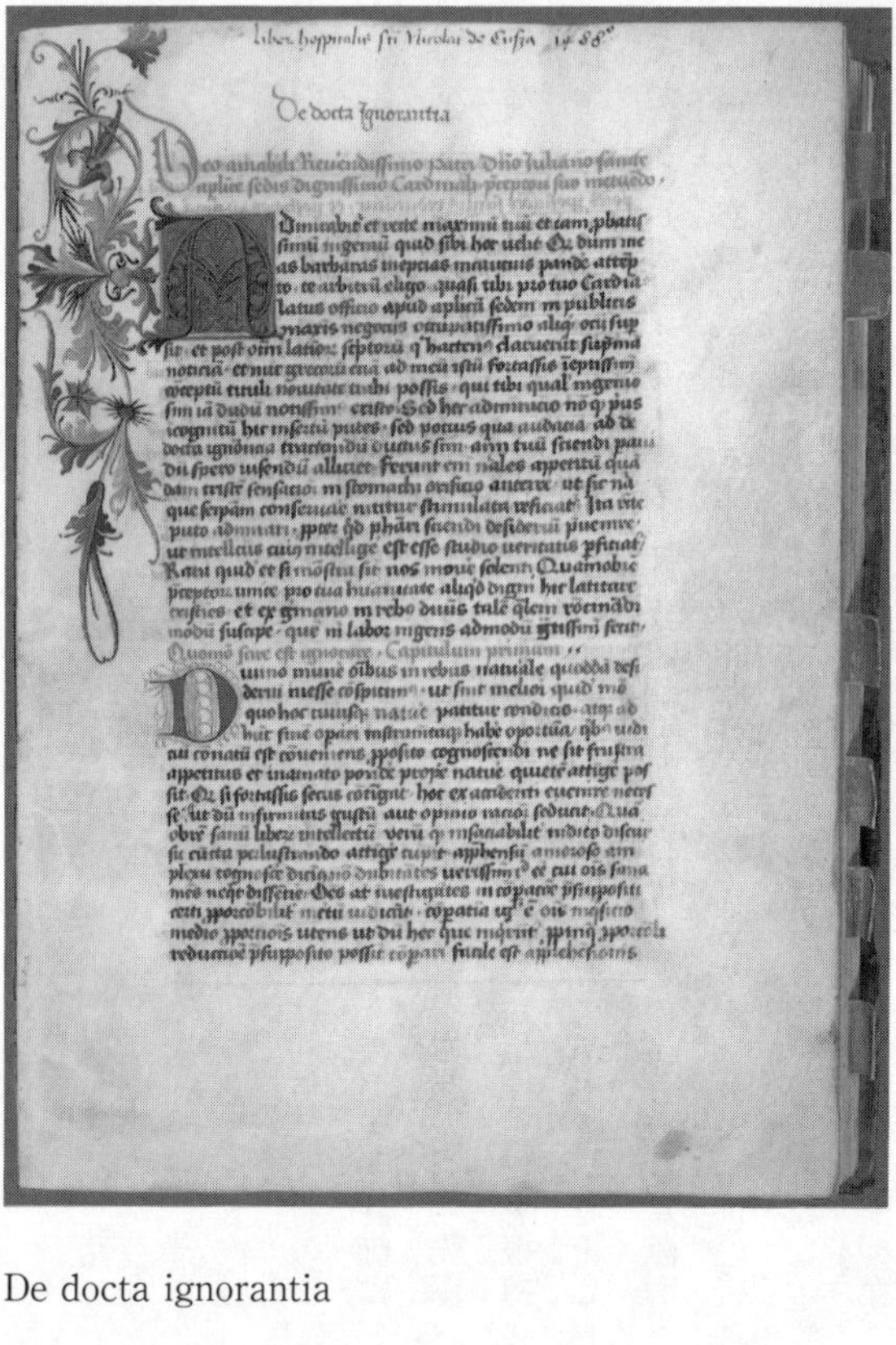
De docta ignorantia

De docta ignorantia

1　クザーヌス評価の諸問題

クザーヌスの思想の理解と評価にあたって、その同時代人への感化を考慮するだけでなく、後世への影響をも検討する要があることは明らかである。クザーヌスの影響は余り多くなかったとか、クザーヌスの思想は独特で、そのために「学派」も発展せず、その後継者も殆んど生れなかったと従来しばしば言われて来た。そのような消極的評価は、最近の研究によって是正されて来ているといえよう。また一方には、クザーヌスは、近代の多数の思想家の「先駆者」であったと主張され、明確な証拠も存在しないしまたは稀薄であるのに、思想とか思考様式の類似性だけを根拠として、クザーヌスと後世の思想家の関係が議論され、点検されたりして来た。(1) このような研究方法が不十分で正しくないという意識が最近には一そう強まってきた。むしろ、クザーヌスという思想家が、後世にどのような「貢献」をしたかとか、後時代のどのような思想家の先駆者であったかという比較相対的考察よりは、クザーヌスを中世の後期という時代にしっかりと位置付け、その時点と精神的環境において、どうして彼自身の思想を展開するようになったかを見極めようとする努力の方がより広く行われるようになったといえるであろう。(2) この結語においては、まず第一に、以上のようなクザーヌス評価・鑑定に関する諸問題について更に検討を加え、その後、とくに現代になってクザーヌス研究方法、研究態度の変化に大きな影響をもたらしたと思われるハイデルベルク版『クザーヌス全集』出版の開始と進行状況を検討し、そして第三に、クザーヌスの思想のどのような原理や立場が、現代われわれの直面する問題の理解や解決に寄与するところがあるかを考察したいと思う。

後述のように、現代におけるクザーヌス研究の発展に大いに貢献をし、現存のクザーヌス研究者の長老ともいわるべきR・クリバンスキー（Raymond Klibansky、一九〇五―）教授は、一九五九年に発表した論文でクザーヌスの影響を受けたといわれるブルーノ、ケプラー、デカルト、コペルニクスや、フィチーノ、ピーコ・デッラ・ミランドラ、レオナルド・ダ・ヴィンチ、トスカネルリなどを挙げた後、クザーヌスの影響についての全叙述はまだ書かれていないと結論した。(3) その後かなりの年月が経過したにも拘らず、「影響史」（Wirkungsgeschichte）の著述が明確に進展したとはとても言い難いといえよう。A思想家がB思想家に影響を与えたことを実証的に打ち立てることの困難さの外に、種々の思想家が使用する概念の類似性・親近性・曖昧性が、影響史著述を至難の業としているようである。(4) K・ヤスパースは、彼が一九六四年に出版した『ニコラウス・クザーヌス』において、「クザーヌスの無影響性」という章をもうけ、極めて否定的態度を表明した。(5) クザーヌスが独創的な思想家であったことは明白でも、彼は全く孤立した人であり、どの学派にも属さず、新学派を開くこともなかったというのである。「何故クザーヌスは忘却されたのであろう」とヤスパースは問いかけた。(6) 以前にも類似の意見が開陳されたことがあったとはいえ、ヤスパースのような有名な哲学者が、このような全面否定的立場を表明したのは遺憾といわざるをえない。

　クザーヌスが死亡した一四六四年から二〇年一寸たったばかりの一四八八年に、『クザーヌス全集』の第一版がストラースブールの有名な出版者のマーティン・フラッハによって上梓された。(7) 時に、a版とされるものである。その版がどれほど売れたのかも不明であるし、買った人がすべてクザーヌスに影響されたと言えないにしても、彼が全く孤立していて忘れ去られたと結論するのは難しいようである。一五〇二年には、ロランド・パラヴィチニによるミラノ版、いわゆるm版が出版された。(8) これはa版の再版にすぎず、しかも出版数が少なかったようで、現在入手しがたいものである。このm版は実はミラノの東南にあるピアチェンザに近いコルテ・マジオーレ（Corte Maggiore）のラウルム城でベネディクト・ドルチベリによって印刷されたものであるが、クザーヌスが忘却の人となっていなかったことを示すといえよう。

一五一四年には、かの有名な人文主義者ルフェーブル・デタープル（Lefèvre d'Etaples　一四五〇―一五三七）がクザーヌス全集の第三版であるパリ版、すなわちp版をJ・B・アッセンシィウス社から発行した[9]。a版にもミラノ版にも含まれていなかった『普遍的和合について』（*De concordantia catholica*）を編入したり、クザーヌスの説教を加えたり、また人文主義者の尺度を使ってクザーヌスの難渋なラテン語に手を入れたりしたことは有名である。いずれにせよ、当時ヨーロッパ第一流の学者であったデタープルにとってクザーヌスは重要な存在であったことは間違いない。

更に、一五六五年になると、バーゼルのヘンリクス・ペトリによってバーゼル版（b版）三巻が発行され[10]、これまで以上にクザーヌスの著作が知られるようになった。一六、一七世紀において、上にあげたクザーヌス著作全集a、m、p、b版に加えて、『非他なるものについて』（*De non aliud*）、『最後の日についての推測』（*Coniectura de ultimis diebus*）、『無学者』（*Idiota*）、『神の視について』（*De visione dei*）、『コーランの精査』（*Cribratio Alchorani*）などのクザーヌスの個別著作と、『普遍的和合について』とその一部をなす『コンスタンチヌス帝寄進状』（*De donatione Constantini*）までが、原文のラテン語に加えて、英語、ドイツ語、フランス語訳で発行されたことに注目すべきである。そのことは以前にも知られていたが、一九八九年に出版されたシュティーファン・マイアー・エーザーの『忘却されたものの現存――一五世紀から一八世紀までのクザーヌスの哲学の受容[11]』が組織的に示した所である。マイアー・エーザーの書題はいかにも挑戦的であるといえる。

一六世紀から一八世紀に至るまでの間、クザーヌスの思想は忘却されたどころか、「現存」し継受された事実を、マイアー・エーザーは驚く程微細にわたって論じ、「対立物の一致」の概念の受容、「古来の叡知」の近代的再検、宇宙の回転説と宇宙多数説に関するクザーヌスとコペルニクスの見解、「知ある無知」説の近代的変化といった諸観点から証明しようとしたのである。前にのべたように、影響を与えるとは何を意味するかとか、「影響史」とは何かという方法論的問題に明快な解答を提供したとはいえないにしても、クザーヌス思想が忘却されたとか断絶したとかいう考えは、もはや以前のように受取ることができなくなったことは明らかである。

それならば、近年になって時には「クザーヌス・ルネサンス」といわれるようなクザーヌス研究の大幅な進歩・発展が、なぜ、またどのようにして起ったのであろうか。そのことをハイデルベルク版『クザーヌス全集』の開始との関連においてすこし詳細に検討するのがわれわれの次の課題である。

2 クザーヌス・ルネサンスとハイデルベルク版『クザーヌス全集』

クリバンスキー教授は最近の講演において、ドイツの近代において最初にクザーヌスに注目したのは、旧来いわれてきたようにF・フォン・シュレーゲル（一七七二―一八二九）でなく、その以前のG・E・レッシング（一七二九―一七八一）であったとし、レッシングが彼の有名な『賢者ナータン』（一七七九）を準備中にクザーヌスの『信仰の平和について』（*De pace fidei*）を知るに至り、友人で学識のあるK・A・シュミットにそのドイツ語訳を委託し、ドイツ語訳が一七七九年に完成した後、レッシングが序を付加して出版する筈であったが、レッシングの罹病のため未完成に終ったというのである。(12)

J・S・ゼムラー（Johann Salomo Semler、一七二五―一七九一）は一七八七年に著わした彼の著書において『信仰の平和について』を詳細に論じたが、(13)一八世紀後期のドイツでそのようなクザーヌスの他宗教観についてかなり興味と関心があったことを示す良き例であるといえよう。

そのような関心は一九世紀になっても継続したのみならず、一層増加していった。その一つの理由は、J・A・メーラー（Johann Adam Möhler、一七九六―一八三八）を主とするチュービンゲン学派の台頭である。[14] チュービンゲン大学には一八一七年にカトリック神学部が設立され、ドイツの当時を風靡した浪漫主義の影響のもとに、所謂チュービンゲン・カトリック学派が発展した。一八一九年に同学部で無給大学講師となり、中世後期、とくに教会大分裂（シスマ）、コンスタンツ、バーゼル公会議に興味をもったメーラーは、一八二五年には、『教会の統一またはカトリック教の原則[15]』という著書を出版し、一八二六年には正教授の地位をえた。更にすすんで、公会議主義に一層興味をもつにいたったメーラーは、ピエール・ダイイ（一三五一―一四二〇）、クラマンジュのニコラス（一三六〇―一四三七）やジャン・ジェルソン（一三六三―一四二〇）の研究に力を注ぐようになった。一八二九年以前の彼の著作や講義にはクザーヌスの名前は擧げられてないが、同年ごろにはメーラーはクザーヌス研究にとりかかっていたようである。

一八二九年、チュービンゲン大学神学部は論文コンテストを主催し、その題目は「枢機卿及びブリクセン司教のクーザのニコラウスの生涯及び教会関係と文芸的業績の記述」というものであった。提出された論文の優れたものはいずれもメーラーの学生によるものであったが、その中から、F・A・シャルフ（Franz Anton Scharpff、一八〇九―一八七九）の論文が最優秀と判定されたと一八三一年一一月六日に発表された。[16] その論文の一部を二、三の学術雑誌に発表したのち、シャルフは一八四三年に『枢機卿・司教クーザのニコラウス』第一部[17]を出版したが、これをもって現代ドイツにおける学問的クザーヌス研究が始まったといえるであろう。チュービンゲン学派とは関係なく、J・M・デュックス（Johann Martin Düx、一八〇六―一八七五）が一八四七年に『ドイツ人枢機卿クーザのニコラウスと彼の時代の教会』[18]という二巻にわたる著作を発刊したことも注目すべきである。

一九世紀の後半には、シャルフその他の学者が、クザーヌスの生涯についてだけでなく、彼の哲学や科学思想について幾多の研究を発表した。中でも重要なのはJ・ユービンガー（Johannes Uebinger、一八五四―一九一二）であった。一八八〇年に完成したヴュルツブルク大学での博士論文を始めとして、ユービンガーは、クザーヌスに関する重要な著作を少なくとも六つ出版した。その中には「ニコラウス・クザーヌスの数学的著作」[19]という一八九五年から一八九七年にわたって発表した詳細な論文もあるが、特に注目すべきは、一八八八年発行の『ニコラウス・クザーヌスの神学』[20]である。同書に、ユービンガーは記録保存所で研究中に発見したクザーヌスの『非他なるものについて』の写本のテキストを発表した。それは、彼が他のクザーヌス研究者と同じように、すでに三〇〇年程の年限をへたa、m、p、b版の『クザーヌス全集』によらないで、新しい原文批評研究版《クリティカル・エディション》を出版する必要があることを認識し始めた結果であるといえよう。このようにして、一九世紀の後半までには、クザーヌスの生涯や哲学思想の研究のみならず、彼の数学思想の分析、また新しい写本発見の重要性が理解されるに至ったのである。

チュービンゲン学派を中心にした一九世紀のクザーヌス研究から、「ハイデルベルク学術アカデミー」によって編集・出版されるようになった『クザーヌス全集』の新しいハイデルベルク版（h版）の推移・進転については、近来、かなり明らかになった。[21]その中間期に重要な契機となったのは、新カント学派の一派であるマールブルク学派に属する数人の哲学者がクザーヌスの思想に興味を持っていたことであった。一八六八年にJ・H・フォン・キルヒマン（Julius Hermann von Kirchmann 一八〇二―一八八四）[22]は、ドイツの学者と学生間に有名になった『哲学文庫』（Philosophische Bibliothek）を創立したが、[23]同文庫は幾人かの所有者をへた後、ライプチッヒのドゥルシェ出版社の手に渡った。[24]一九一一年、F・マイナー（Felix Meiner、一八八三―一九六五）博士がその『哲学文庫』を購入した際に引渡された出版予定本のリストにマールブルク学派の指導者のH・コーエン（Hermann Cohen 一八四二―一九一八）が編集する予定になっていたクザーヌスの著作二冊が擧げられていた。この事実はマイナー博士が一九四五年五月一九日に記したメモに示されている。(25) コーエンは直接編集企画に関っていたのでなく、彼の指導する学生の一人がその責任を持っていたというが、(26) 有名なマールブルク学派の哲学者が、クザーヌスの思想、とくに数学思想に関心をもっていたことは明らかである。

コーエンは一八八三年発行の『微分方法原理とその歴史』においてクザーヌスに言及していたし、(27) 一九〇二年出版の『純粋認識の論理学』においても、クザーヌスが哲学と宗教・倫理について非常な興味をもっていたことについて議論している。(28) クザーヌスの思想に興味をもつために新カント派に属さなければならないという理由はなかったが、実際におこったのは、哲学研究にあたって数学的認識の重要性をみとめる新カント学派の哲学者が、とくにクザーヌスの数学的思惟に関心と興味をもったということであろう。この点から見て、コーエンの第一弟子E・カッシーラー（Ernst Cassirer、一八七四―一九四五）のクザーヌスに示した非常な興味も理解しやすい。彼は一九〇六年に出版された『近代哲学と近代哲学における認識の問題』の第一章を「ニコラウス・クザーヌス」と称してかなり詳細にクザーヌスを論じているし、(29) 特に一九二七年に出た有名な『ルネサンス哲学における個人と宇宙』においては、最初の二章をクザーヌス論に振り当てている。(30)

一九一八年にコーエンが死歿した時、マイナー博士は前記のクザーヌス著作編集責任者を求め、ミュンヘン大学の有名な中世哲学史家C・ボイムカー（Clemens Baeumker、一八五三―一九二四）に白羽の矢を立てたが、(31) 第一次大戦下、ベルンカステル・クースのクザーヌス文庫が軍用に使われていたため文庫所蔵の写本の使用も不可能で、『クザーヌス全集』の新しい原文批評研究版を準備する企画は、一九一九年に第一次大戦が終了するまで延期されざるをえなかった。[32]

大戦後にクザーヌス批評研究版編集にもっとも責任をもつことになったのは、ハイデルベルク大学哲学教授E・ホフマン（Ernst Hoffmann、一八八〇―一九五二）とその学生R・クリバンスキー（Raymond Klibansky、一九〇五―）であった。けれども、彼らとてカッシーラーやマイナー博士の協力なしにはこの大事業を開始することはできなかった。新カント学派のもう一つの分派である西南学派は、ハイデルベルク大学を中心とし、その哲学教授W・ヴィンデルバント（Wilhelm Windelband、一八四八―一九一五）は一世を風靡する名声をえたが、一九一六年にヴィンデルバントの後任者となったH・リッケルト（Heinrich Rickert、一八六三―一九三六）は、西南学派の評価を一層高めていた。[33] そのリッケルトとホフマンにカッシーラーがマイナー出版社のクザーヌス全集出版計画を伝えたのは一九二七年のことと思われる。[34] 同年、ホフマンはクザーヌスに関するゼミナールを教え、それに参加した学生の一人がクリバンスキーであった。クザーヌスの著作についてのレポートを提出することを指示されたクリバンスキーは非常な努力をしてリポートを完成したが、結局、それが新批評研究版のための梗概となったのである。[35] 一九二七年一二月、「ハイデルベルク学術アカデミー」は同梗概に全面的認可を与え、[36] リッケルト、ホフマン、クリバンスキーを含んだクザーヌス委員会がアカデミー内に設置された。[37]

「ハイデルベルク学術アカデミー」の助手として、各地にある写本を研究し、ハイデルベルク版促進の役をひきうけたクリバンスキーは、一九二八年、ホフマンの下で博士論文を完成した後、『クザーヌス全集』出版のために尽力した。その結果、一九三二年三月一六日、『知ある無知の弁明』がハイデルベルク版第二巻として出版され、[38] 同年一二月二四日には、ホフマンと共同編纂の『知ある無知について』が第一巻として上梓されたのである。[39] この二巻をもってh版が開始されたといえる。

一九三二年に書かれたハイデルベルク版出版趣意書には、当時の不利な経済事情から、出版はクザーヌスの哲学と教会政治に関する著作に限定するが、総数一四巻の予定で、『知ある無知について』出版五〇〇年記念の年である一九三九年までに出版終了の予定であると述べられている。[40]六〇年以上たった今日でもハイデルベルク版がまだ完成していないことを思えば、第二次大戦が研究作業を困難にしたとはいうものの、いかに現存の写本にもとづいて編纂する批評研究版の出版が困難な事業であるかが明らかである。たしかに、一九七〇年までには、一四巻のうち、『神の視について』と『球戯について』以外は出版されてクザーヌス研究の範囲と視野を大いに拡大したが、同年、R・ハウプスト（Rudolf Haubst、一九一三—一九九二）とその同僚の編纂になる現存約三〇〇にちかいクザーヌスの説教（Sermones）が加えられ、第一六巻から第一九巻を構成することになった。[41]その結果、現在の予定ではハイデルベルク版は索引などを含めて二二巻に及ぶことになっている。その全集から独立しながら平行して、一九七六年にはE・モイテン（Erich Meuthen）とH・ハラウァー（Hermann Hallauer）による『クザーヌス関係記録文書集成』（*Acta Cusana*）が発足したことは序説にのべた。全三巻にわたってクザーヌスに関係するすべての記録と資料を収集しようとするこの野心的企画は、その第一巻第三部がごく最近出版されたので、第一巻出版終了という困難ながら順調な経過をたどっているといえよう。[42]説教を含むハイデルベルク版の進捗、それに平行した『クザーヌス関係文書集』の発展は、クザーヌス研究の規模を拡大したのみならず、これまでとかく『知ある無知について』を主とした初期の著作に中心をおきがちであった研究者に、その後のクザーヌスの思想の変化ないしは発展の問題をもなげかけ、彼の生涯の全経験に照らしてその思想の全体をとらえ、より深い、正しい理解に至ることを要請もしくは義務づけるようになったと言えるであろう。

3　クザーヌス思想の現代的意義

以上のようなハイデルベルク版の進展と同時に英語、ドイツ語、フランス語、イタリア語及び日本語によるクザーヌス著作の翻訳が増加し、[43] それに一九六〇年設立のドイツの「クザーヌス協会」、一九八一年創立の「アメリカ・クザーヌス学会」と一九八二年に発足した「日本クザーヌス学会」が、それらの主催する会議やシンポジウムによって、またそれぞれの機関誌や印刷物によって、大いに現代クザーヌス研究の発展に寄与してきた。それならば、そのような活潑な研究の対象となってきたクザーヌスの思想の現代的意義はどこにあるのであろうか。「現代的」意義という観点からみれば、彼の「立憲主義的」思想、改革の思想、それから他宗教理解の態度などが特に注目すべき点であると思われる。[44]

第一番目の「立憲主義的思想」については彼の『普遍的和合について』が最も明らかにその思想を表現している。一五世紀のいわゆる教会大分裂の後、それに対応して公会議主義運動（Conciliar Movement）が起こって、使徒ペトロの後継者である教皇でも、信仰の問題、教会分裂の解決に関し、更に教会改革に関しては、教会の代表機関である公会議に従属するという公会議首位説が掲げられるようになった。[45] 教皇の権力を公会議が制限するという当時の緊急問題は、一七世紀のイングランドの国王と議会との葛藤による立憲制度、議会制度の確立という事態と本質的には同様、ないしは類似したものであるといえる。カトリックの有名な教会史家H・イェディン（Hubert Jedin 一九〇〇—一九八〇）が「公会議理論についての最も独創的な著述」[46] とまでのべた『普遍的和合について』は、立憲主義的、民主主義的思想の発展と関連して、たしかに重視されるべき著作である。

既に序説に述べたように、同書には権威主義的思考も反映され、後年、教皇側に転移したクザーヌス自身が余り同書を重視しなかったという事実はあっても、特に一六、七世紀のイングランドやスコットランドに同書の思想が伝えられ、同書の一部の英訳まで出版された事を考慮すれば、立憲主義思想史におけるその重要性が一層明らかになるといえよう。ジョン・ロックがかの有名な『統治二論』（Two Treatises of Government）において、「被治者の同意」を強調しているが、「同意」という現代民主主義の根本概念がいかにクザーヌスの重要視した「同意」の概念と関っているかという問題を追求することは重要であると思う(47)。

第二の改革の問題は、クザーヌスの生涯を通しての中心課題の一つであった。当時の混乱した教会全体の状況、上級聖職者だけでなく下級聖職者間にも増加した腐敗、また権力を失墜し、政情の悪化を促進しつつあったドイツ・神聖ローマ帝国の現状をみてクザーヌスが教会と政治の改革に尽力したのは理解しやすいことである(48)。彼の中心的関心事からいって、教会の改革が主要となり、しかもその分野においてもかなりの失敗を経験したとはいえ、彼が、一六世紀の宗教改革以前に、真剣にこの問題にとりくんだ思想家の一人であったことは明瞭である。罪の意識がなかったとか、また自分自身回心の経験のなかった者に真の改革は不可能であったなどと後世の学者に批判されながらも(49)、クザーヌスは彼自身の人間観と現状改善の意欲をもって改革の努力を続けたのであろう。

一四六一年、友人の教皇ピウス二世が、枢機卿団の大多数の同意なしに貴族たちを枢機卿に任命して教皇の権力を拡大した時、クザーヌスは教皇の政策に反対して次のようにのべたと教皇自身が彼の『手記』に伝えている。

「私は諂い方を知りません。追従は嫌いです。あなたが真理に耳をかたむける事ができるなら、私はこの教皇庁でおこるすべての事を好みません。万事が腐敗しています。誰も自分の義務を果していません。あなたにせよ枢機卿たちにせよ、教会の利益を考えていません。……すべてが野心と貪欲に囚われた人だけです。私が枢機卿会議で改革を口にすれば、嘲笑されるだけです。ここでは良い事はできません。辞任することをお許しください。もうこれ以上は耐えられません……」。

以上のように叫んでクザーヌスは号泣したとピウス二世は伝えている。[50] このような改革志向の精神は現代においても必要であるだけでなく、大いに強化されるべきといえよう。

最後にクザーヌスの他宗教、とくにイスラム教に対する姿勢とその現代的意義についてであるが、一四五三年、イスラム軍の攻撃によってコンスタンティノープルが陥落した際、キリスト教ヨーロッパの将来に対する一大脅威が出現したと広く受けとめられ、武器をとったり、十字軍を送ったりしようとする考えが強まった。[51] しかしクザーヌスは、まずイスラム教を理解し、説得によってイスラム世界とキリスト教世界の和合・平和を保持して行こうという立場をとったのである。その考えの現れが、一四五三年著の『信仰の平和について』であり、また一四六一年に出た『コーランの精査』であった。[52] たしかに彼の立場は、一八世紀の啓蒙時代の解釈者がとったようなすべての宗教を相対化してみる「宗教寛容論」に基づいていたとは言えないであろう。[53] しかし、クザーヌスが、イスラム教との接触、研究、理解に対して、また調整と和合を齎らそうと努力することに対して積極的であったことは確かである。現在、技術の進歩により世界の一体化、グローバリゼーションが急速に発展していると見える一方、依然として諸宗教間の不調和・紛争・軋轢が絶えないが、クザーヌスの態度は現代のわれわれに貴重な示唆を与えるものといえよう。

事実、『信仰の平和について』が最近になって、フランス語（一九七七年）、ドイツ語（一九八二年―第五ドイツ語訳）、スウェーデン語（一九八三年）、英語（一九九〇年―第二、第三訳）、日本語（一九九二年）、オランダ語（一九九三年）、英語（一九九三年―第四訳）で出版されたことは[54]、クザーヌスの宗教思想に対する深く広い関心と興味が増加したことを示している。冷戦が終った後の精神的、宗教的空白状態の時代にあって、宗教の和合・平和だけでは満たされがたい精神的、霊的要求が現代には存在するといえないであろうか。アメリカなどでは「スピリチュアリティ」（Spirituality）という題のついた本は何でも売れるといわれる程である。そういった現代の霊的精神的枯渇にクザーヌスが本当に答えうるかは、もうすこし彼の思想が深く理解されるようになってはじめて理解できることであろう。

クザーヌスの手きびしい批評家ヤスパースでさえ、「クザーヌスは偉大な哲学者のうちで多忙な生活を送った唯一の人である」[55]と認めている。クザーヌスにとっては「観想的生活」（vita contemplativa）と「実践的生活」（vita activa）が統合していて分離できないものであった。そういった生涯を通して、クザーヌスは究極的には、対立と齟齬の多いこの世の中で、たゆみなく和合を追求し、真理を把握せんと努力しつづけたのである[56]。

最後に、最近の、また近い将来に開かれる学会における研究発表・活動を瞥見して、クザーヌス思想の現代的評判断の参考にしたいと思う。これらの学会は明白に国際的学会として企画されたものもあるし、また主として各国別の目標で開かれたが国外からの参加者を迎えたというのもあって、学問の世界の一層のグローバリゼーションを顕示するものといえよう。

「中世哲学研究国際協会」（Societé Internationale pour l'Étude de la Philosophie Médiévale〔S.I.E.P.M.〕）は一九九七年八月二五日から三〇日にわたって、ドイツのエルフルトで「中世において哲学とは何であるか」という総題目の下に第一〇回中世哲学国際会議を催した。主要講演はすべてM・ルターに関係の深いアウグスティヌス派の修道院で行われたが、その他の発表も州・市当局の協力のもとに市内各所・教会でなされた。

この会議には、世界各国から八〇〇人に及ぶ参加者が集まったが、多数の分科会のうち、クザーヌスだけを主題とした分科会は三つに及んだ。「クザーヌス思想における哲学の意義」と題する分科会では、フィンランドのI・ウィクストルム博士とドイツのW・J・ホイ教授が報告を行い、第二の分科会ではイタリアのP・アルフェ教授とポーランドのA・M・キジエウスカ博士が「ニコラウス・クザーヌスと哲学的伝統」の主題のもとにそれぞれの論文を発表した。「ニコラウス・クザーヌスの哲学」という題をかかげて開かれた第三の分科会には、ポルトガルのJ・M・アンドレ博士、アメリカのP・J・カサレラ教授と共に早稲田大学の八巻和彦教授が参加した。これ程多数の論文が、しかも世界の各地方を代表する学者によって発表されたことは、中世哲学研究分野におけるクザーヌス研究の重要性を明示するものといえよう。

国際的規模で行われた最近の学会で第二に記録すべきは、ドイツ・クザーヌス協会の主催で一九九七年一〇月一四日から一九日にイタリアのパドヴァで「教会法学者と法律史家としてのクースのニコラウス」のテーマの下に行われたクザーヌス大会議である。一四一七年から一四二三年までクザーヌスが教会法を勉強したパドヴァ大学の所在地で催された会議であったが、パドヴァはまた御利益もゆたかで「聖人」(Il Santo) とあがめられ、毎年世界中から五〇万人の巡礼者をひきつけるという聖アントニオの教会堂が中心をなす所である。会議はその教会堂の「平信徒神学研究室」で行われた。

一〇二人に及ぶ参加者は世界各国から参集し、日本からも四人の出席者があった。会議のテーマに従って、初日の一〇月一四日にアメリカのT・モリシー教授は、彼が長年研究してきたパドヴァ大学の有名な一四世紀の法律学者F・ザバレラについて講演し、また、ミュンヘン大学の教授で現代ドイツ法律学会の先端をゆくP・ランダウ教授は、「勃興しつつある市民階級所属者のキャリアとしての教会法の意義」と題する論文を発表した。ついで第二日の一〇月一五日には、病気のために出席できなかった現代クザーヌス研究の重鎮E・モイテン教授の「クザーヌスの教会改革企図とその教会法的見解」という論文をトリーア・クザーヌス研究所所長のK・クレーマー教授が代読した。その後、レーゲンスブルク大学のH・J・ベッカー教授が「法律家の争論——一四六〇年から一四六四年にわたるニコラウス・クザーヌスとシギスムント公の対決——」という詳細な論述を提供した。

そして第三日目の一〇月一六日には、*Acta Cusana* 編集者としてE・モイテン教授と共に有名なH・ハラウァー博士が「法律史家としてのクースのニコラウス——ブリクセン教会保持の為の彼の闘争」と題する発表を行い、ついでパドヴァ大学のG・ピアイア教授の「クザーヌスとパドヴァのマルシリオ」という興味ぶかい論述があり、更に、プリンストン大学のP・E・シグムンド教授による「マルシリオとクザーヌスの思考における同意と多数決原則」という発表がなされた。

パドヴァのこの会議は、著者のようにクザーヌスの政治・法律思想に特に興味をもつ者には極めて有意義であったが、クザーヌス研究にあたって、彼の哲学・神学思想研究に加えて政治・法律思想なども追求することの重要性を明確にしたといえよう。また、午前中の議論・討議のあとに、午後は市内のパドヴァ大学、スクロヴェーニ礼拝堂、聖アントニオ教会堂、ラジョーネ宮などのみならず、外に足をのばして、周辺にあるアルクア・ペトラルカのペトラルカの後生の住居、ポンポーサ、ラベンナなども探訪するという「観光的」プログラムを用意し、学者のみならず平信徒をも引きつけたことはクザーヌスの精神に順応したものである。

ドイツ・クザーヌス協会は隔年ないし三年ごとにその国際シンポジウムを開催してきたが、一九九八年の一〇月一五日から一七日にわたりトリーアにおいて「存在（Sein）と当為（Sollen）——クースのニコラウスの倫理学」の主題のもとに次回シンポジウムを開いた。プログラムによれば、ドイツからの論文提出者が多いが、アメリカ、オランダの学者も加わっていることが注目される。彼らはクザーヌスの倫理思想というこれまで余り重点の置かれなかったテーマを捉えて、彼の美徳観、正義・平等観、存在の基本的要素としての愛、倫理理解における認識的、また情熱的アプリオリ、クザーヌスの道徳的行為における人間自由意思の問題といった課題を検討したのである。発表後に行われた討論によって、クザーヌス自身の思想解明のみならず、その現代的意義・適用の検討も浮上してきた。

アメリカ・クザーヌス学会は毎年ミシガン州カラマズーで開かれる国際中世学会において三分科会を行うのみならず、隔年にゲティスバークでクザーヌスの著作の一つに焦点をあてる会議を行ってきた。

一九九七年五月八日から一一日にわたるカラマズー国際会議では、1、「一五世紀における法律家と法律学」、2、「*Acta Cusana* I, iii——その最近の出版とクザーヌス研究のための重要性」、3、「宗教的著者としてのニコラウス・クザーヌス」といった課題のもとに三分科会がひらかれた。第一分科会はパドヴァの国際会議に先行するものであったが、T・モリシー、J・ムルドゥーン、J・W・スティーバーといった中世法、ないしは教会法の研究で有名な学者によって、一五世紀の法律発展を背景としてのクザーヌスの地位、貢献の吟味が行われた。

ついで第二分科会では、出版されたばかりの『クザーヌス関係記録文書集成』第一巻三分冊を点検して、その中心課題であるクザーヌスのブリクセン時代研究の観点から新出版物の評価をおこなった。そして最後に第三分科会では、これも出版されたばかりの前会長H・L・ボンド教授著の『クーザのニコラウスの宗教的著作選集』の意義を内容的に、また歴史的に検討した。全体的にみてかなり変化にとんだプログラムを提供することによって参加者の興味をそそるだけでなく、クザーヌス研究が一五世紀の過去にのみ限られたものでなく現在も生きている事を強調できたといえる。

更に、アメリカ・クザーヌス学会は一九九八年五月七日から一〇日に催されたカラマズーでの国際中世学会で、三分科会を主催した。その第一は、「コンスタンツ公会議における雄弁と改革」と題し、二人の新鋭学者とコンスタンツ公会議に関する重要な研究を数年前に発表したP・スタンプ教授が参加した。第二分科会はアメリカ・クザーヌス学会と中世聖書研究協会の協賛によるもので、クザーヌスのみならず、フス教徒やその他の中世後期の信徒がどのような聖書釈義を行ったかを探求する特異な会合であった。最後にエックハルト協会と協力して開かれた第三分科会は三年以上の準備過程をへたもので、エックハルト研究で有名な学者たちがクザーヌスとの比較を展開し、エックハルト研究の権威B・マギン教授の応答と相まって興味深い討論となった。

一九九九年五月六日から九日にかけて開かれた第三四回国際中世学会では、アメリカ・クザーヌス学会は二分科会を主催し、その上、一分科会をポリティカス‐中世政治思想研究学会と共同主催した。第一分科会では「神学的、哲学的背景」の題の下に、「T・ガルスにおけるディオニュシオス的神秘神学」、「ボナベントゥラの『命題集』注解における聖なるものと神学の科学的研究」、また「J・ジェルソンの *Super Magnificet* を読んで――コンスタンス以降の神秘神学と神学改革」といった論文が発表された。第二分科会では、「クザーヌスとR・ルルス」を主題とし、「ルルス――諸文明間対話の擁護者」と「ルルス、クザーヌスとコーラン」という研究が朗読されたあと、ルルス研究の大家であるC・ロール教授のコメントがあった。共同主催の分科会は、アメリカ・クザーヌス学会顧問団の一人であるF・オークレー教授に捧げられたもので、「中世後期における公会議主義と政治理論」を主題としたものであった。「F・オークレーの著作における主意説と公会議主義」、「E・リッヒャー・政治と神学の記憶」、「公会議主義とサラマンカ学派」という三つの研究発表が行われた。全体的にみて、神学と哲学のみならず、政治、社会思想の研究をすすめるという旧来の方針を堅持できたのはよろこばしい。

以上のカラマズーでの学会とは別に、アメリカ・クザーヌス学会は一九九八年一〇月二八日から三一日にかけて、ルター研究所委員会と共同してゲティスバーグで第七回隔年会議を開いた。初日の十月二八日は「ルター談話」にあてられたが、ルター研究所と共にクザーヌス学会のメンバーも始めから積極的に参加した。翌日はルター著作抜萃の研究が中心課題であったが、ここでも前日と同様の方式がとられた。一〇月三一日と一一月一日はクザーヌスが研究の対象となったが、その場合ルター研究者も自由に参加できるような方策がとられたのである。

クザーヌスとルターに関するこの会議が開かれたのはゲティスバーグ・ルター神学校であるが、これまで同校で行われたクザーヌス会議と同様に、プロテスタントだけでなくカトリックの学者も多数出席したのはこの会議の一特色であろう。グローバリゼーションや宗教寛容の強調される現代にあって、それらに逆行する動向もかなりみられる時に、こういった会議を企てることは意味のあることである。

それでは、日本クザーヌス学会の会議活動状況はどうであろうか。同学会の第一五回総会・大会は早稲田大学で一九九六年一一月三〇日に開かれた。会務報告、会計報告、役員改選などの事務終了後大会に入ったが、論文としては山下一道教授の「クザーヌスにおける〝coincidentia oppositorum〟概念の解釈について」と工藤亨教授の「〝絶対最大者〟は果して真に〝最大者〟か」が発表された。そのほかに薗田坦教授によるJ・ベーメ生誕地ゲルリッツ訪問の報告と、岩崎允胤教授の「ギリシア・ローマの哲学の森に分け入って」と題する特別講演があった。大隈会館教職員食堂「楠亭」における懇親会が会員、出席者の交歓に寄与したことは疑いない。この大会がクザーヌス研究のいわば常道に沿っていることは明らかといえよう。

ついで一九九七年一一月一四日に日本クザーヌス学会はその第一六回大会を姫路獨協大学で開催した。研究発表としては加藤守通教授の「クザーヌスと民主主義」と、八巻和彦教授の「Philosophus vel Amator sapientiae」がなされた。その上に、最近の国際学会の報告として坂本堯教授の「パドヴァのクザーヌス学会に出席して」と矢内義顕教授の「エルフルトの国際中世哲学会に出席して」がなされた。最後に特別講演として、松山康国教授による「非他なるものと息吹——聖霊論と気の思想のために——」が行われた。

最近の第一七回総会・大会は、一九九八年一一月一三日に早稲田大学で開かれた。大会の研究発表としては、佐藤直子氏の「構造主義とキリスト論の邂逅——*De docta igmorantia* を中心に——」と酒井紀幸氏による「クザーヌスにおける *ars* と *signum*」が行われた。その上、酒井修氏の「トリアの国際クザーヌス・シンポジウムに出席して」という特別報告と、古田暁氏による「聖ベネディクトゥスの『戒律』と中世」という特別講演がなされた。

上記のような諸学会が世界の各地で国境をこえて行われてきたし、また開かれる予定であることはクザーヌス研究促進のために喜ばしいことである。クザーヌス研究を基礎的、歴史的、ないしは文献学的考証だけでなく、倫理的、宗教的、実践的問題提起の角度からも推進したならば、より大きな現代的意義をもつことになるであろう。各学会がその事実を認識しているように見えるのは歓迎すべきことと言えよう。

注

（1）クザーヌスの評価については Hans Gerhard Senger, "Überlegungen zur Wirkungsgeschichte des Nikolaus von Kues" in: Ludwig Hagemann & Reinhold Glei (Hg.) *EN KAI ΠΛΗΘΟΣ. Einheit und Vielheit. Festschrift für Karl Bormann zum 65. Geburtstag* (Würzburg, 1993), S. 174-210 を参照。

（2）八巻和彦「ニコラウス・クザーヌスと『近代』」『クザーヌス研究』、第三号（一九九五年）、八九—一一六頁をみよ。

（3）Raymond Klibansky, "Nicholas of Cusa" in: *Philosophy in the Mid-Century: A Survey*, ed. R. Klibansky (Firenze,

1959), p. 92 : "The full story of Cusanus' influence remains to be written."

（4） Senger, Hans Gerhard, "Nikolaus von Cues. Forschungsberichte (1960-1986)," *Contemporary Philosophy: A New Survey,* Vol. 611 (1990), 571-572.

（5） Jaspers, *Nikolaus Cusanus,* S. 226-228: "4. Wirkungslosigkeit des Cusanus."

（6） Jaspers, *Nikolkaus Cusanus,* S. 227: "Warum wurde Cusanus vergessen?"

（7） Nicolaus Cusanus, *Opera,* 2 vols. (Strassburg: Martin Flach, 1488; 再版, hg. Paul Wilpert, Berlin, 1967).

（8） Nicolaus Cusanus, *Opera* (Milano, printed by Benedictus Dolcibelli at Corte Maggiore, ed. Rolando Pallavicini, 1502).

（9） *Nicolai Cusae Cardinalis opera,* 3 vols. (Paris: Jodocus Badius Ascensius, 1514; 再版, Frankfurt am Main: Minerva, 1962).

（10） Nicolaus de Cusa, *Opera,* 3 vols. (Basel: Henric Petri, 1565).

（11） Meier-Oeser, Stephan, *Die Präsenz des Vergessenen. Zur Rezeption der Philosophie des Nicolaus Cusanus vom 15. bis zum 18. Jahrhundert.* (Münster, 1987), S. 402-406.

（12） Raymond Klibansky, *"Rede zum Lessingereis der Stadt Hamburg" in: Verleihung des Lessingpreis an Raymond Klibansky. Reden anlässlich der Preisübergabe 1994* (Hamburg: Freie und Hansestadt Hamburg, 1994), S. 26-27.

（13） Johann Salomo Semler, *Des Kardinals Nicolaus von Cusa Dialogus von der Übereinstimmung oder Einheit des Glaubens* (Leipzig, 1787).

（14） クザーヌスとメーラーの関係については Jochen Köhler, "Nikolaus von Kues in der Tübinger Schule, "*Mitteilungen und Forschungsbeiträge der Cusanus-Gesellschaft* [=MFCG], 10 (1976), 191-206; Morimichi Watanabe, "The Origins of Modern Cusanus Research in Germany and the Establishment of the Heidelberg Opera Omina" in:

Nicholas of Cusa in Search of God and Wisdom: Essays in Honor of Morimichi Watanabe by the American Cusanus Society [=Watanabe, *Origins*]（Leiden, 1991), pp. 17-25を参照。

（15）Johann Adam Möhler, *Die Einheit in der Kirche oder das Prinzip des Katholizismus*（Tübingen, 1825).

（16）Watanabe, *Origins*, pp. 21-22.

（17）Scharpff, Franz Anton, *Der Cardinal und Bischof Nicolaus von Cusa*, 1. Theil, *Das kirchliche Wirken. Ein Beitrag zur Geschichte der Reformation innerhalb der catholischen Kirche in fünfzehnten Jahrhundert*（Mainz, 1843).

（18）Düx, Johann Martin, *Der deutsche Cardinal Nicolaus von Cusa und die Kirche seiner Zeit*, 2 Bde.（Regensburg, 1847; 再版、Frankfurt am Main, 1968).

（19）Uebinger, Johannes, "Die mathematischen Schriften des Nicolaus Cusanus," *Philosophisches Jahrbuch*, 8（1895), 301-317, 403-422; 9（1896), 54-66, 391-410; 10（1897), 144-159.

（20）Uebinger, Johannes, *Die Gotteslehre des Nicolaus Cusanus*（Münster, 1888).

（21）Watanabe, *Origins*, pp. 25-32.

（22）キルヒマンについては *Julius Hermann von Kirchmann, 1802-1884. Jurist, Politiker, Philosoph*, hg. Rainer A. Bast（Hamburg, 1993）をみよ。

（23）有名な『哲学文庫』の発展とその歴史については詳細な研究であるBast, Rainer A., *Die Philosophische Bibliothek. Geschichte und Bibliographie einer philosophischen Textreihe seit 1868*（Hamburg, 1993）を参照。

（24）Watanabe, *Origins*, p. 25.

（25）F・マイナー博士のタイプライター書き覚書"Die Cusanus-Ausgabe"（一九四五年九月一九日記）。この覚書のコピーを著者に送付し、更にこの結語に使用することを許可されたF・マイナー社前社長R・マイナー氏と現社長M・マイナー氏に感謝する。

(26) Watanabe, *Origins,* p. 26; Meiner, *Die Cusanus-Ausgabe,* S. 1.

(27) Cohen, Hermann, *Das Prinzip der Infinitesimal-Methode und seine Geschichte* (Berlin, 1993); Watanabe, *Origins,* p. 27.

(28) Cohen, Hermann, *Logik der reinen Erkenntnis* (Berlin, 1902), S. 29; Watanabe, *Origins,* p. 27.

(29) Cassirer, Ernst, *Das Erkenntnisproblem in der Philosophie und Wissenschaft der neueren Zeit,* 1 (Berlin, 1906), S. 21-72; Watanabe, *Origins,* p. 29.

(30) Cassirer, Ernst, *Individuum und Kosmos in der Philosophie der Renaissance* (Leipzig, 1927), S. 7-76.

(31) Watanabe, *Origins,* p. 31.

(32) Watanabe, *Origins,* pp. 32-33.

(33) その当時のハイデルベルク大学とその哲学学部については Raymond Klibansky, "Aus dem Heidelberger Geistesleben: Autobiographische Anmerkungen" in: *Heidelberg, Geschichte und Gestalt* (Heidelberg, 1996), S. 270-282 を参照。

(34) Watanabe, *Origins,* p. 33; Meiner, *Die Cusanus-Ausgabe,* S. 2. ハイデルベルク版については，このほかにも Gadamer, Hans-Georg, "Das Cusanus-Unternehmen der Heidelberger Akademie der Wissenschaften," *Ruperto-Carola: Mitteilungen,* 6. Jhrg, Nr. 15/16 (Dezember 1954), 78-79; Willehad Paul Eckert, "Der Stand der Cusanus-Edition," *Schweizer Rundschau,* 63. Jhrg, Heft 7/8 (1964), 443-448; Thea Hoffmann, "Wie die Cusanus-Ausgabe Begann," MFCG, 5 (1965), 164-165; *Ceterum censeo... Bemerkungen zu Aufgabe und Tätigkeit eines philosophischen Verlegers: Richard Meiner zum 8. April 1983* (Hamburg, 1983), S. 26-30 (Werner Beierwaltes), 31-34 (Karl Bormann); Hans Gerhard Senger, "Die Nikolaus von Kues - Ausgabe als Beispiel einer historisch-kritischen Edition," *Zeitschrift für philosophische Forschung,* Band 38, Heft 1 (1984), 73-83; Werner Beierwaltes, "Die

Cusanus-Ausgabe. Nicolai de Cusa Opera Omnia iussu et auctoritate Academiae Litterarum Heidelbergensis ad codicum fidem edita" in: *Jahrbuch der Heidelberger Akademie der Wissenschaften für 1987*（Heidelberg, 1988）, S. 101-106 などの参考すべき資料がある。

（35）Watanabe, *Origins*, pp. 33-35.

（36）Watanabe, *Origins*, p. 35.

（37）Watanabe, *Origins*, pp. 35-36. このほかにも、日本でもかなり知られている教会史家で当時「ハイデルベルク学術アカデミー」会長であったH・フォン・シューベルト（Hans von Schubert、一八五九―一九三一）が委員として加わった。クリバンスキー教授によると、シューベルト博士はクザーヌス著作出版企画にはじめから非常に好意的であったとのことである。

（38）*Nicolai de Cusa Opera omnia*, II: *Apologia doctae ignorantiae*, hg. R. Klibansky（Leipzig, 1932）.

（39）*Nicolai de Cusa Opera omnia*, I: *De docta ignorantia*, hg. Ernst Hoffmann & R. Klibansky（Leipzig, 1932）.

（40）Watanabe, *Origins*, p. 37, n. 88.

（41）Senger, "Nikolaus von Cues," S. 575. そのご説教の編集出版は進展し、一九九七年現在、現存する二九三の説教のうち八八が一〇分冊になって出版されている。

（42）序説、二一―三頁をみよ。*Acta Cusana*, Band I, Lieferung 1 : 1401-17. Mai 1437, hg. Erich Meuthen（1976）; Band I, Lieferung 2: 17. Mai 1437-31. Dezember 1450, hg. E. Meuthen（1983）; Band I, Lieferung 3: 3. Januar 1451-März 1452, hg. E. Meuthen & Hermann Hallauer（1997）.

（43）これらの翻訳の多くは、Senger, "Nikolaus von Cues," S. 575-578, 586-603 に表示されている。

（44）これについては、渡邉守道「ニコラウス・クザーヌスと現代」大学出版27（大学出版部協会、一九九五年）、一一―一五頁を参照。

(45) 序説、注(10)本書一三頁参照。

(46) Hubert Jedin, *A History of the Council of Trent*, trans. Dom Ernest Graf, I (London, 1957), 22.

(47) 公会議首位説の後世紀に至るまでの継続・影響については、特に、Francis Oakley, "On the Road from Constance to 1688: The Political Thought of John Major and George Buchanan," *Journal of British Studies*, I (1962), 1-31; F. Oakley, "From Constance to 1688 Reconsidered," *Journal of the History of Ideas*, 27 (1966), 429-432; F. Oakley, "Natural Law, the Corpus Mysticum, and Consent in Conciliar Thought from John of Paris to Mathias Ugonius," *Speculum*, LVI (1981), 786-910; F. Oakley, "Constance, Basel, and the Two Pisas: The Conciliar Legacy in Sixteenth-and Seventeenth-Century England," *Annuarium Historiae Conciliorum*, 26 (1994), 87-118をみよ。スコットランドについては更に [Morimichi Watanabe], "Thomas Livingston," *American Cusanus Society Newsletter*, X, 2 (December 1993), 5-8を参照。

(48) 序説、八―九頁をみよ。

(49) Jaspers, *Nikolaus Cusanus*, S. 204.

(50) *Memoirs of a Renaissance Pope: The Commentaries of Pius II-An Abridgement*, tr. Florence A. Gragg; ed. Leona C. Gabel (New York, 1959), p. 228. このほかにも、渡邉守道「教会改革者としてのクザーヌス研究に関する諸問題」三九頁、八巻和彦「クザーヌスにおける〈周縁からの眼差し〉——"De concordantia catholica"(『普遍的和合論』)から"Idiota"篇へ——」文化論集、第五号(一九九四年)、一〇七頁をみよ。

(51) コンスタンティノープル陥落とクザーヌスについては Erich Meuthen, "Der Fall von Konstantinopel und der lateinische Westen," *Historische Zeitschrift*, 237 (1983), 1-35を見よ。

(52) *De pace fidei* (1453); *Cribratio Alkorani* (1461).

(53) クザーヌスの宗教寛容論については多数の研究があるが、日本語で最近発表されたものとしては八巻和彦「クザーヌス哲学における宗教寛容の問題」『哲学思索と現実の世界』（創文社、一九九四年）、一一七―一五五頁、近藤恒一「ペトラルカとクザーヌスの対話篇――『わが秘密』と『信仰の平和』――」『クザーヌス研究』、第三号（一九九五年）、一―四六頁がある。

（54）Nicolas de Cusa, *De pace fidei - La paix de la foi*, tr. Roland Galibois (Sherbrooke, 1977); Nikolaus von Kues, *De pace fidei-Der Friede im Glauben*, tr. Rudolf Haubst (Trier, 1982); *Nicolaus Cusanus' dialog om trosfreden*, tr. Kari Elisabeth Brresen (Oslo, 1983); *Nicholas of Cusa on Interreligious Harmony: Text, Concordance and Translation of De Pace Fidei*, ed. & tr. James E. Biechler & H. Lawrence Bond (Lewiston, 1990); Jasper Hopkins, *Nicholas of Cusa's De Pace Fidei and Cribratio Alkorani: Translation and Analysis* (Minneapolis, 1990);「信仰の平和」八巻和彦訳、『中世末期の神秘思想』（中世思想原点集成十七）（平凡社、一九九二年）、五八四―六三八頁、Nicolaas van Cusa, *Het Zien van God*, ed. Inigo Bochen & Jos Decorte (Kampen, 1993); Nicholas of Cusa, "On the Peace of Faith" in: *Toward a New Council of Florence* (Washington, D.C., 1993), pp. 231-272.『信仰の平和について』の影響史については Raymond Klibansky, "Die Wirkungsgeschichte des Dialogs 'De pace fidei'" in: MFCG, 16 (1984), 113-125 を参照。

（55）Jaspers, *Nikolaus Cusanus*, S. 15.

（56）これについては Senger, "Überlegungen," S. 185; Erich Meuthen, *Nikolaus von Kues. Profil einer geschichtlichen Persönlichkeit* [Trierer Cusanus Lecture] (Trier, 1994), S. 18 をみよ。

ニコラウス・クザーヌス年譜

西暦	重要事項	著作
一四〇一	ドイツ、モーゼル河畔のクースに、かなり裕福な船主、陪審員ヨハン・クリフツの長男として生る。	
一六	ハイデルベルク大学入学。	
一七	パトヴァ大学法学部入学、教会法を学ぶ。	
二三	パトヴァ大学より教会法令博士号を授与さる。	
二四	ローマ滞在。	
二五	トリーア司教区アルトリッヒ教会の聖職祿を与えらる。教会法博士としてケルン大学に登録、ハイメリクス・デ・カンポに師事し、哲学、神学を学ぶ。	
二六	バッハラッハの聖ニコラウス教会葡萄園産の葡萄酒がライン河を下ってケルンのアンドレアス中央教会に送られる際、課税さるべきかという係争問題に関して、ハイデ	

ルベルグ大学とケルン大学の教授ら六八人と同じく意見書を提出す。

一四二七　九月六日、トリーア大司教オットー・フォン・ツィーゲンハインの秘書、法律顧問となる。同日、コブレンツの聖フローリン大聖堂の司教座聖堂参事会員となる。

二八　三月二二日、ライムンドゥス・ルルスの写本を、パリ郊外ヴォーベールのカルトゥジオ修道院で筆写する。ルーヴァン大学の教会法教授就任の招聘を辞退。

二九　写本発見家としての名声がイタリア人文主義者間にたかまる。

三〇　トリーア大司教候補者ウルリッヒ・フォン・マンデルシャイトの証人となる。

三二　オットー・フォン・ツィーゲンハインの死去により発生した後継者選挙紛争に関し、教皇マルティン五世任命のラーバン・フォン・ヘルムシュタットに挑戦して立候補したウルリッヒ・フォン・マンデルシャイトは、クザーヌスを訴訟代理人としてバーゼル公会議に派遣、二月二九日、編入される。信仰問題分科会メンバーとなる。

三三　ボヘミヤ問題委員会加入。　『ボヘミヤ人誤謬論駁小論』『多数派の権限につ

		いて』
三四		『普遍的和合について』（一四三三／三四）『総公会議における議長の権限について』
三五	ルーヴァン大学よりの再度の招聘を辞退。ミュンスターマイフェルトの司教座聖堂首席司祭となる。	『暦の更新について』（一四三四／三五）
三七	公会議支持多数派より教皇支持少数派に移る。八月、教皇エウゲニウス四世の派遣使節としてベネツィアからコンスタンティノープルに赴く。一一月二七日、東ローマ皇帝、ギリシア教会総主教、その他の高級聖職者と共に、フェラーラ公会議出席の為に帰途につく。海上、〃上からの、光の父の賜物として〃「知ある無知」の霊感を受ける。	
三八	二月八日、ベネツィア着。三月一七日、ドイツ選帝侯中立宣言す。	
三九	教皇派遣特使としてドイツ順回。マインツ諸侯会議、選帝公会議、管区長会議に出席。	
四〇		『知ある無知について』（二月一一日、クースにて）
四一	教皇側弁士として、マインツ帝国会議とフランクフルト帝国議会参加。	『アメディストたちの誤謬に関する対話』
一四四二	五月、フランクフルト帝国国会参加。	『推測について』（一四四二／四三）『アレバロ

四五		のロドリゴ・サンチェズへの手紙』『隠れたる神について』（一四四四／四五）『神の探求について』『神の子であることについて』『幾何学的変形について』（九月二五日）『算術的補足について』
四六	フランクフルト帝国議会参加。エウゲニウス四世により〝意中を非公式に（イン・ペットー）〟枢機卿に任ぜられる。	『光の父からの贈物』（一四四五／四六）『最後の日についての推測』（八月三〇日）
四七	教皇特使として、アシャッフェンブルクの諸侯会議に出席。	『創造についての対話』（三月二日）
四八	一二月二〇日、教皇ニコラウス五世により枢機卿に任ぜられる。	
四九		『知ある無知の弁明』（一〇月九日？）
五〇	四月二六日、ブリクセン司教に叙せられる。一二月三一日、一四五〇年聖年記念の贖宥を宣布し、教会、修道院改革遂行のため教皇派遣特使としてドイツ巡察のためローマより出発。	『無学者――知恵について』（二巻、七月一五日、二巻、八月七～八日）『無学者――精神について』（八月二三日）『無学者――秤による実験について』（九月）『円の求積法について』（一二月？）
五一	ドイツ、低地地方各地巡察。	
五二	イースター頃、ブリクセン着。	

五三	ブリクセン司教として改革につとめるが、オーストリア	『信仰の平和について』(九月)『神学論補足』『神の視について』(一一月八日以前?)
五四	大公、ティロール伯シギスムントとの紛争悪化。	『数学論文補足』(一四五三/五四)
五七	六月、ブリクセンを去りブッフェンシュタインのアンドラス城へ。	『帝王求積法について』(八月六日、アンドラス)
五八	新教皇ピウス二世により、九月三〇日、ローマに召還さる。クースの養老院《ホスピタル》設立証書完成。	『緑柱石について』(八月一八日、アンドラス)『数学的完全性について』(一〇月?、ローマ)
五九	教皇ピウス二世マントア会議出席中、教皇特使兼臨時司教総代理となる。	『相等性について』『始源について』『全面的改革』(七月?)『数学の黄金前提』(八月八日)
六〇	ブリクセン帰還。四月一二日、ブルネック城でシギスムント伯の軍に包囲され、捕虜となり、屈辱的講和を強いられる。逃れてローマに帰還。	『可能現実存在』(二月、アンドラス)
六一	六月、健康を害し、オルヴィエトに退く。	『コーランの精査』
六二		『非他なるものについて』(一月?)『知恵の狩猟について』(秋)
六三		『球戯について』『提要』
六四	七月一六日、ウンブリアのトーディで病む。八月六日、遺書を認む。八月一一日、トーディで死去。	『観想の頂点について』(イースター)『自叙小伝』

ニコラウス・クザーヌス一四五一－一四五二巡察旅行地図

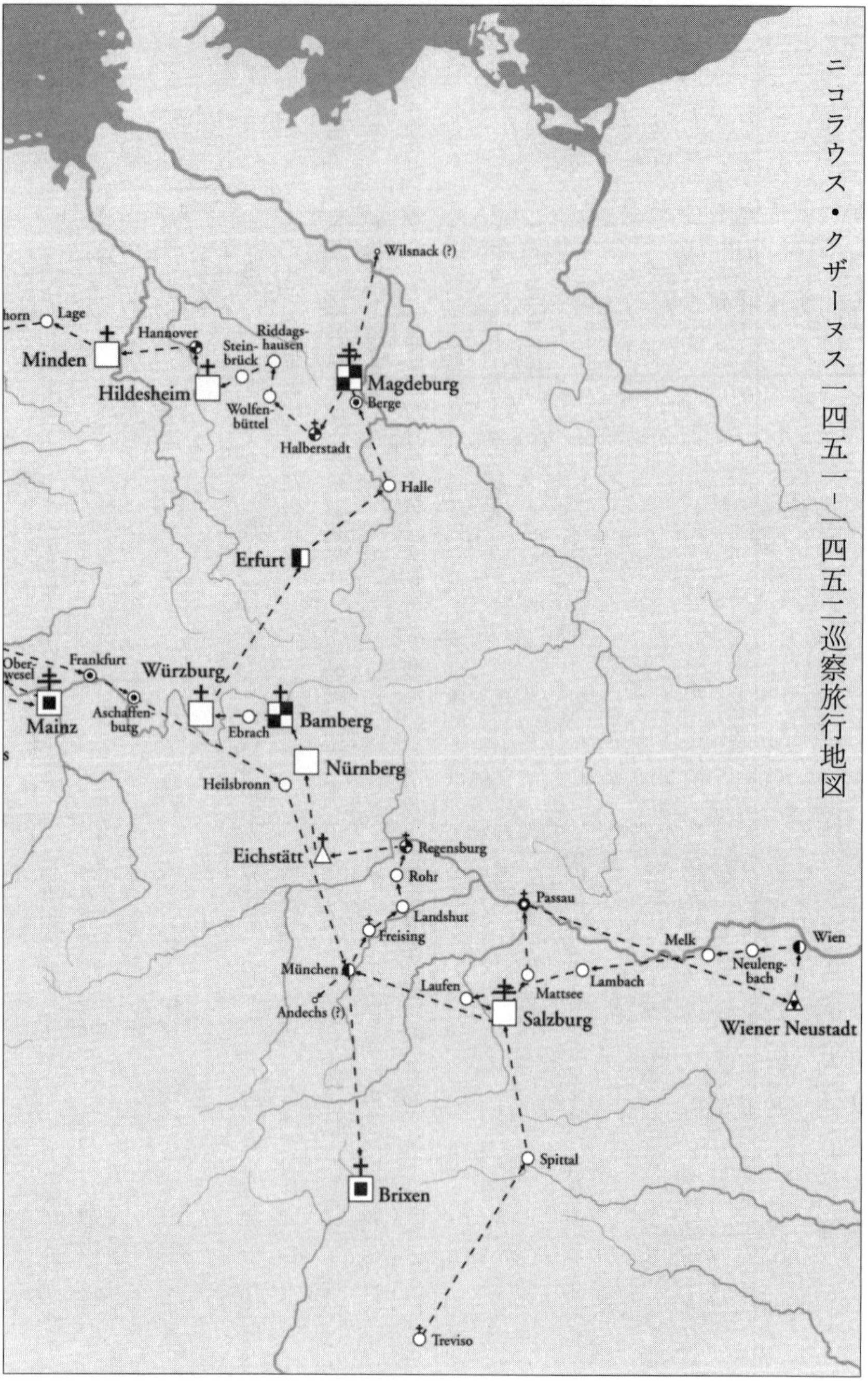

1/3 (Hamburg, 1996) with the permission of Felix Meiner Verlag.

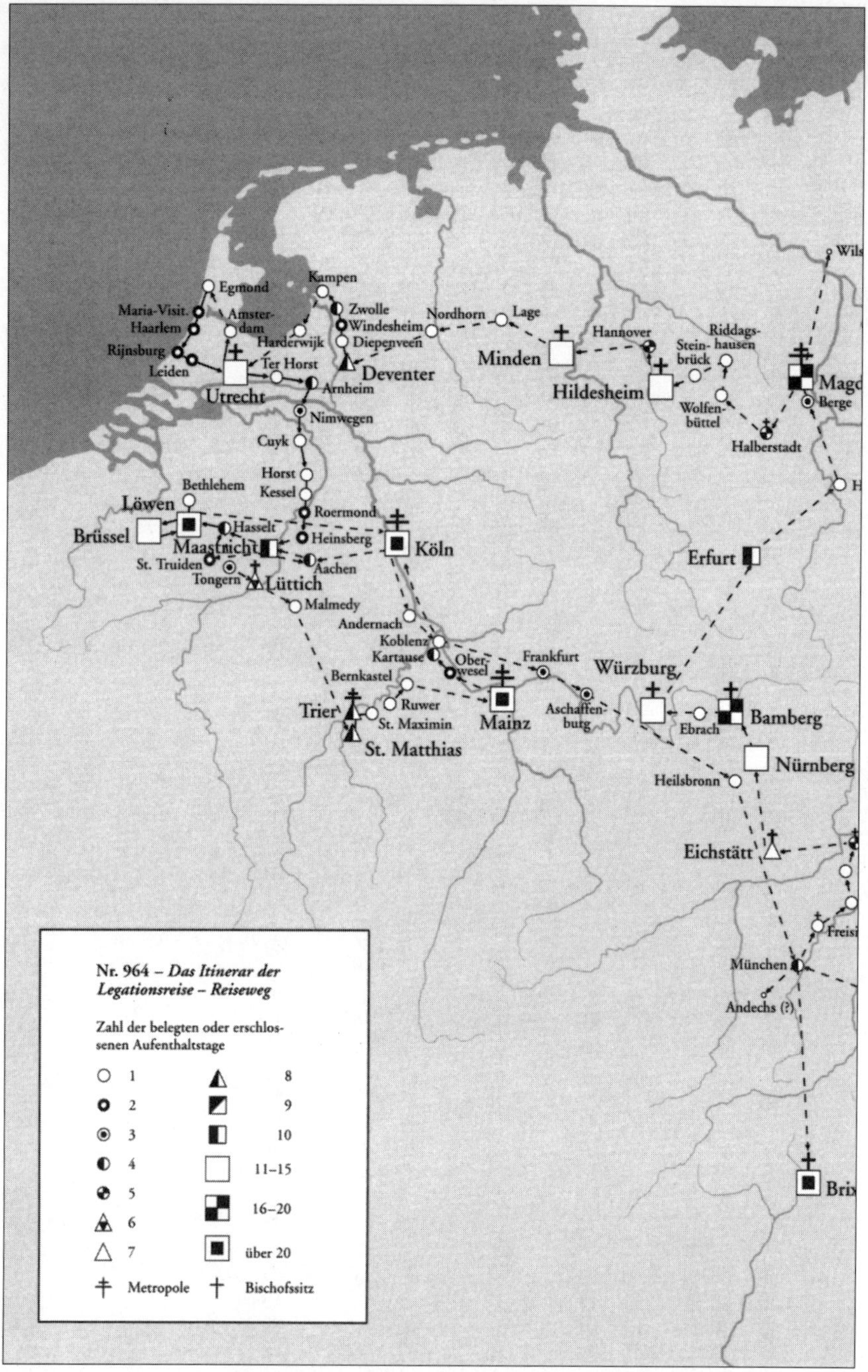

Reprinted from Acta cusana, ed. Erich Meuthen and Hermann Hallauer,

あとがき

本書の成り立ちについては「序説」に簡単に記したが、各章は、下記諸論文を修正し、それに加筆したものである。ここに記されていないものは、本書のために書き下ろされた。

第一部・クザーヌスの生涯と思想の第一章「生涯と思想」は「ニコラウス・クザーヌスの生涯と思想」に基づいている。この論文は「神学」（東京神学大学、第二八号、一九六六）、一一四‐一二〇頁に発表されたもので、その後のクザーヌス研究発表によって新事実も明らかになったが、若干の補筆にとどめた。

第二章「クザーヌスの思想」第一節「政治思想」は、有賀弘その他編著『政治思想史の基礎知識』（有斐閣、一九七七）のII「中世」E「『普遍』の解体と新しい政治単位」として発表した論文によっている。

第二節「教皇権と公会議主義」は、一九八八年八月一六日に東京女子大学において開催された聖学院大学総合研究所主催、第一回講演会の講演記録に手を加え、「聖学院大学総合研究所紀要」（第一号、一九九〇）、九‐二三頁に発表されたものである。

第三節「社会思想」は「ニコラウス・クザーヌスの社会思想」に基づいている。この論文は、上智大学中世思想研究所編『中世の社会思想』（創文社、中世研究、第一〇号、一九九六）、二九九―三二六頁に第一二章として発表されたものである。

第二部・クザーヌスの教会改革の第一章「教会改革者としてのクザーヌス研究に関する諸問題」は、一九九一年に出版された日本クザーヌス学会の「クザーヌス研究」（第一号、一九九一）、三二―五〇頁に掲載された論文に基づき、同じく第一号に著者が寄稿した「米国クザーヌス学会長の祝辞」とともに、日本クザーヌス学会の健全な発展を願う希望をこめて書かれたものである。

第二章「ニコラウス・クザーヌス著『全面的改革について』」は、アメリカ・クザーヌス学会の会計・故 Dr. Chandler McCuskey Brooks を記念して出版された *Nicholas of Cusa on Christ and the Church*, Leiden: E. J. Brill, 1996 の一七五－一八八頁に英語で発表された。なお、この論文の Appendix に Thomas M. Izbicki 博士が、*Reformatio generalis* の英訳を追加している。

第三章「ティロールの修道院改革と『神の視について』」は、イタリアの最も有名なクザーヌス学者G・サンチネロ教授が一九九二年に退官するにあたって出版された記念論文集 *Concordia discors*, Padova: 1993 の一八一―一九七頁に英語で発表された。

第三部・クザーヌスの周辺の第一章「人文主義の影響とクザーヌス」は、日本クザーヌス学会の最初の学術出版物として上梓された日本クザーヌス学会編『クザーヌス研究序説』（国文社、一九八六）、二八九―三一〇頁に「クザーヌス、ローマ法、人文主義」という題で発表されたもので、クザーヌスの敵手であり、一五世紀の最大の法律家とみなされたハンブルクとの対比においてまとめられた論文である。

第二章「混迷の一五世紀の法律家たち」は姫路獨協大学において客員教授として教鞭を取った際、同学法学会の依頼により執筆したもので、「姫路法学」（第七号、一九九一）一―三二頁に記載された論文である。

第三章「宗教改革直前のドイツ教会」はE・モイテンとH・ハラウァー編集によるクザーヌスの *Acta Cusana*

（『クザーヌス関係記録文書集成』）第一巻、第三部出版を控えて、聖学院大学・女子聖学院短期大学宗教センター発行の「論集・キリスト教と諸学」（第一一巻、一九九六）、一五六（一）―一三九（一八）頁に発表された論文である。

本書をまとめるにあたって、著者が過去または現在に非常にお世話になった幾人かの方々に心から感謝の意を表したい。

中世の政治思想を研究対象とすることを真剣に考えはじめたのは、なんといっても堀豊彦先生の『中世紀の政治学』（一九三二年）を読んだ時からであって、東京大学法学部在学時代にも卒業後にも大変お世話になった。まだ研究を続けていくかの決心ができず迷っていたときに、米国政治研究のご専門にも拘わらずいろいろと助言奨励をしてくださった斉藤真教授にはいまでも感謝の念をもっている。

著者が書いたクザーヌスについての小論文を読んで、それを基礎にして博士論文を書いてはどうかと激励してくださったのは、コロンビア大学のG・マッティングリー（Garrett Mattingly）教授で先生の「ヨーロッパ近代初期史」の講義にも大いに刺激を与えられた。Ph.D. を獲得するまでの難路を辿り行く著者をいつも微笑んで見守ってくださったのは指導教授のH・ディーン（Herbert Deane）先生であり、先生のゼミでアウグスティヌスの『神の国』を読み、学問に対する厳粛な態度とキリスト教についての考え方に関していろいろ教えていただいた。また、博士論文の第二判定者となられたP・O・クリステラー（Paul Oskar Kristeller）教授は該博な知識をもって論文を批判してくださったが、西欧の古代中世ルネサンス精神哲学史に先生ほど通暁した大学者はもう現れないのではないかと思っている。いずれにせよ、コロンビア大学では以上のような良き先生に恵まれ、現在でも図書館などを大いに利用させていただいている。

一九六四年にベルンカステル・クースで行われたクザーヌス死歿五〇〇年祭に参加したが、その時、クザーヌス全集出版社のフェリックス・マイナー（Felix Meiner）社の社長R・マイナー（Richard Meiner）氏とお会いした。それ以来、また最近は御子息の現社長M・マイナー（Manfred Meiner）氏からもいろいろな助力をうけ、また親交を続けてこれたことを思い、二人に心から感謝申し上げたい。研究の分野では、著者と同様の興味と関心をもつ歴史家であるE・モイテン（Erich Meuthen）教授とH・ハラウァー（Hermann Hallauer）博士から長年にわたり資料の提供、好意的激励をいただいてきた。彼等の知識と理解の深さを知るにつれて、自分のような違った歴史的、文化的背景に育った者が本当にクザーヌスを研究対象にしていけるか、一体自分はクザーヌス研究にあたって何ができるのか、と真剣に考えさせられてきたこと自体がよい教訓であったと思う。本書の作成にあたっては、ドイツ・クザーヌス協会会長H・ゲストリッヒ（Helmut Gestrich）博士とハラウァー博士は喜んで著書と写真をご送付下さった。お礼を申し上げたい。またロングアイランド大学が長年にわたり、諸種の方法で著者の研究活動を支持、また援助してくださったことに対してここに感謝の意を表するものである。

本書出版の直接のきっかけは、聖学院理事長で、聖学院大学出版会会長の大木英夫先生からのお勧めである。数年前にニューヨークのユニオン神学校でお会いしたときにそのお話をうかがったにも拘らず、いろいろな事情で大変遅れ、また先生が考えておられたものとは少し違った形になり、申し訳なく思っている。

編集出版に関しては始めから終わりまで聖学院大学出版会出版部長の山本俊明氏に非常にお世話になった。厚くお礼を申し上げたい。

プロテスタント長老主義派の牧師の息子として育った著者が、クザーヌス研究に向かった背後にはなんといっても両親の感化があったことを思わざるをえない。カトリック教会の歴史・典礼などの理解には最大の努力をしたつもりである。この本は、クザーヌスの誕生地クースから彼の死亡したトーディまで、あるときはティロールの山奥のアンドラス（Adraz）城に至るまで、クザーヌス関係の数多くの土地を著者と共に訪れ、また幾多のクザーヌス学会に同伴してくれた妻喜代美に捧げたい。

一九九九年一〇月

渡邉守道

日本社会政策の源流
社会問題のパイオニアたち

保谷六郎著

島田三郎、田口卯吉、佐久間貞一など社会問題黎明期の明治・大正初期の啓蒙・活動家、また高野岩三郎などの社会調査開発者を紹介。

Ａ５判上製本体三四九五円

オリヴァー・クロムウェル
神の道具として生きる

澁谷浩著

ピューリタン革命の中心にいたクロムウェルの信仰に裏付けられた議会での発言や画期的な軍政改革、めまぐるしく変化する政治情勢の中での行動と思考を追う書き下ろし評伝。

四六判並製本体一九四二円

イギリス革命とアルミニウス主義

山田園子著

イギリス革命期の急進的聖職者ジョン・グッドウィンは「しょく罪されたしょく罪」によって、カルヴァンの運命論的な二重予定説を批判したが、その思想の中核にあった十六世紀オランダのアルミニウスの教説を詳説し、それがイギリス革命に及ぼした影響を明らかにする。

Ａ５版上製本体五八〇〇円

デモクラシーにおける討論の生誕
ピューリタン革命におけるパトニー討論

大澤麦
澁谷浩
編訳

ピューリタン革命の最中、国王を逮捕した革命軍が今後の方針を討議するためにパトニーで総評議会を開催した。議長はオリヴァ・クロムウェルがつとめ、新しい政治体制を主張するレヴェラーズと激しい議論を進めた。この討論にこそ「討論」を通してお互いの違いを理解しあい、共通の目的を発見することを目指す、近代デモクラシー思想の源泉があった。本書は、「パトニー討論」の翻訳と訳者注記と解説を付し、この討論の政治思想史における意義を解明する。

Ａ５版上製本体五八〇〇円

自由と結社の思想
ヴォランタリー・アソシエーション論をめぐって

J・L・アダムズ
柴田史子訳

アメリカの著名な神学者・社会倫理学者、ジェイムズ・ルーサー・アダムズのヴォランタリー・アソシエーションに関する論文を中心に社会理論・社会倫理に関する主要論文を集める。四六判上製本体三八〇〇円

イギリス・デモクラシーの擁護者A・D・リンゼイ
その人と思想

永岡薫編著

リンゼイは、E・バーカーと並ぶ今世紀におけるイギリス政治哲学者の双璧である。本書はリンゼイのひととなりと幅広い思想を多彩な執筆者によって紹介した初の研究書である。A5判上製本体五二〇〇円

正義
社会秩序の基本原理について

E・ブルンナー
寺脇丕信訳

正義とはなにか。実証主義と相対主義の中に国家や法の正義の理念は崩壊したのか。現代世界における正義の原理を考察し、正義が共同社会の中で、いかに適用されるべきかを論じる。A5判上製本体五八〇〇円

近代世界とキリスト教

W・パネンベルク
深井智朗訳

近代世界の成立にキリスト教はどのような役割を果たしたのか。この問いに対して、ウェーバーやトレルチなどの見解が提示されてきたが、現代ドイツ神学者のパネンベルクは、近代世界の成立とキリスト教の関係を積極的に評価し、さらに現代のキリスト教の諸問題を明らかにしている。四六判上製本体二二〇〇円

渡邉守道　わたなべ・もりみち

1926年山形市にて生れる。1948年東京大学法学部卒業。1952年プリストン大学大学院政治思想史専攻卒業。1956年コロンビア大学大学院政治思想史・比較政治専攻にてM.A.取得。1961年同大学院にてPh.D.取得。

1948年明治学院専門学校専任講師、教授、明治学院大学専任講師を経て、1960年キャンサス州立大学客員助教授。以後ニューヨーク市立大学クィーンズ・カレジ講師、1963年ロングアイランド大学助教授となり、現在、ロングアイランド大学教授。1976年には東京大学法学部ならびに慶応大学法学部客員教授を、また、1989-1900年には姫路独協大学客員教授をつとめた。1995年より聖学院大学総合研究所教授、また1996年より聖学院大学大学院教授を歴任。アメリカ・クザーヌス学会会長。

〔著訳書〕著書にThe Political Ideas of Nicholas of Cusa: With Special Reference to His De Concordantia Catholica. 訳書にP.O. クリステラー『ルネサンスの思想』など。

ニコラウス・クザーヌス　

2000年9月28日　初版第1刷発行

著　者　渡　邉　守　道

発行者　大　木　英　夫

発行所　聖学院大学出版会

〒362-8585　埼玉県上尾市戸崎1-1
電話048（725）9801
Fax.048（725）0324
E-mail: press@seigakuin-univ.ac.jp

印刷・堀内印刷
ISBN 4-915832-34-1　C 3031

索　　　引

ア行

アイク，ヨハンネス・フォン
Johannes von Eych ……………185, 186
アイヒシュテット　Eichstätt ………179, 185, 186
アイプ，アルブレヒト・フォン
Albrecht von Eyb ……………………186
アインドルファー，カスパー
Kaspar Aindorffer ……………158, 159, 160, 161, 162, 163
アヴィニヨン　Avignon ………42, 43, 44, 48, 51, 201, 202
アヴィニヨンの捕囚 ……………42, 43, 201
アウグスティヌス　Augustinus ………20, 157, 239, 262
アウグスブルク　Augsburg ……179, 236
アウフセス，ウェルナー・フォン
Werner von Aufsess ………………185
アクィナス，トマス ……112, 116, 238, 247
アタナシウス一世　Athanasius ………36
アッグスバッハ，ヴィンゼンツ・フォン
Vinzenz von Aggsbach ………161, 162
アラヌス　Alanus ………………39, 40, 48
アラノ，ヘンリクス・デ
Henricus de Alano ……………185, 206
アリストテレス　Aristoteles …25, 42, 45, 54, 59, 63, 118, 183, 186
—『政治学』……………………………………63
—『倫理学』……………………………………27
アルトリッヒ　Altrich ………20, 64, 115, 207, 214, 224, 275
アルフォンソ五世　Alfonso ……205, 213, 217, 228, 230
アルペ・グリュンワルト
Alpe Grünwald …………………157, 164
アルベルガティ，ニッコロ
Niccolò Albergati ……………………20
アルベルトゥス・マグヌス
Albertus Magnus …………64, 116, 132
アレクサンデル五世　Alexander ……45, 54, 55, 141, 203
アナーニ　Anagni ………………41, 42, 43
アンコナ　Ancona ……………24, 67, 209
アンデックス　Andechs ………………236
アンドラス城　Andraz………165, 167, 278
イエーガー，アルベルト
Albert Jäger…………125, 146, 149, 164, 168, 173, 174
イエディン，フーベルト
Hubert Jedin ………65, 81, 99, 147, 259
イエルサレム　Jerusalem ……………237
イザロー，エルヴィン
Erwin Iserloh……122, 131, 136, 149, 150
イスラム教　Islam …24, 39, 116, 184, 261
岩崎允胤 …………………8, 83, 93, 106, 267
インゲンのマルシリウス
Marsilius von Inghen ………………17
インゴルシュタット　Ingolstadt ……189
インスブルック　Innsbruck ……158, 162
インデルスドルフ　Indersdorf ………159
インノケンティウス三世
Innocentius……………………39, 40, 212
インノケンティウス四世
Innocentius ………………39, 40, 48, 212
ヴァチカン図書館　Vatican ……………20
ヴァチカン公会議，第二 ………28, 30, 140
ヴァルドュルン　Waldürn ……………236
ヴァルラ，ロレンツオ
Lorenzo Valla ……………………89, 199

ヴァンステーンベルグ，エドモンド
Edomond Vansteenberghe ……30, 32, 69, 81, 84, 96, 97, 98, 107, 113, 123, 143, 160, 161, 163, 172, 173, 174, 224, 243
ヴィタ・アクティバ
Vita Activa「実践的生活」……167, 262
ヴィタ・コンテンプラティバ
Vita Contemplativa 「感想的生活」……………………167, 262
ウィーネル・ノイシュタット
Wiener-Neustadt ……………………161
ウィーネルバルト　Wienerwald ……160
ヴィルスナック　Wilsnack………14, 139, 232, 233, 236, 237, 238, 239, 240, 241, 242, 243, 247
ウィルテン　Wilten ……158, 162, 163, 165
ウィースマイエル，レオンハルト
Leonhard Wiesmair…………………156
ウィーン　Wien…………………………234
ウィーン政教条約………………22, 156, 169
ウィーン大学………159, 185, 186, 197, 206, 209, 213, 223
ウィンデスハイム　Windesheim ……239
ヴィンデルバント，ヴィルヘルム
Wilhelm Windelband ………………257
ヴェルギリウス　Vergilius……………183
ヴェレナ・フォン・シュトゥーベン
Verena von Stuben …138, 157, 163, 164
ヴェーレン　Wehlen …………………206
ヴェンク，ヨハンネス
Johannes Wenck………………………26
ウニオ・ヒポスタティカ（位格的融合）
Unio Hypostatica……………………238
ウルバヌス六世
Urbanus…………43, 44, 52, 202, 221, 236
ウルマン，B. L.　B. L. Ulman …118
ウルマン，カール　Carl Ulmann ……122
ウルマン，ワォルター
Walter Ullmann ……………48, 61, 212
ウルム　Ulm ………179, 187, 198, 227, 230
エウゲニウス四世　Eugenius ………9, 21, 22, 46, 57, 133, 203, 205, 213, 228, 233, 240, 277, 278
エツクハルト，マイスター
Meister Eckhart ………………9, 25, 266
エネア・シルヴィオ・ピッコローミニ（ピウス二世）
Enea Silvio Piccolomini ………22, 47, 66, 92, 133, 134, 145, 162, 165, 189, 208, 217, 218, 231, 233
—「パストール・エテルナス」（永遠の牧者）……………………135, 139, 141, 148
—『バーゼル公会議議事注釈』…………217
—『ローマ帝国の起源と権威に関する書簡』……………………………………47, 92
エラスムス，デジデリウス
Desiderius Erasmus ……………17, 119
エリウゲナ，ジョン・スコトゥス
John Scotus Eriugena …………9, 13, 25
エレフェルト，ヨアキム
Joachim Ellefelt ……………………241
エルフルト　Erfurt …………237, 238, 262
エンゲルベルト，アドモントの
Engelbert von Admont …………42, 157
—『ローマ帝国の起源及び終焉について』……………………………………………42
エンネベルク　Enneberg…………157, 164
オヴィディウス　Ovidius ……………183
大出　哲 ……………………9, 83, 93, 106, 109
オークレー，フランシス
Francis Oakley ……………62, 266, 273
オッカム，ウィリアム・オブ
William of Occam（Ockham）………17
オネカー，マルティン
Martin Honecker …………183, 195, 228
オノリウス三世　Honorius……………216
オーバーマン，ハイコー・A
Heiko A. Oberman ………114, 125, 130
オマーリ，ジョン・W
John W. O'Malley ……………115, 125,

141, 150, 152
オルヴィエト　Orvieto　……242, 248, 279

カ行

階層秩序的思惟 ………………………10, 70
ガイセンフェルト，コンラッド・フォン
Konrad von Geisenfeld ……………161
回勅 ……………………………………41, 51
「学識」法学……………………180, 188, 208
カッシーラー，エルンスト
Ernst Cassirer ………34, 80, 92, 93, 106, 112, 123, 191, 200, 256, 257, 271
—『近代哲学と近代哲学における認識の問題』…………………………………93, 256
—『ルネサンス哲学における個と宇宙』あるいは『個と宇宙—ルネサンス精神史』……35, 80, 92, 93, , 106, 123, 191, 256, 271
カピストラノ，ジョバンニ
Giovanni Capistrano …………238, 241
カブーツ，ヨハンネス
Johannes Kabuz ……………………236
カプラニカ，ドメニコ
Domenico Capranica …………182, 211
カラマズー
Kalamazoo ……………99, 100, 101, 266
ガリン，エウジェニオ
Eugenio Garin …………………………10
ガレノス　Galenos ……………………183
カレン，ゲルハルト
Gerhard Kallen …………33, 69, 84, 145
ガンディアック，モーリス・ド
Maurice de Gandillac ………29, 31, 96, 161, 172
カンネマン，ヨハンネス
Johannes Kannemann ………………238
官僚制度…………………………………59
キケロ　Cicero …………118, 183, 186, 199
—『共和国』……………………………199
『教会権力論』…………………………42, 117
教会合同……………………………22, 57, 65
教会大分裂（シスマ）…………26, 44, 45, 46, 48, 53, 156, 201, 202, 203, 212, 220, 221, 236, 242, 254, 259
教会法 ……10, 19, 20, 24, 27, 38, 53, 65, 68, 74, 79, 115, 132, 178, 179, 181, 186, 189, 208, 210, 218, 230, 263
—『教会法大全』…………………………212
—『教会法矛盾条例義解類集』………27, 38
教皇至上権説………………38, 41, 42, 42, 47
『教令 ……………………………………27
教令集』 …………………………………38, 39
キュモィス，ヨハンネス
Johannes Kymeus………………217, 235
共同生活兄弟団（Devotio Moderna）
……………………………………19, 64, 207
ギリシア（正）教会 ………21, 22, 46, 57, 65, 122, 133, 203, 233
キリスト ……18, 70, 136, 137, 138, 236, 238
キリスト教社会（Respublica Christiana）
…………………………69, 76, 190, 219
「キリストの代理人」（Vicarius Christi）
…………………………………………39
キルヒマン，ユリウス・ヘルマン・フォン
Julies Hermann von Kirchmann
……………………………………255, 270
クィンティリアヌス　Quintilianus …186
クザーヌス，ニコラウス
Nicolaus Cusanus…………6, 14, 18, 19, 20, 21, 22, 26, 26, 44, 46, 47, 46, 51, 56, 60, 64, 65, 66, 70, 74, 76, 76, 81, 82, 93, 94, 104, 105, 112, 119, 132, 133, 136, 150, 155, 160, 162, 178, 179, 186, 186, 201, 204, 207, 206, 209, 210, 212, 214, 217, 216, 220, 234, 237, 236, 240, 241, 242, 243, 244, 247, 246, 250, 251, 252, 254, 256, 257, 256, 259, 260, 261, 262, 263, 264, 265, 266, 267, 266
クザーヌス全集…………………28, 94, 113, 250, 251, 253, 255
—ストラースブール版………………28, 251
—ハイデルベルク版 …………29, 113, 250,

255, 257, 258, 259, 271
—バーゼル版……………………28, 250, 252
—パリ版………………………………28, 252
—ミラノ版……………………28, 251, 252
クザーヌス著作 …………96, 105, 148, 251, 252, 255, 256
—『アメディストたちの誤謬に関する対話』……………………………………………277
—『アレバロのロドリゴ・サンチェズへの手紙』………………………………79, 278
—『円の求積法について』………………278
—『隠れたる神について』……104, 109, 278
—『可能現実存在』………………67, 83, 104, 109, 166, 167, 279
—『神の子であることについて』………278
—『神の視について』………8, 101, 155, 163, 164, 165, 166, 252, 258, 279
—『神の探究について』…………………278
—『観想の頂点について』または『テオリアの最高段階について』
…………8, 9, 12, 67, 83, 102, 104, 109, 279
—『幾何学的変形について』……………278
—『教会の和合についての小書』…………69
—『球戯について』…………………258, 279
—『公会議権力の教皇権に対する優位について』……………………………………67, 79
—『暦の更新について』…………………277
—『コーランの精査』………24, 252, 261, 279
—『最後の日についての推測』……252, 278
—『算術的補足について』………………278
—『始源について』…………………166, 279
—『自叙小伝』……………………………279
—『神学論補足』……………………166, 279
—『信仰の平和』………8, 24, 67, 83, 96, 101, 102, 104, 109, 163, 166, 183, 253, 261, 279
—『推測について』………………24, 67, 277
—『数学論文補足』……………162, 166, 279
—『数学的完全について』…………166, 279
—『数学の黄金前提』………………166, 279
—『全面的改革』…………23, 120, 122, 132, 135, 136, 137, 139, 141, 143, 144, 150, 166, 235, 279
—『相等性について』………………166, 279
—『総公会議における議長の権限について』……………………………………67, 79, 277
—『創造についての対話』…8, 104, 109, 278
—『多数派の権限について』……………276
—『知ある無知について』または『学識ある無知について』……………8, 11, 22, 26, 58, 67, 80, 95, 98, 101, 106, 109, 159, 160, 257, 258, 277
—『知ある無知の弁明』……………257, 278
—『知恵に関する無学者の対話』または『無学者—知恵について』…………8, 104, 109, 262, 278
—『知恵の狩猟について』…………102, 279
—『帝王求積法について』……166, 167, 279
—『提要』…………………………………279
—『非他なるもの』……………8, 67, 83, 104, 109, 252, 255, 279
—『光の父からの贈物』……8, 104, 109, 278
—『普遍的和合について』…9, 21, 26, 27, 28, 31, 33, 36, 46, 58, 62, 65, 67, 68, 69, 70, 72, 73, 74, 77, 78, 79, 84, 115, 117, 122, 133, 136, 139, 208, 233, 237, 243, 252, 259, 277
—『ボヘミア人誤謬論駁小論』…………276
—『緑柱石について』…………166, 167, 279
—『無学者—知恵について』……………278
—『無学者—精神について』……………278
—『無学者—秤による実験について』…278
『クザーヌス説教集』
Sermones ……35, 106, 113, 114, 124, 258
『クザーヌス関係記録文書集成』
Acta Cusana…………7, 35, 94, 105, 107, 120, 125, 126, 127, 144, 155, 169, 194, 195, 196, 197, 199, 224, 244, 258, 264, 265, 272
『クザーヌス協会の報告と研究論文集』
（Mitteilungen und Forschungbeiträge der Cusanus-Gesellschaft〔=MFCG〕）
……………12, 14, 30, 63, 95, 118, 126, 170

索　　引

『アメリカ・クザーヌス学会・ニューズレター』 American Cusanus Society Newsletter ……101, 102
『クザーヌス研究』……12, 13, 104, 109, 248, 268, 274
『クザーヌス研究序説』……7, 12, 83, 104, 109, 123, 126, 129, 225
クザーヌス・ビブリオグラフィー（文献目録）……12, 30, 35, 63, 95
学会……58, 63, 94, 103
—アメリカ・クザーヌス学会……58, 63, 96, 100, 101, 102, 259, 265, 266
—ドイツ・クザーヌス協会…30, 35, 58, 63, 94, 183, 263, 264
—日本クザーヌス学会 ……7, 58, 63, 83, 93, 104, 108, 123, 225, 259, 267
クザーヌスの生涯……6, 18, 255, 260, 280
—ウィルテン事件 ……165
—「教皇エウゲニウス派のヘラクレス」……22, 66, 133, 208, 217, 233
—クザーヌスとギリシア語……119, 129, 142, 183, 195, 196
—クザーヌス復興・ルネサンス……18, 253
—皇帝選挙法改革……78
—コンスタンティノープル滞在……21, 22, 65, 133, 208, 233
—サン・ピエトロ・イン・ヴィンコリ（鎖の聖ペトロ聖堂）……23, 24
—巡察旅行……138, 139, 155, 157, 161, 234, 235, 242, 244, 247
—転向(公会議派より教皇派へ)……10, 21, 28, 58, 79, 117, 145, 190, 200, 217, 218, 230, 231
—養老院(クースの）……23, 32, 73, 117, 118, 127, 182, 211, 225, 227, 279
クザーヌスの思想と概念
—凱旋の教会……70
—階層秩序……68, 69, 72, 74, 80
—可能自体(posse ipsum）……9
—含蓄・包括(complicatio)……25, 80
—教会改革……9, 10, 69, 78, 110, 112, 117, 119, 120, 130, 132, 135, 136, 139, 140, 141, 155, 161, 163, 164, 165, 208, 225, 233, 235, 239, 242, 243, 248, 259, 260
—『教会法矛盾条例義解類集』……27, 38
—キリスト観……26
—言論の自由……73
—公開性……73
—『コンスタンティヌス帝寄進状』批判……76, 89, 252
—自然法 ……74, 75
—神聖ローマ帝国……69, 70, 76, 77, 78 190, 209, 214, 219, 236, 260
—推測……25
—睡眠の教会……71
—説教 ……29, 94, 96, 106, 113, 114, 125, 162, 163, 164, 234, 252, 258
—戦闘の教会……70, 71, 78
—対立物の一致(coincidentia oppositorum）……8, 24, 100, 167
—代表……75
—帝権移転(translatio imperii) ……76
—展開(explicatio）……25
—同意 …9, 68, 70, 73, 74, 75, 78, 87, 88, 260
—無学者または素人(idiota)の知恵 ……11
—名称 ……138
—楽園の城壁 ……8
—理性 ……74, 75
—流出……79
—ローマ教会 …44, 46, 72, 74, 137, 140, 190
—和合……22, 24, 28, 70, 72, 73, 79, 122, 261
クラウス，F. X.　F. X. Kraus ……118
クース，ベルンカステル Bernkastel-Kues ……18, 22, 23, 24, 64, 73, 115, 118, 132, 182, 207, 211, 214, 212, 214, 234, 256, 275
グラティアヌス　Gratianus ……27, 38, 44, 47
—『教会法矛盾条令義解類集』……27, 38
グラープマン，マーティン

Martin Grabmann ……………216, 230
グラマンジュのニコラス
Nicolas de Clemanges………………254
グラーツ　Graz …………………………162
クランツ，F．E．
F. Edward Cranz ………………98, 108
クリステラー，パウル・O．
Paul Oskar Kristeller …………10, 114, 125, 184, 195, 196, 199
クリバンスキー，レイモンド
Raymond Klibansky ……………72, 94, 253, 257, 268, 269, 271, 272, 274
クルチナック，アロアス
Alois Krchnák …118, 128, 182, 194, 227
グリュンワルデル，ヨハンネス
Johannes Grünwalder ………………158
グレゴリウス九世　Gregorius ………182, 211, 212
—『教皇令第二巻』…………………182, 211
グレゴリウス一一世　Gregorius ……43, 52, 202
クレメンス五世　Clemens ……42, 52, 201
クレメンス七世　Clemens…43, 44, 51, 202
クレーマー，ウエルネル
Werner Krämer ………………182, 194
ケツク，ヨハンネス
Johannes Keck ……………………160
ゲティスバーグ　Gettysburg ………101, 265, 266, 267
ケプラー，ヨハンネス
Johannes Kepler ……………………251
ゲラシウス一世　Gelasius………………38
ゲラシウス理論……………………38, 40, 47
ケルン　Köln ……………20, 115, 116, 118, 132, 169, 184, 207, 214, 215, 234, 235
ケルン大学………20, 64, 115, 116, 125, 132, 184, 185, 188, 196, 207, 210, 214, 215, 224
ゲルンハウゼンのコンラート
Konrad von Gelnhausen ………44, 202
「源泉にかえれ」………………………68, 184
公会議首位説 …………9, 26, 27, 28, 44, 45, 46, 47, 65, 75, 117, 190, 202, 204, 208, 233, 235, 242, 259, 273
公会議主義・公会議運動 ………22, 26, 28, 47, 50, 58, 60, 61, 62, 181, 212, 213, 217, 218, 220, 242, 254, 259, 266
公会議派と教皇派
………………9, 10, 65, 122, 156, 223, 277
後期教会法学者……………………………40
コッホ，ヨーゼフ　Josef Koch ……113, 114, 124, 128, 168, 169, 172, 174, 175, 234, 243, 244, 247
コーブルク，ハインリッヒ・フォン
Heinrich von Coburg ………………185
コブレンツ　Koblenz………………65, 234
コペルニクス，ニコラス
Nicolas Copernicus ……………251, 253
コーヘン，ヘルマン
Hermann Cohen ………………256, 271
—『純粋認識の論理学』……………256, 271
—『微分方法原理とその歴史』……256, 271
コミティブス，プロスドキムス・デ
Prosdocimus de Comitibus ………19, 32, 181, 182, 185, 206, 211
コルテーシ，パオロ
Paolo Cortesi…………………………141
—『枢機卿職について』…………………141
コルテ・マジオーレ
Corte Maggiore………………………251
コロメール，エウセビオ
Eusebio Colomer………………32, 33, 96
コンスタンティノープル陥落
Constantinopolis ………………24, 134, 162, 163, 201, 261, 273
コンスタンティノープル会議，第四……74
コンスタンツ　Konstanz …46, 56, 74, 254
コンスタンツ公会議　Konstanz………27, 45, 46, 49, 55, 56, 57, 58, 59, 147, 158, 181, 203, 221, 239, 254, 266
コンスタンティヌス大帝

Coustantinus ……………………………53, 55

サ行

坂本　堯…………………………8, 12, 104, 109, 267
—『宇宙精神の先駆・クザーヌス』……12, 104, 109
ザバレラ，フランシスクス
Franciscus Zabarella………73, 204, 263
サルスティウス　Sallustius ……………183
ザルツブルク　Salzburg ………157, 162, 163, 234, 235
—聖ペトルス修道院 …………163, 235, 245
サンチャゴ・デ・コンポステラ
Santiago de Compostela………161, 237
サンチェズ・デ・アレバロ，ロドリゴ
Rodrigo Sánchez de Arévalo ……67, 79, 80, 141
—『苦悩する教会の救済について』……141
サンティネロ，ジョバンニ
Giovanni Santinello ……………96, 195
サンビン，P
Paolo Sambin ……………182, 194, 227
シイエルク，ヤーコブ・フォン
Jakob von Sierk ……………20, 21, 133
ジェルソン，ジャン
Jean Gerson ………………161, 254, 266
—『神秘神学』…………………………161
シェンク，コンラット
Conrad Schenck ……………………185
シクストゥス四世　Sixtus ……………141
シギスムント伯　Sigismund………23, 34, 66, 134, 156, 165, 206, 208, 264, 279
シギスムント皇帝　Sigismund ………21, 45, 69, 77, 206
シグムンド，ポール
Paul E. Sigmund…………31, 49, 63, 68, 84, 85, 86, 89, 91, 99, 108, 145, 243, 264
「至上権」(Plenitudo potestatis) ……39, 74, 88
下村寅太郎 ……………………………103
シャルフ，フランツ・アントン
Franz Anton Scharpff…………97, 144, 254, 257, 270
—『枢機卿・司教クーザのニコラウス』
……………………………………97, 254
ジャンヌ・ダルク　Jeanne a'Arc ……201
宗教改革……………10, 28, 50, 70, 137, 232, 241, 242, 243, 260
シュタインヘーベル，ハインリッヒ
Heinrich Steinhöwel ………………187
シュタムズ　Stams …………158, 161, 163
シュテルンベルク　Sternberg ………241
シュピタール　Spittal …………………234
シューベルト，ハンス・フォン
Hans von Schubert …………………272
シュプレンガー，マーカード
Marquard Sprenger …………………161
シュルッセルフェルダー，ハインリッヒ
Heinrich Schlusselfelder……………189
シュレーゲル，アウグスト・ウィルヘルム・フォン
August Wilhelm von Schlegel ……253
シュヴァインフルト
Schweinfurt ………………185, 190, 205
ジョフロイ，ジャン
Jean Jouffroy……………………142, 154
シリットパツヘル，ヨハンネス
Johannes Schlitpacher ……………160
神聖ローマ皇帝 …………………55, 69, 206
「信徒の集り」「信徒集合体」
(congregatio fidelium) …………27, 45
神秘神学 ………………………160, 161, 162
審判人〔陪審員〕………………180, 181, 211
新プラトン主義 ………25, 47, 68, 72, 79, 95
人文主義…………10, 95, 105, 119, 178, 179, 181, 183, 187, 188, 189, 195, 226, 228
人文主義者…………10, 20, 24, 83, 134, 184, 187, 188, 189, 214, 225, 228, 241, 252
スパラティン，ゲオルク
Georg Spalatin ………………………119

スビヤコ　Subiaco ……………………159
スビンコ　Sbinko ……………………237
「すべての人の最高の正統な審判者」
（iudex ordinarius omniom）…………39
聖ゲオルゲンベルク ……………………162
『聖職者と騎士の論争』……………………42
世俗化 ………………………188, 214, 220
世俗法曹 …………………………………214
セーベン　Säben ………………162, 167
セネカ　Seneca …………………………186
ゼムラー，ヨハン・ザロモ
Johann Salomo Semler ……………253
前期教会法学者 ……………………38, 40
薗田坦………8, 12, 35, 92, 104, 109, 123, 267
ソールスベリのジョン
John of Salisbury ………………78, 136
—『ポリクラティクス』………………78, 136
ソルター，エンマ・G
Emma G. Salter ……………………29, 98
ゾンネンブルク　Sonnenburg ………138, 157, 158, 161, 163, 165, 215, 229

タ行

ダイイ，ピェール　Piérre d'Ailly……254
大英博物館…10, 117, 118, 182, 183, 193, 212
大勅書 …………………………135, 141
ダ・ヴィンチ，レオナルド
Leonardo da Vinci ……………………251
タルムード　Talmud ……………184, 196
タンクレッド　Tancred…………………40
ダンテ・アリギエリ
Dante Alighieri …………………………42
—『帝政論』………………………………42
チェザリーニ，ジュリアノ
Giuliano Cesarini …………17, 21, 133, 145, 181, 194, 211, 227, 231
チュービンゲン大学　Tübingen…180, 254
ツィーゲンハイン，オットー・フォン
Otto von Ziegenhain …………64, 115, 132, 207, 214, 276
ディオゲネス　Diogenes ………………186
ディオニュシオス・アレオパギテス
Dionysios Areopagites ………8, 9, 20, 25, 72, 84, 162
—『神秘神学』……………………………162
ティロール　Tirol…………21, 23, 66, 113, 114, 119, 120, 124, 133, 134, 138, 155, 156, 161, 165, 167, 208, 215, 225, 233, 242, 248
テウトニクス，ヨハンネス
Johannes Teutonicus ……………39, 48
—『標準注釈書』（Glossa Ordinaria）…39
デーリンク，マティアス
Matthias Döring ………………238, 239
デカルト，ルネ　René Descartes ……251
テーゲルンゼー　Tegernsee……158, 159, 160, 161, 163
デヴェンテル　Deventer ………19, 64, 207
デュックス，ヨハンネス・マーティン
Johannes Martin Düx …………97, 254
—『ドイツ人枢機卿クーザのニコラウスと彼の時代の教会』…………………97, 254
デュプレ，ウィルヘルムとディートリント
Wilhelm und Dietlind Dupré………15, 29, 35
頭首と肢体にわたる改革…27, 134, 147, 158
トーケ，ハインリッヒ
Heinrich Tocke………237, 238, 240, 242
—『ラプラリウス』………………………237
トスカネルリ，パオロ・デル・ポッツォ
Paolo del Pozzo Toscanelli……17, 24, 166, 183, 196, 251
トーディ　Todi ………24, 67, 196, 209, 279
ドティス，パウルス・デ
Paulus de Dotis………181, 185, 206, 211
ドメニキ，ドメニコ・デ
Domenico Domenici………135, 139, 141
—『ローマ教皇庁改革論』………………135
ドメニコ会
Domenico …………42, 204, 209, 213, 238
トラベルサーリ，アンブロジウス

Ambrosius Traversari………………162
ドーラン，ジョン・P.
John P. Dolan ……………………30, 99
トリーア　Trier…………19, 20, 64, 75, 82,
113, 115, 132, 207, 234, 262
トリテミウス，ヨハンネス
Johannes Trithemius ………………235
トリンカウス，チャールス
Charles Trinkaus ………………114, 125
トルケマーダ，ヨハネス
Johannes Torquemada …………47, 49
—『教会論大全』……………………………47
トルチベリ，ベネディクト
Benedicto Tolcibelli ………………251
トレント公会議　Trento ………………60
トマス・ア・ケンピス
Thomas à Kempis ……………………19
ドンス・スコトス，ヨハンネス
Johannes Duns Scotus………………238

ナ行

ナイトハルト，マトイス
Mattäus Neithart…………186, 187, 198
ナチオ　Natio(国民) …………55, 56, 203
ニコラウス五世　Nicolaus …………9, 11,
20, 22, 23, 66, 133, 134, 155, 156, 161, 162,
208, 233, 240, 241, 278
西田幾太郎 …………………………103, 109
—『善の研究』………………………103, 109
ニツコリ，ニツコロ
Niccolò Niccoli…………………118, 129
ニュルンベルク　Nürnberg …66, 189, 206
ネメシェギ　Peter Nemeshegyi ……104,
123
ノイシュティフト
Neustift(伊　Novacella) ……157, 161,
163, 164
ノガレ，ギョーム・ド
Guillaume de Nogaret …………41, 51

ハ行

ハイデルベルク大学
Heidelberg ……19, 25, 58, 64, 115, 116,
132, 181, 207, 209, 211, 215, 257, 271, 275
ハイデルベルク学術アカデミー
Heidelberger Akademie der
Wissenschaften ………94, 255, 257, 272
バイヒリンゲン，フリートリッヒ・フオン
Friedrich von Beichlingen …………239
ハイメリクス・デ・カムポ
Heymericus de Campo ………9, 13, 20,
32, 65, 82, 116, 126, 127, 132, 144, 184, 208
—『教会権力論』…………………………117
ハインブルク，グレゴール
Gregor Heimburg ………179, 181, 185,
186, 187, 188, 189, 190, 197, 200, 204, 205,
206, 207, 208, 209, 210, 213, 214, 218, 219,
220, 222, 223, 224
ハインブルク，ハンス
Hans Heimburg ………………205, 206
ハインペル，ヘルマン
Hermann Heimpel ………229, 232, 243
パヴィア　Pavia ……………………20, 178
ハウプスト，ルドルフ
Rudolf Haubst………26, 30, 34, 95, 104,
113, 116, 118, 123, 126, 148, 181, 258
バウム，ウィルヘルム
Wilhelm Baum ……………113, 123, 146
ハエック・サンクタ（Haec Sancta）
……………………27, 46, 56, 147, 158, 203
バシレィオス　Basileios ………………77
パストール，ルードウィッヒ
Ludwig Pastor ………137, 141, 147, 152
バーゼル　Basel …………21, 46, 69, 117,
204, 205, 252
バーゼル公会議……………9, 21, 22, 28, 46,
49, 56, 57, 58, 59, 65, 69, 75, 79, 101, 122,
132, 133, 134, 162, 181, 203, 205, 208, 211,
213, 215, 217, 218, 221, 230, 233, 237, 239,

242, 254, 276
バーゼル大学 ……………………………180
バッハラッハ
Bacharach ………115, 126, 196, 214, 229
パドヴァ　Padova ……………19, 58, 125,
178, 183, 184, 190, 211, 214, 263, 264, 267
パドヴァ大学…………10, 19, 58, 64, 68, 72,
96, 115, 116, 132, 179, 180, 181, 182, 184,
185, 188, 190, 193, 198, 206, 207, 210, 211,
212, 214, 219, 263, 275
ハドリアヌス　Hadrianus………………76
パノルミターヌス　Panormitanus …201,
204, 205, 207, 209, 210, 215, 217, 219, 222
バビロン捕囚 …………………26, 43, 48, 52
ハベルベルク　Havelberg …236, 239, 241
ハラウァー，ヘルマン
Hermann Hallauer ……7, 94, 118, 120,
128, 164, 170, 175, 258, 264, 283, 285
パラヴィチニ，ロランド
Rollando Pallavicini ………………251
パリ　Paris…………………………184, 202
バリ　Bari ……………………………52, 202
ハルベルシュタット　Halberstadt …240
パレルモ　Palermo ……………………205
ハーレイ・コレクション
Harley Collection……14, 107, 117, 118,
119, 128, 182, 183
「万人に関するものは万人によって承認されなければならない」(Quod ommes tangit ab omnibus approbetur) …27,
45, 54, 203
バンベルク　Bamberg ……………179, 234
ピウス二世　Pius ………23, 24, 66, 67, 92,
120, 133, 134, 135, 137, 138, 139, 141, 142,
147, 208, 209, 218, 231, 235, 260, 261
ピエンツア　Pienza ……………………141
ビークラー，ジェイムス・E
James E. Biechler …………34, 101, 145
ピーコ・デッラ・ミランドラ，ジョバンニ
Giovanni Pico della Mirandola …23,
251
ピサ公会議　Pisa …46, 49, 54, 55, 203, 221
ビスティッチ，ヴェスパシアノ・ダ
Vespaciano da Bisticci ………120, 130,
142, 143, 184
—『一五世紀の著名人伝』……120, 142, 184
ピタゴラス　Pythagoras ………………25
「否定の神学」…………………………8, 25
「必要は法を知らない」(Necessitas non habet legem) ……………………45, 203
ピッコルパッソ，フランセスコ
Francesco Piccolpasso ………………20
ビューロー，ハインリッヒ
Heinrichvon Bülow …………………236
ビラノウィッチ，ギセッペ
Giuseppe Billanovich ………………183
ピルクハイマー家　Pirkheimer ………198
ヒルデスハイム　Hildesheim …………241
ヒポクラテス　Hippocrates …………183
ファン二世　Juan ………………………80
フィチーノ，マルシリオ
Marsilio Ficino…………………………251
フィッギス，ジョン・N
John N. Figgis ……………………56, 61
フィリップ四世(美王)　Philip …41, 42, 51
フィレンツェ　Firenze……19, 57, 184, 209
フォィクト，ゲオルク
Georg Voigt ……………………………137
フエラーラ・フィレンツェ合同公会議
……………………………33, 62, 65, 82, 277
フェラリア，ヤコブス・デ・ゾキス・デ
Jacobus de Zocchis de Ferraria
………………………………………185, 206
フェリックス五世　Felix…46, 57, 204, 205
フェルトレ，ヴィットリオ
Vittorio Feltre…………………………19
フォルスト，テオドリクス
Theodoricus Forst …………………186
フグッチョ
Huguccio……………38, 39, 44, 48, 51, 53

フス，ヤン　Jan Hus ……21, 63, 208, 237
フッガー家　Fugger ……………………59
ブトリオ，アントニウス・デ
Antonius de Butrio …………………204
フューセン　Fusen ……………………163
プラウトゥス　Plautus ………20, 118, 199
ブラック，A. Black ……32, 84, 126, 127
プラトン　Platon ……9, 72, 118, 183, 186
—『国家』……………………………9
—「洞窟の比喩」……………………………9
プラハ大学　Praha ………………209, 238
ブラッチョリーニ，ポッジョ
Poggio Bracciolini ……………118, 129
フラッハ，マルティン
Martin Flach …………………………251
フランクフルト帝国議会
Frankfurt …………66, 80, 205, 213, 278
フランシスコ会
Francisco ………………………162, 238
ブランツォル城　Burg Branzoll ……162
ブランデンブルク，フリートリッヒ・フオン
Friedrich von Brandenburg …239, 241
ブリクセン
Brixen(伊　Bressanone) ……23, 114, 119, 120, 133, 138, 146, 155, 156, 157, 158, 161, 162, 163, 164, 165, 168, 173, 208, 218, 233, 234, 242, 265, 278, 279
フリードリッヒ三世　Friedrich ………80, 161, 199
ブリル，E. J.　E. J. Brill …101, 176
ブルクハルト，ヤーコプ
Jacob Burckhardt……………………114
フルゴシウス，ラファエル
Raphael Fulgosius ……………181, 211
ブルスフェルデ　Bursfelde……………239
プルタルコス　Plutarcos……118, 183, 186
ブルーニ，レオナルド
Leonardo Bruni…………………118, 183
ブルネック　Bruneck ……………162, 278
フレクェンス　Frequens …………46, 203
ブレーメル，ヨハンネス
Johannes Bremer ……………………238
プロクロス　Proklos ………………25, 72
プロティノス　Plotinos ……………25, 72
ペトラルカ，フランセスコ
Francesco Petrarca ……………118, 183
ペトリ，ヘンリクス
Henricus Petri ………………………252
ベット，ヘンリー
Henry Bett……97, 98, 103, 107, 143, 163
ペトロ　Petro ………38, 51, 53, 56, 71, 74, 75, 80, 202, 259
ベネツィア
Venezia …………19, 21, 22, 162, 165, 277
ベネディクトゥス一一世
Benedictus …………………………42, 51
ベルトマンディ，プロスデキムス・ド
Prosdocimus de Beldomandi …19, 196
ベルナルド，パルマの
Bernardus Parmensis ………………40
ヘロン，ジェルメイン
Germain Heron……………………29, 98
ボイムカー，クレメンス
Clemens Baeumker …………………256
ホスティエンシス　Hostiensis…40, 41, 48
ホプキンス，ジヤスパー
Jasper Hopkins ………34, 101, 108, 274
ポディブラディのジョージ
George of Podebrady ………………206
ボナヴェントウラ
Bonaventura ……………………238, 266
ボナー，ロバートJ.
Robert J. Bonner ………………216, 229
ボニファティウス八世
Bonifacius ……………41, 42, 48, 51, 212
ホフマン，エルンスト
Ernst Hoffmann …………………94, 257
ホフマン，ヨーゼフ・エーレンフリート
Joseph Ehrenfried Hofmann ………167
ホラティウス　Horatius …………118, 183

ボーベー　Vauvert ……………………116
ポリビオス　Polybios …………………183
ボローニア
Bologna ……………38, 39, 178, 209, 219
ボローニア大学…19, 180, 204, 209, 210, 219
ポワティエ　Poitier ……………………51
ポンタノ，ロドヴィコ
Lodovico Pontano …………………231
ボンド，H. ローレンス
H. Lawurence Bond…………34, 35, 83, 100, 102, 145, 148, 265, 274

マ行

マイナー，フェリックス
Felix Meiner …………176, 255, 256, 270
マイヤー，マーティン
Martin Mair …………………………189
マイヤー，ルドガー
Ludger Meier…………236, 245, 247, 248
マイヤー・エーザー，シュティーファン
Stephan Meier-Oeser ………………252
—『忘却されたものの現存——一五世紀から一八世紀までのクザーヌス哲学の受容』
………………………………………252
マイスター，アロイス
Aloys Meister …128, 183, 195, 197, 228
マインツ　Mainz ………66, 169, 187, 206, 218, 234, 241, 277
マグデブルク　Magdeburg ……234, 236, 237, 238, 239, 240, 241
マクロビウス　Macrobuis…………72, 199
—『スキピオの夢への注解』…………72, 199
マッティングリー，ギャレット
Garrett Mattingly …………59, 62, 282
マフェイ，ベネデット
Benedetto Maffei ……………………141
—『我が時代の慣習について』…………141
マラテスタ，シギスモンド
Sigismondo Malatesta ……………141
マルクス，ヤーコプ
Jakob Marx …………87, 118, 128, 183, 194, 195, 227
マルコ・ポーロ　Marco Polo …183, 196
マルシリオ，パドヴァの
Marsilio da Padova…………45, 49, 76, 89, 198, 264
マルティン五世
Martin ………21, 46, 56, 59, 203, 204, 276
マンデルシャイト家
Manderscheid ……………19, 20, 21, 33, 115, 117, 122, 125, 132, 207, 208, 215, 233
—ウルリッヒ　Ulrich………………19, 21, 33, 46, 65, 69, 75, 115, 117, 122, 133, 208, 215, 225, 233, 276
マントア　Mantua …………………23, 66
マントア会議……………………66, 135, 206
ミュンヘン　München ………159, 160, 234
ミンデン　Minden ………………234, 241
メラー，ベルント
Bernd Moeller ……………119, 232, 243
メーラー，ヨハン・アダム
Johann Adam Möhler…………254, 270
—『教会の統一またはカトリック教の原則』
………………………………………254
メルク　Melk……………158, 159, 160, 239
モイテン，エーリッヒ
Erich Meuthen ……………7, 11, 30, 32, 34, 69, 70, 81, 84, 94, 103, 104, 109, 120, 125, 130, 143, 146, 154, 155, 168, 194, 197, 199, 225, 226, 234, 235, 240, 243, 244, 258, 264, 273, 274
モーゼル河　Mosel ……………18, 64, 207
モラル，ジョンB.
John B. Morrall ………………………50
—『中世の政治思想』……………………50

ヤ行

ヤコブス，ヴィテルボー
Jacobus de Viterbo …………………42
—『キリスト教政治論』……………………42

ヤスパース，カール
Karl Jaspers ……………10, 13, 18, 104, 109, 113, 122, 123, 131, 166, 175, 251, 262, 269, 273, 274
―『ニコラウス・クザーヌス』……13, 104, 109, 123, 251
八巻和彦………8, 13, 83, 248, 263, 267, 268, 273, 274
山田桂三 ……………………83, 93, 103, 106
ユービンガー，ヨハンネス
Johannes Uebinger …………………255
―『ニコラウス・クザーヌスの神学』…255
ヨハネス二三世　Johannes ……………45
ヨハネス，パリの
Johannes von Paris ………………42, 45
―『国王と教皇の権力について』…………42

ラ行

ライス，エゥージーン
Eugene Rice ………………………98, 108
ライプツィヒ　Leipzig …94, 210, 238, 255
ラオレンシウス・ヒスパヌス
Laurentius Hispanus …………………40
ラテラン公会議，第五　Lateran ……142
ラーバン・フオン・ヘルムシュタット
Raban von Helmstadt …………21, 276
ランゲンシュタインのハインリッヒ
Heinrich von Langenstein ……44, 202
リヴィウス　Livius ………………118, 183
リヴォルノ　Livorno ……………………45
リッケルト，ハインリッヒ
Heinrich Rickert ……………………257
立憲制度・主義………………28, 59, 60, 259
リヨン　Lyon…………………………42, 51
リントルフ，コンラット・フオン
Konrad von Lintorff ………………239
ルイス，イーワート
Ewart Lewis ………………………63, 81
―『中世の政治思想』 ……………………63
ルカヌス　Lucanus ………………118, 183
ルーヴァン大学　Louvain……11, 20, 116, 127, 199, 215, 276
ルター，マルティン
Martin Luther ………11, 28, 50, 60, 102, 112, 119, 136, 212, 216, 228, 232, 241, 243, 262, 267
―『全条項の弁明と根拠』………………228
―『ドイツ国のキリスト者貴族に与える書』
………………………………………241
ルネサンス …………56, 60, 64, 68, 95, 105, 114, 115, 118, 125
ルフェーブル・デタープル，ジャック
Jacques Lefèvre d'Etaples …………252
ルポルト，ベーベンベルクの
Lupold von Bebenberg ………………42
―『王国およびローマ帝国法律論』………42
ルルス，ライムンドゥス
Raimundus Lullus…………9, 13, 20, 32, 72, 73, 86, 96, 116, 117, 122, 184, 266, 276
―ライムンドゥス・ルルス研究所………72
レオ10世　Leo …………………………142
レーゲンスブルク帝国議会
Regensburg………………………158, 161
レッシング，ゴットフリート・エフレイム
Gottfried Ephraim Lessing ………253
―『賢者ナータン』………………………253
レッテル，ヨハンネス
Johannes Röttel ………………155, 156
ロイビンク，ハインリッヒ
Heinrich Leubing ……………………189
ロシュトック　Rostock ………………210
ロック，ジョン　John Locke ……63, 260
―『統治二論』 ………………………63, 260
ロッシ，G　G. Rossi……………………96
ロッタ，パオロ　Paolo Rotta …………96
ローマ　Roma …………………41, 51, 52, 56, 64, 66, 67, 120, 134, 140, 142, 150, 156, 161, 162, 165, 167, 184, 201, 202, 203, 209, 234, 237, 242, 278
ローマ教会………………44, 57, 65, 86, 137,

190, 219, 233
ローマ法 …………27, 38, 41, 54, 65, 68, 79, 178, 179, 181, 185, 186, 188, 190, 208, 209, 210, 216, 221, 225, 226
ローマ法の継受 ……………………178, 191
ロマーヌス，エジディウス
Aegidius Romanus ……………………42
—『教会権力論』 ……………………42
ロール，チャールス・H.
Charles H. Lohr ……………72, 86, 266

ワ行

ワィル，ニクラス・フオン
Niclas von Wyle ……………………189
ワィルハイム，ヨハン・フオン
Johann von Weilheim ………………161
渡邉守道………13, 14, 33, 34, 36, 82, 83, 84, 91, 92, 108, 125, 126, 129, 130, 175, 192, 194, 196, 198, 199, 222, 224, 225, 226, 228, 229, 243, 245, 248, 269, 270, 271, 272, 273
ワーギンク，ベルンハルト・フォン
Bernhard von Waging ………158, 159, 160, 164